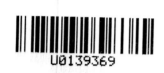

畫史叢書

（四）

畫史叢書 第四册

玉臺畫史

六卷

清湯漱玉撰

玉臺畫史序

德媛湯夫人，吾亡友汪小米之賢伉儷也。生託名門，幼耽翰墨，嘗仿厲太鴻玉臺書史，踵其義例，別爲畫史一編，粗具端倪，未窮蒐輯。曁乎來歸吾友，樓前日出，姚村之山色嫣然；林下風淸，謝絮之才華藉甚。時則香桃瘦削，已染沈痾；落葉掃除，藉伸幽抱。偕吾友摭捋遺佚，商略甄收。蠟炬代吟，茶甌笑覆。家饒武庫，龍威之簡漆同探；室貯文宣，馬帳與幔紗分啓。拈出一花一葉，指亦生香；訪來某水某山，眉爲飛彩。相與焚香展讀，喜可知已；終以祟入膏肓，神傷奉倩。元家薑篋，空賸釵痕；蘇氏璇機，尙留錦字。名襲徐陵之舊序，珠璧聯輝；樣翻衞鑠之新圖，雲烟變態。託深心於豪素，傳韻事於丹靑。蠆尾百番，蛾眉千古。自來蕙心蘭質，彤管摛華，菊頌椒銘，瑤閨挺秀。然而裁雲鏤月，間述篇章，蛛帙蟫函，鮮工討索。疇其續表志於前漢，學媲孟堅；訂金石之遺文，才侔淸照。况復簪花有格，鍾陵女之寫韻流傳；鈐印無蹤，奉華堂之署題罕覯。是非擢吉光於片羽，閱神駿於庶閑，窺豹別斑，選雞留蹠，其能該備若是乎。嗟夫！枕中鴻寶，可信者名，杜上鴛絃，難逃者數，使當日縷纏續命，香爇返魂，雞骨重支，涼囘熨體，蠶絲再吐，曲譜同功。畫舫題軒，既揚芬於韶齒，妝樓纂記，復馳譽於茂齡。

信乎玉茗家聲，水雲才調，相莊健在，其樂靡涯。可奈藁砧云亡，歲越無幾，卷葹獨活，心傷若何！夫人倘存，手是一編，得毋姹紫嫣紅，都成鵑血，金題玉躞，徧灑鮫珠，有類卷中之湯尹嫺，夢讖援琴，身隨殉葬耶。先驅狐狸於地下，長留姓氏於人間。披覽零縑，如散花之偶然幻影，睠懷墜雨，經宿草而尙有餘悲。仁和胡敬。

二

玉臺畫史目錄

仇氏　方孟式　沈氏　許氏　文淑
韓玥　范道坤　葉小鸞　周淑祜　淑禧
禧弟子姚　梁夷素　崔子忠妻女　孫氏　吳興老儒女
姚夫人　王朗　宮婉蘭　吳蕊仙　無名氏女子
姚淑　康夫人　林嫒　周炤　盧丹婦
薛濤如　孫九畹　項珮　歸淑芬　徐範
周蘭秀　徐夫人　劉嫒　鄒賽貞　吳娟
二方夫人　張玉祥　王伯姬　汝太君　劉氏
崔繡天　趙淑貞　湯尹嫺　蔡夫人　傅道坤
范隆坤　范景姒　劉氏　卜韞蕙　睞娘
徐安生附

國朝

王端淑　龍夫人　黃媛介　吳氏　倪仁吉
徐燦　沈彥選　陳書　吳應貞　習忍

唐

崔徽

宋

嚴蕊　蘇翠　延平妓　寫竹妓

明

林奴兒　葛姬　呼文如　朱斗兒　馬湘蘭

馬文玉　馬如玉　趙麗華　徐翩翩　薛素素

頓喜　吳綺　卞賽　卞敏　張喬

姜如眞　楊妍　吳梅仙　林雪　王友雲

范玨　寇湄　范珠　楊宛　楚秀

楊璆姬　徐佛　朱馥　李貞儷　崔聯芳

胡茂生　王阿昭

國朝

陳小住　倩扶　吳媛　豐質

別錄

朱柔則　金士珊　宋秋田　薩克達氏　姚夫人

張淨因　巴延珠　吳玖　朱筠　柴貞儀

吳規臣　陳瓊圃　山舟學士　吳映瑜

玉臺畫史卷一

錢塘　湯漱玉　德媛　輯

宮掖

虞

嫘

〔沈顥畫塵〕世但知封膜作畫，不知自舜妹嫘始。客曰：「惜此神技，創自婦人」。予曰：「嫘嘗脫舜於瞍象之害，則造化在手，堪作畫祖。」

〔張萱疑燿〕許氏說文，畫嫘，舜妹。畫始於嫘，故曰畫嫘。

吳

吳王趙夫人

〔張彥遠歷代名畫記〕趙夫人，丞相達之妹。善書畫，巧妙無雙，能於指間以采絲織爲龍鳳之錦，宮中號爲「機絕」。孫權嘗歎魏蜀未平，思得善畫者圖山川地形，夫人乃進所寫江湖九州山岳之勢。夫人又於方帛之上，繡作五岳列國地形，時人號爲「鍼絕」。又以膠續絲髮作輕幔，號爲「絲絕」。

唐

東光縣主

〔李華東光縣主神道碑〕縣主，太宗子紀王第三女也。降尊而處下，推泰而從約，詣繡繪之妙，適飲膳之和，

和政公主

〔顏眞卿和政公主神道碑〕公主，肅宗第二女。幼而聰惠，長而韶敏，金石絲竹之音，繪畫工巧之事，耳目之所聞見，心靈之所領略，莫不一覽懸解，終身不忘。

前蜀

王衍后金氏

〔吳任臣十國春秋〕金氏名飛山，成都人。生時有山飛至后家，因名焉。姿容絕世，兼擅繪事。乾德初選入掖庭，及高后廢，立爲皇后。

南唐

耿先生

〔鄭文寶耿先生傳〕耿先生，軍大校耿謙女。好書善畫，爲詩往往有佳句。雅通黃白之術，能拘制鬼魅，奇瑰恍忽，莫知其所由來。爲女道士，自稱天自在山人。保大中因宋

齊丘以入宮，元宗處之別院，號曰「先生」。嘗被碧霞帔，手如鳥爪，題詩牆壁。又自稱北大先生。

宋

越國夫人王氏

〔宣和畫譜〕親王端獻魏王頵婦魏越國夫人王氏，自高祖父中書令秦正懿王審琦以勳勞從藝祖定天下，爲功臣之家，而未聞閨房之秀，復能接武光輝者，端慧淑愼，有古曹大家之風，則魏越國夫人其後焉。蓋年十有六，以令族淑德妻端獻王，其所以柔順閒靚，不復事珠玉文繡之好，而日以圖史自娛；取古之賢婦烈女可以爲法者，資以自繩。作篆隸得漢晉以來用筆意，爲小詩有林下泉間風氣。以淡墨寫竹，整整斜斜，曲盡其態，見者疑其影落縑素之間也。非胸次不凡，何以臻此？今御府藏寫生墨竹圖二。

蔡國長公主

〔范太史集〕神宗元豐八年，後宮武美人生第九公主於禁中，今上卽位，以皇妹封嘉國長公主。六歲慧悟，已能弄筆書畫，好錦繡女功之事。元祐五年薨，追封蔡國。

曹氏

〔宣和畫譜〕宗婦曹氏，雅善丹青，所畫皆非優柔輭媚，取悅兒女子者，眞若得於遊覽，見江湖山川間勝槪，以集於毫端耳。嘗畫桃溪蓼岸圖極妙，有品題者曰：「詠雪才華稱獨秀，回紋機杼更誰如？如何鸞鳳鴛鴦手，畫得桃溪蓼岸圖。」由此益顯其名於世，但所傳者不多耳。然婦人女子能從事於此，豈易得哉。今御府所藏五：桃溪圖一，柳塘圖一，蓼岸圖一，雪鴈圖一，牧羊圖一。

陳克曹夫人牧羊圖：「日長永巷車聲細，插竹灑鹽紛妒恃；美人零落涇水寒，雨鬢風鬟一揮淚。柔毛纖纖與人羣，兒女恩怨徒紛紛，洞房那復知許事，但畫遠牧連空雲。槲葉飄蕭晚風勁，殺攦相追寒鵲並，短童何處沙草深，族走羣飛各天性。向來鞍馬曹將軍，文采斑斑今尙存；林下美人更超絕，新圖不作五花文。」

釋道潛觀曹夫人畫三首：「野水平林渺不窮，雪翻鷗鷺點晴空；洞房豈識江湖趣，意象冥將造化同。」「華屋生知世冑榮，誰教天付與多能；西風白草牛羊晚，隱見橫岡一兩層。」「臨平山下藕花洲，旁引官河一帶流；兩棹風帆有無處，筆端須與細冥搜。」（嘗許作臨平藕花圖。）

元好問松下幽人圖：（宋宗婦曹夫人仲婉所畫，上有曹道沖題詩。）「秋風謖謖松樹枝，仙人骨輕雲一絲，不飲不食玉雪姿，竹宮月夕頻望祠，竟不下視齋房芝，人間女手乃得之。眼中擾擾昨暮兒，畫圖獨立羲皇時，予懷渺兮幽林思。」

和國夫人王氏

〔鄧椿畫繼〕和國夫人王氏，顯恭皇后之妹，宗室仲輗室也。善字畫，能詩章，兼長翎毛，每賜御扇，卽翻新意，仿成圖軸，多稱上旨。一時宮邸，珍貴其蹟。

仁懷皇后朱氏

〔夏文彥圖繪寶鑑〕仁懷皇后朱氏，欽宗后也。學米元暉著色山水甚精妙。畫上有印曰「朱氏道人」。

劉夫人

〔圖繪寶鑑〕劉夫人希字號夫人。建炎年掌內翰文字，善畫人物，師古人筆法，及寫宸翰字，高宗甚愛之。畫上用「奉華堂印」。

〔周密志雅堂雜鈔〕李伯時盧鴻草堂圖，曾收入高廟劉娘子位者，有奉華大小二印，又有「閑關頌酒之裔」一印。此劉家事，然以婦人用之，恐不類也。

〔陳善杭州府志〕劉貴妃，臨安人。紹興十八年入宮，專掌御前文字，工書畫。

〔汪砢玉珊瑚網〕劉夫人太眞醉浥花露圖：太眞在當時，惟宿酒未醒，曉起傍花枝吸露，此景最堪模寫。是像丰致灑灑，眉目楚楚，肌色如桃花，想玉環紅汗浥也。把菊盈盈掩絳脣，因藉以解酲乎？信出名筆哉。舊有「奉華堂印」，知爲建炎掌內翰劉夫人所繪，惜裝潢時爲庸手翦去，然暗中摸索，要自宋人揮染。萬曆丁未重九日，醉里汪砢玉題。

〔王毓賢繪事備考〕尙衣夫人劉氏，畫有宮衣添綫圖、枚卜圖、補袞圖、宮繡圖。

瓊　華　綠　華

〔周密武陵舊事〕劉婉容云：「本位近教得二女童，名瓊華、綠華，並能琴阮下棋，寫字畫竹。」

楊妹子

〔珊瑚網〕楊妹子菊花圖并題：絹橫披，有對版。「莫惜朝衣准酒錢，淵明身卽此花仙；重陽滿滿杯中泛，一縷黃金是一年。」賜大知閤。☷ 楊氏書記 楊娃爲寧宗后之女弟，故稱妹子。以藝文供奉內廷，凡頒賜貴戚畫，必命娃題署，故稱大知閤。然印文擅用坤卦，人譏其僭越。王弇州以其字柔媚而有韻，乃此畫亦清妍而有致，第畫記禪乘獨遺之，不得與建炎劉夫人希並垂爲欠事。玉水。

度宗皇后全氏

〔郎瑛七修類稿〕度宗后全氏像，在新市民人蘇琪家，廣額鳳眼，雙眉入鬢，衣道服。蘇亦全之裔也，國亡變姓。據蘇以祖父云，此像乃后入燕時手寫以遺族者。

金

章宗元妃李氏

〔金史后妃傳〕章宗元妃李氏師兒，性慧黠，能作字，知文義。

〔中州集〕張漢臣世傑，五六歲召入賦元妃素羅扇畫梅云：「前村消不得，移向月中栽。」

明

郢王棟妃

〔明史〕郢靖王棟，太祖第二十四子，洪武二十四年封。永樂六年之藩安陸，十二年薨，無子，封除，留內外官校守園。王妃郭氏，武定侯英女。王薨踰月，妃慟哭曰：「未亡人無子，尙誰恃？」引鏡寫容付宮人曰：「俟諸女長，令識母。」遂自經。

韓夫人

〔周憲王有燉誠齋新錄〕良醫夏希魯，精通醫術，韓氏得疾，說症取藥，遂得安好，可見其醫術之妙也。予以韓氏所作墨梅一紙酬之，於今二年有餘，予料其必覆醬瓿矣，不意裝潢成軸，持來謁予，以求題詠，予爲之一大笑，書以與之：「爲愛冰肌玉骨神，墨花新染一枝眞；瘦影闌干明月夜，淸香吹滿玉樓春。」又書韓夫人所畫紅梅圖：「曉妝初就寫紅梅，綘萼丹英次第開；自是內園春色早，百花頭上占春魁。」

郭良璞

〔□□南江逸史跋〕永明王時，坤寧宮常在郭良璞，年十九，姸麗捷敏，雅擅三絕，能擊劍走馬。

盧昭容 附

〔王士禎池北偶談〕歙人胡明勳，字半庵，順治丙戌居京口，兩膝忽患瘍，痛入骨髓，數日宛成人面。易醫百許人，瀕死者數矣。瘡忽人言曰：「我梁時盧昭容也，子害我於洛陽宮，今報汝，醫何能爲，詣佛懺悔可耳。」既甦，發願書經凡五百萬字，瘡竟愈。後在眞州，有降乩者書盧昭容，邀半庵與會，自畫生時像，首飾鳳髻，衣宮衣，問半庵洛陽宮相見，今似否？胡爲悚然。

玉臺畫史卷一終

名媛上

錢塘 湯漱玉 德媛輯

晉

蘇蕙

〔施德操北窗炙輠錄〕蘇蕙織錦囘文詩，所傳舊矣，故少常沈公復傳其畫，由是若蘭之才益著。

唐

薛媛

〔范攄雲溪友議〕濠梁南楚材，旅游陳穎，穎守慕其儀範，將欲以子妻之。楚材諾之，遂遣家僕歸取琴書，似無返舊之心。其妻薛媛，善書畫，妙屬文，亦微知其意，乃對鏡圖其形，并詩四韻以寄之。楚材得妻眞及詩，甚慚，遽有雋不疑之讓，夫婦遂偕老焉。里語曰：「當時婦棄夫，今日夫棄婦，若不逞丹青，空房應獨守。」薛媛寫眞寄夫詩曰：「欲下丹青筆，先拈寶鏡端，已驚顏索寞，漸覺鬢凋殘。淚眼描將易，愁腸寫出難，恐君渾忘卻，時展畫圖看。」

張夫人

〔張說李氏張夫人墓誌銘〕李伯魚妻，范陽張氏女。諱德性，孝悌柔婉，能目誦數千言。習禮明詩，達音妙繪，德容言工，蓋出人也。

王美人

唐梁鍠觀王美人海圖障子：「宋玉東家女，常懷物外多；自從圖渤海，誰爲覓湘娥。白鷺棲脂粉，赬魴躍綺羅；仍憐轉嬌眼，別恨一橫波。」

姚月華

〔伊世珍瑯嬛記〕姚月華筆札之暇，時及丹青，花卉翎毛，世所鮮及，然聊復自娛，人不可得而見也。嘗爲楊生達畫芙蓉匹鳥，約略濃淡，生態逼眞，楊喜不自持，覓銀光紙裁書謝之，其大略云：「連枝欲長，忽阻山蹊，比翼將翔，遽乖雲路。思結章臺垂柳，心馳普救啼鶯，幸傳尺素之丹青，豈任寸心之銘刻，江湖悅在案，波浪忽翻窗，植寫斷腸，飛揮交頸，匳紙發其枝幹，兔管借之羽毛，雌戲蘋川，雄依苔石，色與露華同照爛，翼將風葉共低昂。明鏡曉開，苦憶文君之面，疎螢夜度，遙思織女之機，所冀吾人，獲同斯畫，越溪吳水之上，常得雙開，漢樹秦草之間，永教對舞。」

後唐

李夫人

〔圖繪寶鑑〕李夫人，西蜀名家，未詳世胄。善屬文，尤工書畫。郭崇韜伐蜀得之。夫人以崇韜武弁，嘗鬱悒不樂，月夕獨坐南軒，竹影婆娑可喜，卽起揮毫濡墨，模寫窗紙上，明日視之，生意具足。或云：「自是人間往往效之，遂有墨竹。」

南唐

童氏

〔宣和畫譜〕婦人童氏，江南人也，莫詳其世系。所學出王齊翰，畫工道釋人物。童以婦人而能丹青，故當時縉紳家婦女，往往求寫照焉。有文士題童氏畫，詩云：「林下才華雖可尙，筆端人物更淸妍；如何不出深閨裏，能以丹青寫外邊。」後不知所終。今御府藏六隱圖一。

〔鐵網珊瑚〕童氏六隱圖，今藏山陰王之才監簿家，乃畫范蠡與張志和等六人乘舟而隱居者。山水樹石，人物如豆許，亦甚可愛。

前蜀

二

黃崇嘏

〔金利用玉溪編事〕黃崇嘏，臨邛人。周庠知邛州，崇嘏上詩，稱鄉貢進士，年三十許，祇對詳敏；復獻長歌，庠益奇之，召與諸生姪同遊。善琴奕，妙書畫。翌日，薦攝府司戶參軍，胥吏畏服，案牘一淸。庠美其風采，欲以女妻之，崇嘏袖封狀謝，仍貢詩曰：「幕府若容爲坦腹，願天速變作男兒。」庠覽詩驚駭！召見詰問，故黃使君女也。乞罷，歸臨邛，不知所終。

宋

盧氏

〔圖繪寶鑑〕盧氏，許州人。能作墨竹，梅聖俞嘗賦詩題之。

〔梅堯臣宛陵集〕墨竹詩：「許有盧娘能畫竹，重抹細拖神且速，如將石上蕭蕭枝，生向筆間天意足。戰葉斜尖點映間，透勢虛黏斷還續，粉節中心豈可知，淡墨分明在君目。」

李夫人

〔王十朋梅溪後集〕游楞伽詩：「藏書閣在已無書，山色依然滿舊居；留得婦人三墨竹，金鐘聲裏尙扶疎。」自注：「鐘樓有李夫人墨竹。公擇女兒，山谷母也。」

李氏

〔畫繼〕朝議大夫王之才妻，崇德郡君米芾畫史，作南昌縣君。李氏，公擇之妹也。能臨松竹木石，見本卽爲之，卒難辨。文與可作一橫絹丈餘著色偃竹以貺子瞻，過南昌，山谷借而李臨之。後數年示米元章於眞州，元章云：「非魯直自陳，不能辨也。」作詩曰：「偃蹇宜如李，揮毫已逼翁；衞書無遺妙，琰慧有餘工。熟視疑非筆，初披颯有風；固藏惟謹鑰，化去或難窮。」

黃庭堅姨母李夫人墨竹二首：「深閨淨几試筆墨，白頭腕中百斛力；榮榮枯枯皆本色，懸之高堂風動壁。」「小竹扶踈大竹枯，筆端眞有造化鑪；人間俗氣一點無，健婦果勝大丈夫。」

又題李夫人偃竹：「孤根偃蹇非傲世，勁節臞枝萬壑風；閨中白髮翰墨手，落筆乃與天同功。」

又題崇德墨竹歌：「夜來北風元自小，何事吹折靑琅玕，數枝灑落高堂上，敗葉蕭蕭烟景寒。乃是神工妙手欲自試，襲取天巧不作難，行看歎息手摩拂，落勢夭矯墨未乾。往往塵晦碧紗籠，伊人或用姓名通，未必全收俊偉功，有能□事便白首，不免身爲老畫工。

豈如崇德君，學有古人風，揮豪李衛讓神筆，（衛夫人，尚書郎李充母，以夫姓自稱李衛。）彈琴蔡琰方入室，道韞九歲能論詩，龍女早年先悟佛。奕棋樵客腐柯還，吹笙仙子下緱山，更能遇物寫形似，落筆不待施青丹。本知賞異老蒼節，獨與長松凌歲寒。世俗寧知眞與僞，揮霍紛紜鬼神事，黃塵汚眼輕白日，卷軸無人得覘視。見我好吟愛畫勝他人，直謂子美當前身，贈圖索歌追故事，才薄豈易終斯文，所愛子猷發嘉興，不可一日無此君。吾家書齋符青壁，手植蒼琅十數百，一官偶仕葉公城，道遠莫致心慘戚。我方得此與不孤，造次卷置隨琴書，思歸才有故園夢，便可呼兒開此圖。」

又題崇德君所畫雀竹蜩螗圖贊：「蒿下踤間，斥鷃飲啄，爭雄穹枝，竿網將作。蟬嘒竹間，自謂得已，螗螂從之，雞鳴不已。」

洪朋李夫人偃竹歌：「袖中欻忽生綠竹，眼底鮮颸起寒綠，□□誰能寫此眞，偃蹇一枝生氣足。夫人故有林下風，歲寒落落此君同，映窗得意偶揮灑，寫出篔簹谷裏千秋之臥龍。夜來風雨吹倒屋，但恐踴躍變化入水渺無蹤。」（朋，山谷之甥。）

郭氏

〔歐陽修居士集〕郭氏，曾祖恕，祖遵式，父昭晦。聰明孝謹，能讀書史，善書畫。以選歸于皇從孫右監門衞將軍世覃，封武昌縣君。

張昌嗣母

〔畫繼〕文氏湖州第三女，張昌嗣之母也，居郫。湖州始作黃樓障，欲寄東坡，未行而湖州謝世，遂爲文氏匳具。文氏死，復歸湖州孫，因此二家成訟。文氏嘗手臨此圖於屋壁，暮年盡以手訣傳昌嗣，今昌嗣亦名世矣。

章煎

〔畫繼〕章友直女名煎，能如其父以篆筆畫棋盤，筆筆相似。

鮑夫人

〔周密癸辛雜識〕趙孟堅梅譜詩：「僧定花工枝則粗，夢良意到工則未，女中郤有鮑夫人，能守師繩不輕墜。」

王氏女

〔曹勛松隱集〕題王氏女自寫渡水羅漢：「尊者暫離方廣間，神通遊戲山水間，女郎夙植窺其藩，妙筆寫出尊者顏。甚知此意大廓落，直與世塵解纏縛，不須錫飛與杯渡，政恐有僧敲折脚。」

謝夫人

〔鄭俠西塘集〕譚文初妻謝夫人，穎川汝陰人。居家雞晨以興，家之事無不徧視，舍此則讀書觀古文，無事則書畫二事皆精至，而於水墨尤有閒淡之趣。

李清照

〔才婦集〕易安居士，能書，能畫，又能詞，而尤長於文藻，迄今學士每讀金石錄序，頓令心神開爽。何物老嫗，生此寧馨，大奇大奇。

〔陳繼儒太平清話〕莫廷韓云：「向曾置李易安墨竹一幅。」

〔宋學士集〕樂天琵琶行，李易安嘗圖而書之。

朱氏

〔咸淳毘陵志〕蔣重珍良貴題常州朱氏畫草蟲卷：「常州草蟲天下奇，女郎新樣不緣師；未應好手傳輪扁，便恐前生是郭熙。」「筆端生意已如生，點綴沙蟲機不停；淺著鵝黃作蝴蝶，深將猩血染蜻蜓。」

胡夫人

〔周密齊東野語〕黃子由尙書夫人胡氏，與可元功尙書之女也。俊敏强記，經史諸書，略能成誦。善筆札，時作詩文亦可觀，琴奕寫竹等藝尤精。自號惠齊居士，時人比之李易安云。

〔董史皇宋書錄〕夫人號惠齋，有文章，兼通書畫。吳人多相傳其嘗因几上凝塵，戲畫梅一枝，題百字令其上云：「小齋幽僻，久無人到此，滿地狼籍。几案塵生多少，憾把玉指，親傳蹤跡。晝出南枝正開，側面花蕊俱端的。可憐風韻，故人難寄消息。非共雪月交光，這般造化，豈費東君力。只欠清香來撲鼻，亦有天然標格。不上寒窗，不隨流水，應不鈿宮額。不愁三弄，只愁羅袖輕拂。」按此詞上半闋第五句誤多一字。

〔圖繪寶鑑〕胡夫人畫梅竹小景，俱不凡。

湯夫人

〔圖繪寶鑑〕湯夫人，叔雅之女，趙希泉妻。寫梅竹，每以父閒庵圖書識其上。

方氏

〔畫繼〕陳暉晦叔經略子婦桐廬方氏，作梅竹極清遠。又臨蘭亭，并自作草書，俱可觀。

祝次仲女

〔萬廷謙龍游縣志〕祝次仲女，嫁常山徐堪。善畫。

朱淑眞

〔杜瓊東原集〕題朱淑眞梅竹圖：「右梅竹圖并題，爲女子朱淑眞之蹟，觀其筆意詞語之皆清婉，似夫女人之所爲也。夫以朱氏乃宋時能文之女子，誠閨中之秀，女流之傑者也。惜乎恃其才瞻，擬古人閨怨數篇，難免哀傷嗟悼之意。不幸流落人間，遂爲好事者命其集曰斷腸詩。又謂其下嫁庸夫，非其佳配而然，不亦寃乎哉。嗚呼！人之一念，不以自防，則身後之禍，遂致如此。若夫程明道先生之母訓，女子惟教識字讀書，不可教之吟作，可爲萬世良法焉。是圖乃吳山青蓮里陸允章家者，厥父士昂，厥祖孟和，謂其遠祖所蓄，爲眞蹟無疑。孟和、士昂，隱居耕讀，不妄人也，其言蓋可信。允章求志，因不固辭。」

〔沈周石田集〕題朱淑眞畫竹：「繡閣新篇寫斷腸，更分殘墨寫瀟湘；垂枝亞葉清風少，錯向東門認綠楊。」

韓希孟

〔吳其貞書畫記〕賈節婦水仙圖紙畫一小幅，紙墨如新。畫法高簡文秀，潔淨如寒潭水月。識小楷六字，曰「韓氏希孟戲寫」。婦則韓魏公五世孫女，宋史作巴陵人。或曰，丞相琦之裔。襄陽賈尚書子瑾輟耕錄作璚。之婦。爲元兵所掠，知不免，遂賦練裙詩，投水而死。越三十年，英爽不昧，復託夢趙魏公爲書練裙詩，而清節之名，更彰於世。圖上有唐伯虎、方正學題。正學題中，略述其練裙詩。噫！作畫人後來死節，題畫人後來死忠，二事屬在一紙之上，流芳千古，豈偶然哉。余披覽此圖，心目凜然，如登忠臣廟，如入節婦祠，稽首下拜，不敢作等閒圖畫觀。

借閒漫士曰：希孟練裙詩，見宋史列女傳。託夢趙魏公事，見陶宗儀輟耕錄。詩各不同，宋詩紀事兩載之。

金

謝宜休妻

〔圖繪寶鑑〕謝宜休妻，遺其姓氏，小字阿環。山水學李成，精妙合格。竹學黃華，亦可觀。

秀隱君

〔繪事備考〕秀隱君，不詳其姓氏。貞祐中於某州善果寺畫初祖面壁圖，觀者雲集，歡喜贊歎，因求再畫，笑而不答。明日訪之，已無迹矣。

〔圖繪寶鑑〕秀隱君，善山水。

〔元好問遺山集〕秀隱君山水爲范庭玉賦：「萬壑松烟入座寒，六銖仙帔相驂鸞；多少金閨畫眉手，吳山纔得鏡中看。」

又秀隱君山水：「烏鞾踏破軟紅塵，未信溪山下筆親；圖上風烟看瀟灑，畫家亦有魏夫人。」

〔中州集〕劉仲尹謝孔遵席後堂畫山水圖詩：（後堂號秀隱居。）「家在龍沙弱水東，揭來塵世笑春風；都將天外蓬壺景，漏作人間畫手工。玉腕雪迴犀管細，寶煤香散鳳綃空；只應大地山河影，常記飛鸞下月中。」

元

管夫人

〔圖繪寶鑑〕管夫人道昇，字仲姬，趙文敏室，贈魏國夫人。能書，善畫墨竹梅蘭。

〔吳其貞書畫記〕管夫人竹石圖粉壁一堵，在湖州瞻佛寺殿之東壁，高約丈餘，廣有一丈五六尺，畫土坡上一巨石，作飛白勾皴法，只有數筆，畫識石之前、後、左、右有數竿修竹，高有三四尺，是爲晴竹，亭亭如生，使人望去，淸風徐來，寒氣襲骨，抑且用筆熟脫，縱橫蒼秀，絕無婦人女子之態，偉哉，古今一奇畫也，爲之神品。其壁四隅，稍有剝落，粉色微暗。時壬子正月既望，驟雨盆傾，仝沈澂之長兒振啓泛舟往觀。

〔卞永譽式古堂書畫彙考〕管夫人長明庵圖，庵居曠野，垣內有屋三層，橫廊通門徑，豎竿懸一燈，所謂長明也；旁有石蓮臺，作施鳥食者；垣外二長松下蔭，又一樹參之；門外坡臨水際，水間復有坡樹；墨氣高古，無兒女子態。款書「大德九年冬十一月廿又五日，仲姬管道昇作」。其上題云：「松樹陰陰落翠巖，一燈千古破幽關；也知諸法皆如幻，甘老烟霞水石間。此邱尼妙湛。」此尼想卽庵中人也。

又管夫人墨竹圖幷書楊萬里此君賦卷，董宗伯題云：「管夫人畫山樓繡佛圖，與鷗波公在伯仲間，至其書牘行楷，殆不可辨同異，衞夫人後無儔。此卷竹枝，縱橫墨妙，風雨離披，又似公孫大娘舞劍器，不類閨秀本色，奇矣奇矣。」

〔孫承澤庚子銷夏記〕管夫人畫竹，風格勝子昂，此幀凡三竿，極其蒼秀，自題一詩：「春晴今日又逢晴，閒與兒曹竹下行；春意近來濃幾許？森森稚子石邊生。」字法似子昂。

〔郁逢慶書畫題跋記〕管夫人懸崖朱竹，楊維楨題云：「網得珊瑚枝，擲向篔簹谷；明年錦綳兒，春風生面目。」朱竹古無所本，宋仲溫在試院卷尾以朱筆掃之，故張伯雨有「偶見一枝紅石竹」之句。鄭元祐題云：「亦是檀欒池上枝，郤緣殊色借臙脂，淸陰忽訝繁紅藉，勁節難從染綘移。結實定爲失鳳食，騰空堪作赤龍騎；多應血淚湘妃盡，客賦梁園總未知。」

借閒漫士曰：余家舊藏管夫人墨竹眞蹟，署款「天水管道昇」，下有印曰「中姬」。曹妙淸題句云：「夫人寫竹如寫字，不墮畫家蹊徑中；料得山房明月夜，翛然葉葉動秋風。」今失去久矣。

李夫人

〔王惲秋澗集〕李夫人名至規，號澹軒，宋狀元黃樸之女。長適尙書李珏子，早寡，今年七十有二。善畫蘭撫琴，近爲郎中孫榮父作九畹圖，若與蘭爲知聞也，且自敍其後云：「予家雙井公，以蘭比君子，父東野翁甚愛之，予亦愛之，每女紅之暇，嘗寫其眞，聊以備閨房之玩，初非以此而求聞於人也。郎中以蘭省之彥，一日來徵予筆，遂誦『點汚亦何忍，但覺難爲辭』之詩以應之。」

王夫人

〔曹伯啓漢泉漫稿〕題王夫人書畫卷後：夫人名圭卿，號春淵。「白璧何嘗廢琢磨，青君生意自融和；畫傳當代功尤妙，字比前賢體更多。漕府參軍時見盆，京城士子日相過；眼中燕玉紛紛在，惟解春風豔綺羅。」

劉氏

〔圖繪寶鑑〕劉氏，不知何許人？孟運判室，號尙溫居士。能臨古人字逼眞，喜吟小詩，寫墨竹效金顯宗，亦粗可觀。

蔣氏

〔圖畫寶鑑〕蔣氏，汴人。完顏用之室。嫠居，以淸淨自守，好作墨竹。

張氏

〔圖繪寶鑑〕張氏，喬德玉室。善寫竹。

〔元遺山集〕喬夫人墨竹二首：「萬葉千梢下筆難，一枝新綠儘高寒；不知霧閣雲窗晚，幾就扶疎月影看。」「只待驚雷起蟄龍，忽從女手散春風；渭川雲水三千頃，悟在香嚴一擊中。」夫人參洞下禪有省。

〔郝經陵川集〕靜華君墨竹賦：君姓張氏，行臺公之女，元遺山之姨姪，總管喬君之妻也。「甚哉，物色之有異也。不爲丹靑，不爲麗縟，不爲泉石，不爲卉木；墨於用而形於竹，開太古之玄關，寫靈臺之幽獨。儲秀潤於掌握，貯冰霜於肺腹。足乎心而無待於目，備乎理而不備乎物，全乎神而不徇乎俗，蓋達者之有天趣，而以貞節爲□也。若一葉一節，施塗粉澤。舒焉而布烟，慘焉而綴雪。以規規之形似，幸他人之目悅，是□□之効颦，惡足以知吾物色之設。竹有竹外之形，墨有墨外之色。故與可有成竹之論，坡仙有心識之訣，而潁濱謂解牛斲輪，心手俱滅，而後至乎超絕，詎庸陋固滯者得廁其列也。於乎！靜華琴書滿家，雄侯玉肯，振吐天葩，幽閒貞一，瑩璧無瑕，棄寵光而高蹈，緬逸志於雲霞，洪虛室之太素，曾不憙乎豪奢。故其坐雲軒，佇靈宇，凡蹤絕，天籟舉。呑八九之雲夢，小渭川之千畝，□蕭蕭之神寓，植歲寒於豪楮，掃胸中之全竹，走筆下之風雨，忽穎脫而迸裂，怒絕绷而掣去。何此君之尙玄，蔑靑翠而不處。恍一夢於藍田，幻兩身於湘浦。措斧斤兮何地，陋淇園之衞武，揮涕淚兮何從，愧蒼梧之二女。發四座之淸風，驅半襟之煩暑。欲折枝而不得，懼眞宰之或怒。縱入橫出，高森亞舞。不步不武，不繩不矩。百千其狀，劍拔戟踞，會於頫呻，而得於盼顧。豈畫工之屑屑於此焉。而得與神奇忽悅。固不與萬物同化，將落落兮終古。則君之玩物色，寓天趣，又豈紛紅緵綠，所得同年而語哉！亂曰：月府兮雲卿，戲墨兮淋浪，震虢虢兮神簹篔，列數幅兮森中堂，氣颯爽兮來三湘，粤惟靜華之比德兮，秉貞節兮淩霜。」

吳中女子

〔虞集道園遺稿〕吳中女子畫花鳥歌：「吳中女兒顏色好，洗面看花花爲悄，調朱弄粉不自施，寫作花間雪衣鳥。綠窗沈沈春畫遲，半生心事花鳥知，花殘鳥去人不歸，細雨梅酸愁畫眉。」

盛氏

〔元詩選癸集〕吳與盛懋子昭，寓居嵊縣，善繪事，名重湖海。其女亦傳其家學，精於點染。及卒，黃原質悼之以詩云：「蘭房晝靜女工閒，還向窗前學畫山；環佩已隨蕭史去，尙留遺墨在人間。」

范秋蟾

〔朱國楨湧幢小品〕范秋蟾者，台州塘下戴氏妻也。琴棋書畫，靡所不精，尤工音律。一日其夫與客同賦詩弔泰不華未就，秋蟾出一律曰：「江頭沙磧正交舟，江上人懷百戰憂；力屈杲卿生罵賊，功成諸葛死封侯。波濤洶洶鯨橫海，天地寥寥鶴怨秋；若使臨危圖苟免，讀書端爲丈夫羞。」

玉臺畫史卷二終

玉臺畫史卷三　　名媛下

錢塘　湯漱玉　德媛　輯

明

戴　氏

〔朱謀垔畫史會要〕戴氏，文進之女。畫山水人物效其父，有筆力。

金夫人

〔江寧府志〕金夫人，陳別駕鋼之配也。善水墨畫，所寫蕃馬，峭勁如生。

盧允貞

〔周暉金陵瑣事〕盧氏，名允貞，字德恆，號恆齋，倪文毅公夫人。白描精妙。有九歌圖、璇璣圖二卷。閨秀紀映淮題盧允貞寒江曉泛圖：「寒林自昔重營邱，水色山光接素秋；想藉幽思邀過雁，恰如同泛木蘭舟。」

馬閑卿

〔金陵瑣事〕馬氏名閑卿，號芷居，陳魯南夫人。善山水白描，畫畢多手裂之，不以示人，曰：「此豈婦人女子事乎。」

邢慈靜

〔列朝詩集小傳〕慈靜，臨邑人，太僕卿侗之妹。善畫白描大士。適武定人大同知府馬拯。

〔陳維崧婦人集〕慈靜畫觀音大士，莊嚴妙麗，用筆如玉臺膩髮，春日游絲。

仇氏

〔畫史會要〕仇氏，英之女，號杜陵內史。能人物畫，綽有父風。

〔珊瑚網〕仇氏著色白衣大士像，無論相好莊嚴，而瓔珞上堆粉圓凸，宛然珠顆。吳郡丹青閨秀志稱其綽有父風，信哉。

〔式古堂書畫彙考〕杜陵內史青鳥傳音圖絹本，青綠山水人物大軸。

〔錢大昕跋〕王雅宜書洛神賦，杜陵內史補圖。「王大令洛神賦，今僅存十三行，書家奉爲圭臬。趙魏公書此賦，雖有石本，而眞蹟不傳。雅宜山人書有晉法，玆卷用退筆，蒼勁樸老，無懈可擊，尤爲稱意之作。杜陵內史濡染家學，寫洛神飄忽若神，一掃脂粉之態，眞女中伯時也。胥臺袁氏，世藏此卷，漂轉數姓，爲小松郡丞所得，今輒贈壽階，楚弓復還，當爲吳中佳話，而小松之通懷敦交，亦可傳已。」

方孟式

〔列朝詩集小傳〕方氏孟式，字如耀，桐城人。父大理卿大鎭，弟兵部侍郎孔炤，山東布政使張秉文含之之妻也。志篤詩書，備有婦德，繪大士像，得慈悲三味。崇禎庚辰，含之守濟南，死於城上，如耀墮池水死。

沈氏

〔金陵瑣事〕沈氏，沈宜謙女，楊伯海妻。工折枝花，吳中黃姬水題其杏花云：「燕飛修閣簾櫳靜，紈扇新題春思長；妙繪一經仙媛手，海棠生豔復生香。」

許氏

〔王世貞弇州山人稿〕許氏，汝寧君之母。雅善繪事，吳興人以爲管夫人復出。

文淑

〔列朝詩集小傳〕太倉趙宧光凡夫子婦文氏，名淑，點染寫生，自出新意，畫家以爲本朝獨絕。

〔初學集〕文淑，字端容。性明惠，所見幽花異卉，小蟲怪蝶，信筆渲染，皆能摹寫性情，鮮妍生動。圖得千種，名曰寒山草木昆蟲狀。摹內府本草千種，千日而就。又以其暇畫湘君擣素、惜花美人圖，遠近購者塡塞。

〔珊瑚網〕寒山趙文淑，著色花蝶草蟲爲沒骨圖，極韻藉風致。

〔池北偶談〕文淑楚詞九歌、天問等皆有圖，曲臻其妙。

〔姜紹書無聲詩史〕文淑，字端容，衡山先生女孫，父從簡，亦吳中高士，適寒山趙靈均。寫花卉苞萼鮮澤，枝條荏苒，深得迎風挹露之態。溪花汀草，不可名狀者，能綴其生趣。芳叢之側，佐以文石，一種儁華娟秀之韻，溢於豪素，雖徐熙野逸，不是過也。其扇頭繪事，必圖兩面，蓋恐爲人涙書，故不憚皴染焉。

〔式古堂書畫彙考〕趙氏端容文石良薑圖，絹本，著色，二花一石，彩蝶孤飛，款題「辛未仲夏天水趙氏文淑畫」，書右角上方。印二：一曰「趙氏文淑」，白文中「文」字朱文；一曰「端容」，朱文。左角下方印二：一曰「寒山蘭閨畫史」；一曰「喬葉貞蕤」。白文圓印一，曰「端操有從，幽閒有容」，朱文。

韓玥

〔顧凝遠畫引〕韓玥、韓求仲太史女。工詩，兼長山水，有管夫人韻致。

范道坤

〔無聲詩史〕范道坤，東平州李生室也。畫山水竹石及花卉，淸婉絕塵。董思白先生跋其畫册云：「北方學畫，自李夫人創發，亦書家之有李衞，奇矣奇矣。」

〔珊瑚網〕萬曆癸卯冬仲，得山陰范道坤氏倣倪迂山水，覺淸淑之氣，果鍾於婦人。

葉小鸞

〔列朝詩集小傳〕小鸞字瓊章，一字瑤期，工部郎中葉紹袁仲韶第三女。四歲能誦楚辭，工詩，多佳句。能模山水，寫落花飛蝶，皆有韻致。年十七，字崑山張氏，將行而卒。

周淑祜　淑禧　禧弟子姚

〔朱彝尊靜志居詩話〕至元斥賣廣濟庫故書，有采畫本草一部，近趙凡夫子婦文淑端容，設色畫本草曲臻其妙。江陰周榮公二女淑祜、淑禧臨之，亦成絕品。淑禧寫大士像一十六幅，陳仲醇謂其十指放光，直造盧楞伽、吳道子筆墨之外。今文淑眞蹟尚有存者，周氏姊妹花草，見者罕矣。

〔居易錄〕江陰周硯農榮起女禧、祜皆工畫，禧名尤著。予昔在江南，嘗得其畫「惜花春起早」詩意士女一幀。又嘗屬江陰知縣陸次雲訪其所畫楚詞九歌九章圖，陸在江陰數載不相聞，聞巳購得裝潢而未寄予也。當問之。

〔婦人集〕江陰女子周淑禧，處士周榮起女也。工畫花鳥，在徐熙、黃筌間，好事者爭以餅金購之。

〔無聲詩史〕澄江兩名媛，姓周氏，長名淑祜，次名淑禧；父仲榮，佳士也，能詩歌，亦善畫。二女以丹青著，花卉蟲鳥，用筆如春蠶吐絲，設色鮮麗，氣韻生動。禧兼工佛像，曲盡莊嚴端穆之狀，間作外域鞍馬，點染精工，思致茂密。祜適金沙文學潘聖瑞，禧適同邑黃生。

〔池北偶談〕禧弟子姚，亦江陰人。美而豔。作畫得禧遺意。

〔查愼行集〕題江陰周氏女郎設色草花：「野花最好是無名，纖手親煩點染成；吹得蜂腰比人瘦，東風輕薄可憐生。」

汪仲鈖題江上女子周禧天女散花圖：「天光百尺兜羅青，行空誰躡鸞鳳翎，如蓮好女來娉婷，寶花簇簇開瓏玲，旋風散作千蜻蜓，現身了慧何惺惺。昔聞優曇提羅金天誇佛樹，花常龍葱葉不零，繞身萬片毋乃是，我初弗辨但見春冥冥。摩維偶示疾，方便居梵庭，琳琅法語宣，邈想隨風聆。邱濳之圖曾貌空中形，周家女子腕妙尤心靈，病身供養得分外，光明直現雙芥甁，安得參坐長者弟子列，氤氳貝葉禪宮扃。」

梁夷素

〔無聲詩史〕梁夷素，武林女子。工詩畫。陳眉公比之爲天女花、雲孫錦，非人間所易得。

崔子忠妻女

〔杭州府志〕梁孟昭，字夷素，錢塘人。茅九仍室。能詩，工畫花鳥。

〔列朝詩集小傳〕子忠字道母，萊陽人，僑居都門。畫法古，規摹顧、陸、閻、吳遺蹟。一妻二女，皆能點染設色，相與摩挲指示，共相娛悅。

孫氏

〔無聲詩史〕孫夫人，永嘉人。善寫梅，寒梢粉瓣，逗月淩霜，皆從筆花漬出，但少香耳。其夫任道遜，仕至太僕卿，亦善寫梅。夫人父某仕爲郡守，以寫梅著名，人稱之曰「孫梅花」。夫人一家能爲暗香疎影傳神，不減謝庭詠雪矣。

吳興老儒女

〔珊瑚網〕吳興老儒女，小字瑞丸。解琴理，能寫山水竹石。張元長以扇請之，爲寫瀶雲疎樹，置一草堂其下，頗得空山無人之致。題云：「問奇人去後，寂寞子雲亭。」女後不知所在。

姚夫人

〔婦人集〕桐城姚夫人，名維儀。無大師方檢討以智，法號無可。姑母也。酷精禪藻，其白描大士尤工。

王朗

〔婦人集〕金沙王朗，學博次回名彥泓。女也。生而夙悟，詩歌書畫，靡不精工。

〔無錫縣志〕王氏名朗，金沙王彥泓女，爲秦氏婦。歌詩小詞及畫水墨梅花，並稱奇絕。

宮婉蘭

〔婦人集〕海陵宮婉蘭，進士偉鏐女，歸冒無譽褒。工畫墨梅，雪葉風枝，翛然有偃蹇瑤臺之思。

吳蕊仙

〔婦人集〕茂苑吳蕊仙，名琪。才情新婉，當其得意，居然劉令嫺矣。尤好大略，精繪染，松陵周飛卿瓊贈詩云：「嶺上白雲朝入畫，尊前紅燭夜談兵。」蓋實錄也。尤侗鶣鴣天題女史吳蕊仙畫：「拂水佳人墮馬妝，春來響屧滿橫廊；繡襦甲帳無消息，暮雨瀟瀟空斷腸。筆翡翠，硯鴛鴦，吳綾三尺寫紅窗；青山碧水無人處，亂點桃花賺阮郎。」

無名氏女子

〔婦人集〕吳門家太僕（名濟生。）示余以望遠圖，乃十四歲女子所作，霧鬢雲鬟，薄施水墨，眞遺世獨立矣。

姚淑

〔明詩綜〕姚淑，字仲淑，金陵人。庶吉士達州李長祥繼室。

〔婦人集〕夔州李翰林，（名長祥，崇禎癸未進士。）亂後僑居金陵。娶姚夫人，善丹青，得北宋人筆意。曾爲雲間董大（名漢）母夫人畫一粉箑，烟墨離離，深秀不可言，爲香匳畫手中逸品第一。（或曰：「夫人又工晉仕女圖。」）

〔鈕琇觚賸〕李研齋繼室，曰鍾山秀才，浮渲梳頭，凝妝特妙。其婢墨池，性明慧，嘗畫蘭竹，輒令墨池以口退墨。李詩云：「別有香在口，莫畏胭脂黑。」

康夫人

〔婦人集〕江西康孝廉（名范生。）夫人，亦金陵女也。工畫竹，最似管夫人手法，孝廉頗矜重之。嘗以一扇貽余，綠篠明玕，便覺白日欲翳。

林媛

〔婦人集〕莆田周明瑛與外書曰：「林媛松石圖，已見歲寒之志，欽其至性，以一絕風之書首矣。亦不敢展玩，恐風雨悲鳴也。」

周炤

〔婦人集〕周炤，字寶鐙，江夏女子也。湘楚中人傳其丰神纖媚，姣好如佚女。性敏捷知書，歸漢陽李生。生名以篤，字雲田，生固慕炤，既得炤，則益大喜過望也。然家先有大婦在，炤眉黛間恒有楚色。李生愛客游，嘗攜炤殘箋數幅，以示友人，人無不色飛者。生篋中有炤自寫坐月澣花圖，雙鬟如霧，烘染欲絕。圖尾有小篆二：一曰「絡隱」，或曰「炤又字絡隱云」。（董以寧周炤傳云：「炤，江夏周某女也。某官山東按察使僉事，遇闖難殉節死，炤哀之，作悼懷之賦。」）

閨秀浦映淥滿江紅題周絡隱坐月澣花圖：「彼美人兮，宛相對，姍姍欲下。恰此夕，月華如洗，花枝低亞。盼到圓時仍未滿，看當閒半還愁謝。與花神月姊細商量，歸來乍。憐嫩蕊，銀瓶瀉；迴清影，晶簾挂，奈晚妝猶怯，鏡臺初架。二十餘年芳草恨，兩三更後長吁罷。幾時將絡秀舊心情，呼兒話。」

盧丹婦

〔婦人集注〕宜興盧丹，善畫美人，每作一圖，皆婦爲之點睛云。

薛濤如

〔式古堂書畫彙考〕薛氏靜君秋色圖，灑金方牋，著色秋葉二本，一蝶一蜂，紫香扇粉，款書「濤如」。書圖左角上。薛印靜君白文。

孫九畹

〔式古堂書畫彙考〕摩詰句圖集册汪玉水徵。第三十幅：「香氣傳空滿，妝華影箔通。」九畹孫氏蘭暉。

項珮

〔沈季友檇李詩繫〕項珮，字吹聆，秀水人。文學吳巨手統持內子。能詩善畫，喜讀書，工詩。

歸淑芬

〔檇李詩繫〕歸淑芬，字素英，嘉興人。文學高陽繼室，夫婦偕隱。工書畫，筆墨珍惜，購之不多得也。

徐範

〔檇李詩繫〕徐範，字儀靜，號玉卿，嘉興徐海門女。海門善書，範童而習之，工畫梅蘭。

周蘭秀

〔檇李詩繫〕周蘭秀，字淑英，吳江周應懿女，平湖孫愚公室。春日寫竹寄姊沈夫人云：「新籜初舒雨後枝，碧含香破淡相宜，爲君寫出疎欄影，一片寒光照墨池。」

徐夫人

〔檇李詩繫〕歸淑芬題陸右黃徐夫人畫云：「茅屋疎籬近水開，前峯疊疊樹如苔；雖然有路通樵採，截斷烟雲未許來。」

劉媛

〔初學集〕題劉媛畫大士册子：吳道子畫佛，昔人以爲神授，今觀劉媛所畫大士，豈亦所謂夢作飛仙，覺來落筆者耶？沈生乃得此嘉耦，豈非夙緣。蕚綠華降羊權，南嶽夫人曰：「冥期數感亦有偶對之名耳。」東坡云：「羊生得妻如得風，握手一笑未爲辱。」殆謂沈生夫婦也。

鄒賽眞 明詩綜作貞。

〔當塗縣志〕鄒氏名賽眞，御史謙女，魯之妹也。號士齋，國子監丞濮琰妻，編修韶母。少賢孝好學，雅自矜重，謂筆墨非其事，因流傳者少。太守傅鑰，養母於署，迎禮眞，爲作東山愛日記，傳歎服，梓其集而屬序於鉛山費宏，宏，眞壻也。初，琰訓鉛山學，眞見宏弟子員，勸琰壻之，後宏果殿元入內閣，人服其鑒云。

東山愛日記 石渠寶笈三編：明人尺牘八十册之最後一册，楷書。 姑熟郡齋，左方之隙有山焉，可丈餘，名曰小東山，郡守游息之所也。山之上軒豁高朗，四面洞達，畢見民隱者，爲視民亭。其下則鬱蔥環繞，陰翳含發者，爲延翠亭。西則碧波瀲灩，芙蕖的歷者，爲愛蓮池。四圍周帀則有梅、有桃、有松竹、有棗，花則有菊、有萱，而四時之景萃焉，宛然蓬島之勝境也。于時遼陽傅公，以進士擢居諫垣，多蹇諤聲；天子念吾郡爲畿輔重地，特簡公守是郡，無何，六事修飭，百廢俱興，郡民安堵。明年，迎其母太夫人來養，每値公暇，則率其子孫，日具酒饌於茲山，稱觴戲綵以爲壽，隨其所欲者，極力爲之，惟恐其少有拂耳。於是太夫人盤桓陟降乎茲山之間，俯視羣彙之暢達，遐眺萬姓之宴安，歡欣夷愉，康寧矍鑠，不必割肥烹鮮，而甘且飫矣。卽諸景分題曰「東山愛日」，撮其要也。余旣各繪圖，而復爲之詠。余聞之孔子云：「父母之年，不可不知也，一則以喜，一則以懼。」說者以爲喜懼之念兩存，則於愛日之誠，自不能已矣。至於詩，則云「且以喜樂，且以永日」，蓋喜樂則日永矣，永日卽愛日也。嗟乎！父母之恩，猶天地然，天地之恩無涯也，父母之生有涯也；古人一日之養，不以三公換，庸詎非以三公可得，而父母之年不可再得耶。夫日之當愛審矣，而養之當重宜矣，雖然，未也；天子以天下養，諸侯以國養，大夫以家養，庶人以身養，而士君子之修德樹行，建功揚名者，以百世養；是故謂之尊親，謂之顯親，謂之大孝，敢以是爲公期望，爲太夫人頌禱，遂書以爲記。視民亭：「宣化羣黎德意長，萬家襦袴誦聲揚；清懷一勺姑溪水，龜鶴相依壽北堂。」梅：「七日孤根暖獨回，百花頭上一枝開；實成看取調羹日，列鼎榮親上壽臺。」桃：「花開自是瑤池種，獻實曾傳漢帝家；千歲祥光呈壽域，金章耿耿照流霞。」延翠亭：「冉冉天涯一色蒼，密雲千頃護琳瑯；生香不斷貞仙境，綵舞連翩進壽觴。」愛蓮池：「獨愛濂溪久著名，清香一郡樂生生；壽堂怡悅西湖景，綠蓋紅幢照眼明。」棗：「纍纍紅玉燦明霞，仙種由來席上誇；榮樂兒孫稱壽考，安期巨實大如瓜。」菊：「拂拂秋風香滿庭，壽筵欣指綠銷金；清英和露釀春酒，次第賡歌慰德音。」竹：「清風隱隱動琅玕，直節虛心幾歲寒；賸有清香名壽酒，高堂日日報平安。」松：「鬱鬱貞姿冒雪馨，千年勁節樹青冥；仙人啖實增長壽，更有靈根亂茯苓。」

萱：「退食公庭喜奉萱，北堂遺愛繼周南；天邊雨露榮慈壽，化日熙熙酒正酣。」勅封孺人，治下濮門七旬八歲老拙鄒氏頓首拜書。

吳娟

〔無聲詩史〕吳娟，字眉生，其母家爲新安著姓。幼而黠慧，從家塾讀書，卽嫺爲詩歌，兼通繪事。適汪司馬伯玉之孫某，汪生性跅弛，游於狎邪，蕩其先業，以至不能謀生，乃偕其耦遨遊吳越間，藉其硯田，以供資斧。娟益研究於聲律，詩詞婉暢，書體遒媚，畫法出入倪米間，而得意外之韻，寫竹石墨花，標韻淸遠。如娟之才藝，可謂女博士矣。

二方夫人

〔胡之驥詩說紀事〕漢上蕭駕部大茹夫人，皖城張計部夫人，皆姓方，皆能圖寫諸佛像，又好以泥金繕寫諸經，布施供養。

張玉祥

〔田汝成西湖志餘〕張靖之女玉祥，在室時手自繪刺繡美人圖，精妙絕倫。及嫁，攜歸劉氏希仁，希仁，杭指揮使也。裝成軸，乞詩於靖之，因題云：「蘭蕙情懷冰雪容，生來未解出簾櫳；瓊琚冷佩蠶房雨，翠帶香披繡閣風。雙玉已諧琴瑟調，五花新受鳳鸞封；

明朝早有烝嘗事，自采蘋蘩步月中。」

王伯姬

〔金華詩錄〕王伯姬，東陽人。嘉忠女，適同邑盧洪芳。工小楷及畫山水花卉，無一不精。

汝太君

〔池北偶談〕徐元歎波落木庵集云：「訪江城毛休文於笠隱慧文庵，出其母汝太君畫扇十八面，山水草蟲，無不臻妙。三百年中，大方名筆，可與頡頏者，不過二三而已。」

劉氏

〔濟南府志〕劉氏，德平舉人李圖南繼室，濱州虞城令劉加隆女，自號菊窗女史。生質夙慧，讀書曉大義，善吟詠，兼工水墨花卉，有逸致。

崔繡天

〔徐沁明畫錄〕崔繡天，閩人。十三歲卽解寫佛，所作觀音像，妙相莊嚴，位置山水雲烟，造微入妙。

趙淑貞

（明畫錄）趙淑貞，山陰人，諸生趙伯章室也。工花鳥蘆雁，筆法秀潔，更饒姿韻。

湯尹嫺

（郭琇吳江縣志）湯氏，名尹嫺，字洽君，諸生湯三俊女，計來妻也。工詩繪，好琴。來死，執氏手曰：「與爾夢，援琴而絃絕者，有徵矣，乞善視吾子。」氏泣曰：「我在，必不負君，但恐我生不久耳。」來死三日，氏絕粒而號，明日扶柩之墓，嘔血數升，竟卒，年二十五，崇禎庚辰歲也。

蔡夫人

（王士禎居易錄）黃石齋先生道周繼配蔡夫人，名石潤，字玉卿，今年將九十，尙無恙。能詩，書法學石齋，造次不能辨。尤精繪事，常作瑤池圖遺其母太夫人云。

（厲鶚玉臺書史）蔡夫人，黃石齋之配也。花卉一册共十幅，今藏友人趙谷林小山堂，每幅俱有題句。其山茶云：「蜑風蠻雨，浥注鮮明。」千葉桃云：「不言成蹊，匪緣色媚。」芍藥云：「折花贈行，黯然消魂。」諸葛菜、荷包牡丹云：「蜀相軍容，小草見之。」罌粟云：「對此米囊，可以療飢。」萱花、翦春羅云：「睠焉北堂，勿之洛陽。」鐵線蓮云：「小草鐵骨，亭亭自立。」金絲桃、品字蘭云：「湘江武陵，或滋他族。」秋海棠、淡竹葉云：

「君子于役，閨中腸斷。」月季、長春云：「兩族並芳，四時皆春。」此幅上題云：「石道人命石潤蔡氏寫雜花十種，時崇禎丙子。」小印二，曰「石潤」、「玉卿」。鄭珠江太守跋云：「石齋先生被難以前，蔡夫人致書，謂『到此地位，只有致命遂志一著，更無轉念。』諄諄數百言，同于王炎午之生祭，閨閣中鐵漢也。後撫孤立節，死者復生，生者不愧，足當斯語矣。寫生得五代人遺法，一花一葉，俱帶生動，所謂『爲君援筆賦梅花，不害廣平心似鐵！』者耶珠江鄭千仞。」

借閒漫士曰：此册後歸梁山舟學士，余從舅氏乞得之。

傅道坤　范隆坤

〔無聲詩史〕會稽傅氏女名道坤者，貌麗而慧，幼習丹青。同郡范太學初議婚，惑日者言，竟娶他姓。不踰年絃斷，將再娶，而傅尚未字，范生曰：「豈赤繩繫定，留待我耶！」遂娶之。居一二載，絕不露丹青。後元夕張燈街衢，燈帶偶失繪，衆倉皇覓善手，傅聞，援筆繪之，觀者競賞。尤工山水，唐宋名畫，臨摹逼眞，筆意淸灑，神色飛動，咸比之管夫人。落款或范傅，或道坤，好事者爭購之，然非妯娌親洽，展轉相浼，不能得也。筆墨楮硯，以四婢典之。有女名隆坤，亦能步武丹青，名擅一時。嫁太學王于邁。

范景姒

〔池北偶談〕吳橋節孝范氏，名景姒，文忠公景文女弟也。好讀書，通經史，尤工書畫，繪大士像，仿彿龍眠。有冰玉齋詩若干卷。歸同邑王世德，二十而寡，年三十九卒。文忠撰墓志，見集中。

劉氏

〔安福縣志〕劉氏，王藹妻，太守劉公鐸女。穎敏過人，工書畫，善舞劍。二十一藹死，遺孤文度未晬，身常佩劍不離。甲申兵亂，劉聞感憤，竭產募義。時有猾將張某，淫威思逞，陽以軍需索餉，劉乘傳詣轅門，張欲逼之，劉抽劍向張曰：「寧斷頭弗辱！」張懼乃止。

卜蘊蕙

〔珊瑚網〕丹青之在閨秀，類多隱而弗彰，吾禾若卜蘊蕙、金淑修見畫徵續錄。輩，頗有林下風。

睞娘

〔觚賸〕睞娘者姓易氏，居松陵之舜水鎭。長及齒齔，作花鳥小圖，工刀札，善吟詠，嘗手摹吳道子畫觀音像，施醉香庵女冠。

徐安生 附

〔沈德符野獲編〕徐安生，吳人，徐季恆女也。美慧多藝，其寫生出入宋元名家。嘗仿梅道人風雨竹一幅遺余，且題二絕句於上云：「夏日渾忘暑酷，堪愛酒盃棋局，何當風雨齊來，打亂幾叢新綠。滿擬歲寒持久，風伯雨師淩誘；雖云心緒縱橫，亂處君能整否。」次詩蓋用唐李季蘭語。

〔珊瑚網〕徐女郎安生，善繪事，作六君子圖，儼然雲林再見。

〔式古堂書畫彙考〕徐女郎安生墨竹圖二幅。

厲鶚折桂令題徐安生桂花湖石小幅：「是何人染出秋光，石擬閒蛩，樹訝懸香。纖手皴苔，柔豪暈碧，嬌額分黃。權當作如來供養。也應教才子收藏。腸斷吳閶，漂泊多情，老去徐娘。」

國朝

王端淑

〔張庚畫徵錄〕王端淑，字玉映，號映然子，山陰人。遂東先生思任女也，適錢塘丁肇聖博學。工詩文，善書畫，長於花草，疎落蒼秀。卒年八十餘。著有吟紅稿。

龍夫人

〔魏叔子文集〕龍夫人，姓賀氏，永新人，孝廉科寶之母也。善繪事，所繪大士像最工且多。其夫攸令君，率簉室課耕皃溪山中，夫人獨居龍溪，搆竹隱樓，與孝廉賦詩彈棋，子母相倡和無虛日，或手調絲桐，以自陶寫。攸令君歲時過從，則夫妻相敬如嚴賓焉。

黃媛介

〔畫徵錄〕黃媛介，字皆令，秀水人。工詩賦，善山水，得吳仲圭法。太倉張西銘溥聞其名，往求之，時皆令已許楊氏世功。楊久客不歸，父兄勸之改字，誓不可，卒歸於楊。乙酉城破家失，乃轉徙吳越間，饔飧於詩畫焉。嘗爲新城王阮亭寫山水小幅，自題詩曰：「懶登高閣望青山，愧我年來學閉關；淡墨遙傳千載意，孤峯只在有無間。」詞旨亦雋永。

〔婦人集〕皆令詩名噪甚，恆以輕航載筆格詣吳越間，僦居西泠段橋頭，凭一小閣，賣詩畫自活。稍給，便不肯作。

厲鶚題黃媛介江山秋眺畫扇：「寥落江山發興新，疎松列翠指通津；閨中也自傷秋旅，寫出雙帆不見人。」

借閒漫士曰：余弟子惠從禾中得皆令金箋扇面仿雲林樹石，署款「甲申夏日，寫於東山閣，皆令。」閨秀朱文 嫒介白文 皆令朱文 左方上有詞云：「紫燕翻風，青梅帶雨，共尋芳草啼痕。明知此會，不得久殷勤。約略別離時候，綠楊外，多少消魂。重提起，淚盈紅袖，未說兩三分。紛紛從去後，瘦憎玉鏡，寬損羅裙。念飄零何處，烟水相聞。欲夢故人憔悴，依稀只隔楚山雲。無非是，怨花傷柳，一樣怕黃昏。」調寄滿庭芳，留別無瑕詞史，我聞居士。如是朱文

吳氏

〔畫徵錄〕吳氏，字素聞。善山水及士女。

〔池北偶談〕康熙丁未，從同年徐敬庵旭齡處見秀水吳氏畫扇二，一學小李將軍山水，一洛神圖，妙入豪髮。吳字素聞，其人亦天人也。

倪仁吉

〔義烏縣志〕吳之葵妻倪氏，名仁吉，浦江人。能詩，善書畫。夫病革，矢以身殉，夫力阻之，且屬以立嗣奉姑，仁吉含泣順承，時年二十，慟絕復蘇。事姑猶母，撫教爲後之子，行不窺堂，衣不易素。間以吟詠自適，有凝香閣稿。

〔池北偶談〕倪仁吉，義烏人。善寫山水，尤工篇什。予嘗見其宮意圖詩，其一云：「調

入蒼梧斑竹枝，瀟湘渺渺水雲思；聽來記得華清夜，疏雨銀缸獨坐時。」倪手種方竹數十竿，甚愛惜，萊陽董樵處士遊婺郡，倪高其人，斫一枝贈之。

徐燦

〔畫徵錄〕徐燦，字湘蘋，吳人，海寧相國陳之遴素庵配。善畫士女，工淨有度。晚年專畫水墨觀音，間作花草。〔選佛詩傳〕夫人事母至孝，手寫大士像五千四十有八，以祈母壽，晚年遂皈依佛法，更號紫箮氏。吳騫題徐夫人白描大士：「拙政園邊野草春，平泉花木半爲薪；巫咸未翦遼陽紙，辛苦鷗波懺佛人。」

沈彥選

〔畫徵錄〕沈彥選，嘉興人，海鹽俞孝廉鴻配也。善花鳥，分枝布葉，自得異致，筆亦不纖，蓋不以嫵媚爲工也。

陳書

〔畫徵錄〕陳書，號上元弟子，晚年自號南樓老人，秀水人，太學生堯勳長女，適海寧錢上舍綸光。善花鳥草蟲，筆力老健，風神簡古。翁鶴庵先生瑞徵嘗歎曰：「用筆類白陽而遒逸過之。」間作觀自在、關壯繆、呂洞賓像。上舍家貧而好客，夫人典衣鬻飾以供。嘗賣畫以給粟米，雖屢空，晏如也。課子嚴而有法，長陳羣，康熙辛丑進士，入翰林；次峯，廩生；次界，亦善花草。

借閒漫士曰：家藏南樓扇頭小景，署款「澉湖舟次，卽景寫意。陳氏錢書」。本生曾大父比部公乞文端題云：「魚亭西曹，出所藏先太夫人畫箑，請余評判眞贋；軸奉余諦視，悦然記憶年未弱冠時侍太夫人往來澉上，取道橫山、金粟諸河橋，低坐小舟以進。太夫人性耽繪事，所攜絹素，篷窗不便展舒，乃取箑數握，隨手作小景，謂余曰：『此黃筌、趙昌輩能事也，吾不耐爲此，如舟次狹小何？』余曰：『繪事旨趣，貴有生意，東坡題小景畫云：誰言一點紅，解寄無邊春。景固無分大小也。』太夫人頷之。後爲好事者購去。閱六十餘年，又復見此。碧柳朱華，瀞風濯露，猶仿彿船脣侍立時也。手澤之感，其能去於懷哉！敬題一絕，並識緣起以復：『截取湖光一段春，調朱配粉至今新；瓣香幸落門生手，印證當年侍畫人。』乾隆三十三年六月既望，男陳羣謹識時年八十有三。」甲午春日，余乞文端孫潤齋中丞重爲之跋，并和原韻，距文端跋時，又六十七年矣，亦佳話也。

吳應貞

〔畫徵錄〕吳應貞，字含五，吳江人。趙□□妻。工寫生，風神婉約，自是閨房之秀。

習忍

〔畫徵錄〕習忍，武進人。不知誰氏女也。寫生師惲南田法，有折枝花冊，娟娟雅潔，枝榦花葉，均有意致，非貌似其師也。冊後有南田跋。

金淑修

〔畫徵續錄〕金淑修，明隨州牧殉難贈太僕卿徐世淳長子肇森配。善山水，局度軒敞，有丈夫氣。不輕作，故流傳甚少。子嘉炎，舉康熙己未博學鴻詞科。

馬荃

〔畫徵續錄〕馬荃，字江香，扶羲孫女。工花草，妙得家法，一葉一花，人爭珍之。適常熟□□，以節重於里。

〔吳德旋初月樓續聞見錄〕馬江香，名荃，常熟人。畫師馬扶曦女。江香亦善畫，晚歲名益高，四方以縑素兼金求畫者益衆。常蓄婢數人，悉令調鉛殺粉，而琴川多貴游士女，皆來求授指法。時武進惲冰，畫以沒骨名，而江香以句（勾）染名，江南人謂之雙絕。

王正　王敬

〔畫徵續錄〕王正，字端淑，江都人。善花草，布置工穩。能詩，受業於徐少宗伯倬。後入都，馬相國齊延教其女。

〔名媛詞選〕正工翎毛。女弟敬，善寫蘭竹。

孫蘭媛

〔檇李詩繫〕孫蘭媛，字介畹，適文學陸渭。工詩詞，多韻語，不雜脂粉。擅寫蘭竹。

王煒

〔檇李詩繫〕王煒，字功史，又字辰若，太倉人。海鹽陳文學光縡室。能詩善畫。以世亂偕隱於婁，博學敦古，顧伊人稱「爲笄幃中道學宿儒，不當以香匳目之」。太倉女子黃若，從父蜀歸，以奇花珍木圖示之，日夕模寫，致病而歿。

趙昭

〔畫徵續錄〕趙昭，字德隱。寫生工秀，兼長蘭竹。

〔檇李詩繫〕趙昭，字子惠，吳郡寒山隱君女。祖母陸卿子，母文端容，俱擅詞翰之席，子惠能嗣其美。適平湖文學馬仲子班。性好烟霞，常葛衫椎髻，自擬道民。會仲子父難破家，遂入空門，更號德隱，結庵於洞庭西山中，有詩云：「虞山錢太史柳君，春日釆蘭，忽得雙丫，復以並蒂植之庭中，命余圖焉。時席試湯餅，會諸名閨，共賦釆蘭詞，余亦成詠：『日照鮮膚露未乾，輕羅徐約喚人看；若因野客良緣好，兩席花前看浴蘭。』」杭世駿題趙昭雙鉤水仙：「寒山木落磵泉分，小宛堂開辟蠹芸，留得外家殘稿在，一叢寒碧寫湘君。」厲鶚題趙昭雙鉤水仙畫扇：「名同班氏最清華，知道停雲是外家；點染春心冰雪裏，只消葉底兩三花。」

殳默

〔檇李詩繫〕殳默，字齋季，小字墨姑，嘉善殳丹生山夫之女，母曰陸少君。姑生而奇慧，九歲能詩，刺繡刀尺，無不入妙。習小楷，摹畫李龍眠白描大士，愛管夫人畫竹一幅，與同臥起，年十六，未字卒。

徐蓉

〔池北偶談〕米侍講漢雯言：前令建昌縣署有水夫文三郎者，頗文雅不類俗人。米謝事居南昌，三郎亦隨侍。一日見家僮輩兩素扇，一畫梅，一畫蘭竹，又書唐人絕句二首，問之，即文三郎妻徐蓉所作，年才二十三。

卞德基

〔魏叔子文集〕卞德基，金陵卞楚玉琳次女。善畫，好讀書，精筆札。與其姊元文夢珏先後事劉孝廉峻度，如劉敞、王拱辰故事。

朱如玉

〔汪由敦魯孝婦傳〕孝婦朱氏，名如玉，字又寒，仁和朱久亨女也。嫁同邑魯君旋長子宗鎬。善詩，工屬對，能爲設色花鳥。

徐昭華

〔毛奇齡西河詩話〕始寧徐仲山(咸清)女昭華，閨秀也，謁予爲師，請試題。會昭華畫蝶工甚，遂命題畫蝶五絕，限東韻。昭華立成云：「蛺蝶翻飛去，翩躚綵筆中；雖然圖畫裏，渾似覓花叢。」誦之，一座驚歎。予喜爲和詩云：「滕王有遺譜，描之深閨中；羞殺東園蝶，翾翾滿綠叢。」蓋言羞時輩也。予別有觀昭華畫障詩云：「吾郡閨房秀，昭華迥出塵；書傳王逸少，畫類管夫人。紫水和泥染，青山帶露皴；蝶衣聯繡褶，花片滴朱脣。閣上雲烟曉，階前草木春，祇愁頻對鏡，圖作洛川神。」此詩頗傳人間。後昭華畫眞有追管夫人處。

堵　霞

〔毛際可安序堂文鈔〕錫山吳子元音哲配堵夫人，博學能詩，工寫生花卉，深得徐熙筆意。余嘗爲詩贈之，有「淸才能詠絮，妙筆自生花」之句，夫人以自顏其芝蘭之室。

馬玉徵

〔陳撰春江聽雨錄〕馬玉徵，錢唐人。園前包氏女，適同里諸生馬道坦。山水學北宋人。夫婦皆七十餘，康熙某年歿。

卞　氏

〔畫徵續錄〕三韓卞氏，大中丞永譽女。善花草，賞家稱其工。

范雪儀　傅德容

〔朱象賢聞見偶錄〕吳郡婦人能畫者多，而康熙間有范雪儀、傅德容，乃爲翹楚。二人專於人物，范尤在傅上。傅畫雖工，未免略有作家氣。

劉獻廷題閨秀雪儀畫嫦娥便面：「素箋摺疊塗雲母，黛筆淸新畫月娥；莫道繡奩無粉本，朝朝鏡裏看雙蝶。」

俞光蕙

〔畫徵續錄〕俞光蕙，字滋蘭，海鹽人。少司農穎園孫女，于殿撰敏中配。性好畫，年七歲寫折枝花於壁，司農見而異之。長受法於錢太夫人陳書，太夫人子司寇，司農姪女倩也，以親串往來指授，自是益進，筆致清穎古秀，布置亦大雅。

惲冰

〔畫徵續錄〕惲冰，字清於，南田之女。善花草，得其家法。

〔初月樓續聞見錄〕冰字清於，南田先生族曾孫女也。適同邑毛鴻調，鴻調不應舉，築小樓，夫婦吟詩作畫以老焉。

〔聞見偶錄〕蘭陵惲南田，少時畫山水，虞山王石谷亦畫山水，二人友善。後王藝益進，而南田不能過，遂別攻花卉。歿數十年，其族姪孫女二，俱能繼其精妙。幼者尤佳，名冰，字清於。

〔惲珠閨秀正始集〕清於，諸生鍾隆次女，余諸姑也。年十三卽作畫，與姊究心六法，尤工花卉翎毛，賦色運筆，能傳南田翁家學。孫女周，字榴村，亦能得其意，名噪都下。

畫徵錄以姑爲南田女，誤矣。

惲懷英

（俞蛟讀畫閒評）惲氏懷英，鐵簫道人季女，南田女孫也。號蘭陵女史，適同鄉呂光亨。幼傳家學，善花鳥，落筆雅秀，設色明淨，尤長於墨菊。書法亦娟好。呂登進士，典郡，復入爲戶部員外郎，卒於京師，貧不能作歸計，攜幼子寓長安委巷中，鬻畫自給。

孔素瑛

（畫徵續錄）孔素瑛，字玉田，聖裔毓楷女，占籍桐鄉。適烏程貢生金某。善寫花鳥，有機趣。能詩，有飛雲閣集。

借閒漫士曰：余藏玉田水墨落花蝴蝶扇面，題云：「春去春來花自惜，花開花落蝶應知；年年恨到王孫草，正是花殘蝶老時。素瑛畫於飛雲閣。」小印一：「玉田」，朱文。

妹蘭瑛、繼瑛，亦工畫。

丁瑜

（畫徵續錄）丁瑜，字懷瑾，錢唐人。父允泰，工寫眞，一遵西洋烘染法，懷瑾守其家學，專精人物，俯仰轉折之態極工。適同里張鵬年，亦善畫。

姜桂

〔畫徵續錄〕姜桂，字芳垂，號古研道人，孝廉本渭季女，行人垓曾孫女也。父母許張氏子，聘未婚，張卒，桂時年十九，聞赴欲自經，父母許其守節，乃不死。未幾，翁姑相繼歿，無可歸，矢志于室，貞女也。通經書，善畫山水，乾筆疎秀。嘗見其小幅，自題云：「暖風晴日値良辰，窗外梅花數點新；更想林泉清淑致，山光樹色寫初春。」又記云：「仿元人惜墨法，惟舊紙得墨，始有氣韻。佳紙難覓，大幅更罕，茲幀細潔，又平拓者再，而紙性猝難融化，淺深濃淡，頗費經營，而筆不達意，欲貌似古人而不可得，多愧多愧。」觀此，足以知其學力有所得矣。

〔戴延年吳語〕姜貞女桂，余師南學之妹。幼許字某氏子，未嫁而寡，父母欲更爲擇配，女泣示志，遂不之强。至老不出戶限，組紉之餘，兼及繪事，翎毛花草，無一不工。余家藏一幀，荔柿兩枝，題曰利市圖，以爲珍玩焉。

汪亮

〔畫徵續錄〕汪亮，字映輝，號采芝山人，桐鄉人。柯庭名文柏。孫女。幼聰穎，好學多藝能，留心典籍，善詩，尤好六法；私淑清暉老人，輕雋秀潤，設色淡雅，其一種清逸之致，頗覺出塵自得。適吳興費氏，今移家嘉興。

借閒漫士曰：孫雲壑錫麐贈余采芝山人山水小幀，蒼厚烟潤，不似閨閣中手筆。

鮑詩

〔畫徵續錄〕鮑詩，字令暉，平湖人。別駕怡山次女。怡山有四女，皆知書善畫，能詩。徽州老諸生程立巖名之廉者，善山水花草，來游東湖，姊妹從之，專學花草，傳白陽法也。令暉筆尤長，適余族姪徵士雲錦，有鶴舞堂小稿一卷。在家時作吾亦愛吾廬詩鈔二卷，乃與徵士倡和詩，造句幽秀。自題荷花小景：「垂柳垂楊罥鷺鷥，紅荷花底水差差；分明東浦橋邊見，一抹斜陽弄影時。」

吳瓊仙

〔洪亮吉更生齋集〕吳瓊仙，字子佩，一字珊珊，吳江平望鎭人，翰林院待詔徐達源配。嗜吟咏，著有寫韻樓詩。兼工繪事，暇卽發揮烟雲，摹寫花鳥。

玉臺畫史卷三終

玉臺畫史卷四

錢塘　湯漱玉　德媛　輯

姬侍

宋

豔豔

〔畫繼〕任才仲妾豔豔，本良家子，有絕色。善著色山水。才仲死鍾「賊」，不知所去。

〔宋畫錄〕豔豔工眞行書，善著色山水。河南邵澤民侍郎家藏其瀟湘八景一册，細潤清遠，足以名世。

〔張丑清河書畫舫〕庚子穀日，偶從金昌常賣鋪中獲小袖卷，上作著色春山，雖氣骨尋常，而筆蹟秀潤，淸遠可喜。諦視之，見石間有豔豔二字，莫曉所謂，然辨其絹素，實宋世物也。越數日，檢閱畫譜，始知豔豔爲任才仲妾，有殊色，工眞行書，善靑綠山水。因念才仲北宋名士，豔豔又閨秀也，爲之命工重裝，以備藝林一種雅製云。

淸音道人

〔姜特立梅山續稿〕謝葉樞相淸音道人扇面詩：「歸休謝去世間忙，看畫題詩引興長；忽見遠山來几席，方知妙筆出閨房。百杯歌徹行雲住，萬象心營點墨香；珍重製成團月扇，清風滿座自生涼。」

又和云：「紛紛朝市利名忙，惟有山林寄興長；樞相好奇聊玩物，道人弄筆欲專房。方嫌小景鮫綃窄，忽辱新詩繭紙香；潭府炎蒸無著處，聊將三伏助清涼。」案樞相謂葉衡道人，蓋其妾也。

翠翹

〔圖繪寶鑑〕翠翹，洪內翰侍人，失其姓。自題云「翠翹戲筆」，字畫婉媚。程大昌題詩云：「戲作風枝斜，再惱玉堂宿。」

明

李因

〔婦人集〕海昌女子李因，字今是，號是庵。作水墨花鳥，幽淡欲絕。王吏部嘗題其芙蓉鸂鶒畫云：「寒入金塘花葉孤，非烟非雨態模糊；姚家女子丹青絕，寫作芙蓉匹鳥圖。」姚月華小傳，嘗作芙蓉匹鳥也。

〔靜志居詩話〕是庵善畫，花竹之夭斜，禽鳥之跳躑，具有生動之趣。刻沈香爲像，以奉白陽山人。

〔珊瑚網〕李因山水寫生俱擅長。

〔李日華六硯齋三筆〕葛無奇家姬李因，妙於寫生。無奇以牡丹折枝貽余，余酬一絕云：「珠箔銀鉤獨坐春，拋將繡譜領花神，脂輕粉薄重重暈，恰似崔徽自寫眞。」

〔安序堂文鈔〕顧且庵侍御願圃，（今在闊板橋東皋親巷。）爲葛園故址，相傳葛光祿與其姬人泛舟之處。光祿既以詩名，而是庵夫人繪事臻逸品，一時文采風流，猶可想見。

何玉仙

〔列朝詩集小傳〕史癡翁忠有愛妾何氏，名玉仙，（畫史會要云，名疊。）號白雲道人。能篆書及小畫。

〔無聲詩史〕予曾見癡翁畫一卷於燕都，中有白雲繪事，蓋飛白竹石也。

朱玉耶　李佗那

〔列朝詩集小傳〕郭布衣天中諸姬：朱玉耶，工山水，師董北苑；李佗那，工水仙，直逼趙子固。

〔靜志居詩話〕石城女子李佗那，善畫水仙。

厲鶚題朱玉耶疎樹山亭畫扇：「從來名士悅風流，小筆蕭疏在扇頭；一笠空亭行跡少，石城烟樹冶城秋。」

劉別駕妾

〔袁中道珂雪齋集〕萬曆壬辰，江上有龍陽人以舟載樓而鬻者，鬻而建之宅右，名曰遠帆樓。逾月有一妓來，與之登樓，熟視泣下，因問樓所由來，予答以鬻之龍陽人，妓乃愀然曰：「噫嘻，此妾夫君別駕劉公樓也。公愛聲色，畜妓甚多，妾其一也。終日於樓上教歌舞，絲竹代奏，歡宴窮日夜。公既死，妾亦流落，孰知樓亦遠移至此。」因指白板扉上所畫花卉數種，謂予曰：「此妾與女伴某竊公筆而戲爲之者也。」以袖拂拭，言與淚俱。

吳瑟瑟

〔冒丹書婦人集補〕吳瑟瑟，字數青。姑蘇人。錢進士名位坤。姬也。兄年十七，亦美丰姿，善音律，能爲大小李將軍畫。倩妹設色，鮮妍遠過其兄。兄嘗師朱文甫，朱畫冠當時，每稱若妹殊勝阿大也。瑟瑟畫最著者：李夫人簫史圖、孫夫人放鴿圖。

吳淨鬘

〔靜志居詩話〕陳老蓮妾吳淨鬘，善花草。

〔郭麐靈芬館詩話〕老蓮姬人吳淨鬘，又名鬘華，又名華鬘，又名淨德，又小名小寶。友人文後山藏老蓮鬘華合作花卉册子，見其私印如此。

彭西園侍兒

〔池北偶談〕彭堯諭，號西園公子，河南鹿邑人。官通判。崇禎末頗擅詩名。予年十八九時與先兄考功同上公車，於北道逆旅見壁上畫蘭石，甚有風致，其旁細字注云「西園侍兒喬施同寫」。吳郡文啓美震亨題其後云：「令人羨殺西園老，攜得西施共小喬。」後十餘年重過之，畫猶宛然，題一詩云：「無復湘中見汜人，西園蘭石愴如新；低回十五年前事，只有蛛絲絡暗塵。」

楊影憐

〔珊瑚網〕松陵盛澤有楊影憐，能詩善畫。余見其所作水仙竹石，淡墨淋漓，不減元吉、子固，書法亦佳。今歸錢蓉江學士。

借閒漫士曰：柳如是本姓楊，名愛，盛澤歸家院妓，柳其寓姓也，見觚賸。影憐蓋是其字。柳所畫月隄烟柳，爲紅豆山莊八景之一，舊藏孫古雲均所，郭頻伽麐有詩。

國朝

顧媚

〔畫徵錄〕顧媚，字眉生，又名眉，號橫波，龔宗伯芝麓妾。工墨蘭，獨出己意，不襲前人法。眉生本金陵妓女，芝麓納爲妾，後改徐氏，故世又稱徐夫人云。

〔婦人集〕顧夫人識局朗拔，尤擅畫蘭蕙，蕭散樂託，畦徑都絕，固當是神情所寄。

朱彝尊題顧夫人畫蘭：「眉樓人去筆床空，往事西州說謝公；猶有秦淮芳草色，輕紈勻染夕陽紅。」自注：夕陽紅，蘭花名，見金漳趙氏譜。

彭孫遹題顧眉生畫蘭册：「無復當年弄墨辰，斷紈影裏認前塵；青溪畫閣秋如水，寫出芳蘭竟體人。」

厲鶚小桃紅題橫波夫人畫蘭扇：「秦淮不見翠雙顰，摺扇香痕潤。往事眉樓有誰問？墨花春。靈均舊怨都銷盡，南朝豔粉，才人風韻，題詠到湘裙。」自注：龔宗伯有題豔蘭裙子如夢令，爲橫波作也。

蔡含　金玥

〔畫徵續錄〕蔡含，字女羅，吳縣人。如臯冒辟疆姬也。生而胎素，性慧順，好畫，兼善山水花草禽魚，長於臨摹。嘗作松圖巨障，辟疆作長歌題其上，一時名人和之。又嘗爲墨鳳圖，題者頗衆。辟疆姬人又有金曉珠，名玥，崑山人。居染香閣。亦善畫，曾臨高房山小幅，得其氣韻，時稱冒氏兩畫史。

〔樊榭山房續集自注〕金玥、蔡含合筆畫紅梅玉茗，小印文曰「書中有女，畫中有詩」。

王士禎題冒辟疆姬人圓玉女羅畫三首：「雪後空庭氣蕭瑟，千頭紆竹尙嬋娟；畏寒凍雀不飲啄，斜日蹋枝相對眠。」疏篁寒雀。「記取淩波微步來，明珠翠羽共徘徊；洛川淼淼神人隔，空費陳王八斗才。」水仙「堂堂策策八千頭，荇葉菱花滿碧流，彷彿吳興騎馬處，江南風色白蘋洲。」戲花魚。

朱彝尊於中好題蔡女羅疏篁寒雀圖：「疏篁幾葉搖晴翠，淺暈出斷霞魚尾。恁時寒色空閨裏，偶憶得，瀟湘水。更添凍雀黃昏睡，問同夢梅花開未？一枝已遂雙棲計，任雪壓，風扶起。」

又醉花間題金曉珠水墨芙蓉：「湘江水，澧江水，木末同姿媚。露下冷花繁，風裏柔枝脆。玉臺勻染地，意匠應憔悴。硯滴井華新，墨吮香脣醉。」

厲鶚題冒辟疆姬人金圓玉水墨秋葵：自注：「辟疆自題云：余不能飲，日看畫此花，亦飲醇酒意也。」「金琖橫欹醉不勝，墨痕秋暈一匳冰，西園老盡佳公子，看畫花枝學信陵。」

艾氏

（居易錄）萊蕪張部郎四科，字芹沚，買一婢，年十四，姿首甚麗。詢其家世？曰「東鄉艾氏女也」，因納之，生一子而歿。自畫小像一幀，留匳箱中，張見之惋歎，懸像別室，食必親薦。一日羹汚其上，夜夢妾怒詰曰：「奈何汚我！」旦視之，畫已失矣。

遲煓妾

〔畫徵錄〕遲煓，閬陽人。善花鳥草蟲。其妾亦善畫，筆與煓類，煓畫皆出於妾手。

玉臺畫史卷四終

名妓

錢塘　湯漱玉　德媛　輯

唐

崔徽

〔張君房麗情集〕崔徽，河中府倡也。裴敬中以興元幕使蒲州，與徽相從累月。敬中使還，崔以不得從爲恨，因而成疾。後東川幕府白知退歸，徽對鏡寫眞，謂知退曰：「爲妾語敬中，崔徽一旦不及畫中人，且爲郎死矣。」發狂疾卒。

宋

嚴蕊

〔齊東野語〕天台營妓嚴蕊，字幼芳。善琴奕歌舞絲竹書畫，色藝冠一時。間作詩詞，有新語。

蘇翠

〔圖繪寶鑑〕蘇氏，建寧人。淳祐間流落樂籍，以蘇翠名。嘗寫墨竹扶疏，旁八分書題，如「倚雲」「拂雲」之類，頗不俗。亦作梅蘭。

延平妓

〔劉克莊後村詩話〕延平樂籍中有能墨竹草聖者。潘庭堅枋爲賦念奴嬌，美其書畫，末云：「玉帶懸魚，黃金鑄印，侯封萬戶。待從頭繳納君王，覓取愛卿歸去。」余罷袁守，歸途赴郡，集席間借觀，醉墨淋漓，今不復有此雋人矣。

寫竹妓

〔陳造江湖長翁集〕陳總管座上贈寫竹妓二首：「勁節蒼梢筆底寒，一天風雪與堅頑；回思擁扇賓筵見，郤爲嬌嬈一破顏。」「此君寫影道機熟，猶記涪翁詫子舟；誰信紅衣萬鈞筆，擬分此派嗣湖州。」

明

林奴兒

〔明書畫史〕林金蘭，自號秋香亭中人，南都妓也。畫山水人物宗馬遠，筆力雖未至，亦女流所難得。

〔梅禹金青泥蓮花記〕林奴兒，號秋香，成化間南京舊院妓。從良後有舊識欲相見，以扇畫柳題詩拒之云：「昔日章臺舞細腰，任君攀折嫩枝條；如今寫入丹青裏，不許東風再動搖。」

〔金陵瑣事〕林奴兒，風流姿色，冠於一時。學畫於史廷直、王元父二人，筆最淸潤。沈周臨江仙題林奴兒畫：「舞韻歌聲都揩起，丹靑留箇芳名；崔徽楊妹自前生，箏愁烟樹杳，屏恨遠山橫。描得出風流意思，愛他紅粉兼淸；未曾相見儘關情，只憂相見日，花老怨鶯鶯。」

葛姬

〔皇甫汸司勳集〕葛姬，號曉雲。本出教坊，雅善琵琶，兼通翰墨，尤工於寫蘭。

呼文如

〔列朝詩集小傳〕萬曆間江夏營妓呼姬文如，小字祖，知詩詞，善琴，能寫蘭，與其姊舉齊名。或譌爲胡姓云。

朱斗兒

〔列朝詩集小傳〕朱斗兒，號素娥。畫山水小景，陳魯南授以筆法。

〔畫史會要〕朱素娥，金陵妓也，陳魯南授以筆法，更入作家。聞魯南入翰林，盡以平日往來詩畫緘封，寄與魯南，上寫云：「昨日個錦囊佳句明勾引；今日個玉堂人物難親近。」其風流儒雅如此。

馬湘蘭

〔列朝詩集小傳〕馬姬，字守眞，小字元兒，又字月嬌，以善畫蘭，故湘蘭之名獨著。所居在秦淮勝處，喜輕俠，時時揮金以贈少年，步搖條脫，每在子錢家，勿顧也。王伯穀序其詩云：「輕錢刀若土壤，翠袖朱家；重然諾如邱山，紅妝季布。」

〔式古堂書畫彙考〕馬湘蘭蘭花圖，灑金方牋，著色，一花數葉，弱態不勝。款書「庚午夏日，湘蘭爲龍池兄戲筆」。書図右。朱文

又馬湘君蘭花竹石圖，縑素，水墨，款書「戊寅菊月晦日，玄子爲文茂契君寫，馬湘」。

〔無聲詩史〕湘蘭蘭仿趙子固，竹法管夫人，俱能襲其餘韻，其畫不惟爲風雅者所珍，且名聞海外，暹羅國使者，亦知購其畫扇藏之。

〔玉臺書史〕馬湘蘭雙鉤墨蘭，旁作篠竹瘦石，氣韻絕佳。題云：「翠影拂湘江，清芬瀉幽谷。壬申清和月，寫於秦淮水閣，湘蘭馬守眞。」又雙鉤墨蘭小軸，題云：「幽蘭生空谷，無人自含芳；欲寄同心去，悠悠江路長。丙申春日，湘蘭守眞子。」二軸今藏廣陵馬半槎齋中。

馬文玉

〔列朝詩集小傳〕文玉名珪，善謳，善琴，善畫。游西湖，作憶舊詩四章，武林詞客，屬和盈帙。緡雲鄭士弘敍曰：「品似芙蕖，才過柳絮。弄墨則花牋染就，慣自描蘭，裁詩則竹簡題殘，曾無竄草。尤工樂府，停吳雲於雙聲；最善絲桐，挹湘水於十指。」

馬如玉

〔列朝詩集小傳〕如玉字楚嶼，本張姓，家金陵南市樓，徙居舊院，修潔蕭疏，無兒女子態。熟精文選唐音，善小楷八分書及繪事，傾動一時。北里名姬，多倩筆於人，惟如玉不肯，卽倩人，亦無能及玉也。

趙麗華

〔靜志居詩話〕麗華字如燕，小字寶英，南院妓，自稱昭陽殿中人。能綴小詞被入絃索。予嘗得其書畫扇，楷法絕佳，後題云：「乙卯中秋，同西池徵君，質山學士，集海濱天香書屋，書此竟，聞任兵憲在陸涇壩禦倭大捷，奏凱回戈，亦快事也。」沈嘉則爲作傳，有云：「趙雖平康美人，使具鬚眉，當不在劇孟朱家下，今卽其題扇數語，豪宕可知。」

徐翩翩

〔無聲詩史〕徐翩翩，金陵妓。萬曆初以色藝擅聲，能寫墨蘭。

薛素素

〔明詩綜〕素素，小字潤娘，嘉興妓。

〔靜志居詩話〕予見薛五校書手寫水墨大士甚工，董尙書未第日，授書禾中，見而愛之，爲作小楷心經，兼題以跋。至山水蘭竹，下筆迅掃，無不意態入神。

〔胡應麟甲乙剩言〕京師東院本司諸妓，無復佳者，惟史金吾宅後有薛五素素，姿度豔雅，言動可愛。能書，作黃庭小楷尤；工蘭竹，下筆迅掃，各具意態，雖名畫好手，不能過也。

〔式古堂書畫彙考〕薛素君梅花蛺蝶圖幷題：紙斗方。「不愁春信斷，爲有夢魂來。素素。」又水仙圖幷題：「幽芳小小翦輕羅，玉面檀心氣韻多；好與避風藏繡箔，天寒不遣試淩波。素素。」

〔珊瑚網〕李日華題薛素花裏觀音：薛素能挾彈調箏，鳴機刺繡，又善理眉掠鬢，人間可喜可樂，以娛男子事，種種皆出其手。然花繁春老後，人情不免有綠陰靑子之思，姬無可著力，今又以繪法精寫大士，代天下有情夫婦祈嗣，此又是於姬己分上，補一段大闕陷也。乃歡喜以贊曰：「慧女春風手，百花指端吐，菩薩現花中，自結眞實果。」

借閒漫士曰：曾見素素畫蘭扇面，有印二，一曰「薛素素」，一曰「五郎」，白文。

頓喜

〔珊瑚網〕頓喜，號西來，金陵妓。善作蘭竹飛白石。

〔式古堂書畫彙考〕頓瑤英春江花月社圖，汪珂玉記云：「秦淮一帶水，故是玉樹新聲，陳梁佳境，花月春江夜猶爲吾輩勝場，而無奈殺風景者，徒起騷人之一唱三歎也。時萬曆壬子秋，余訪馬氏湘蘭舊館，登其樹石之巔，憑老姬人指點板橋故事，云祠部恐廢纏頭，不難毀數百年之佳麗，今且移花無地，著月無宮矣。吳友羽南因作步院曲，余和云：『試向藏鸞山子看，斜陽流水斷橋酸，若言歌舞由斯罷，何不香消院院殘？』自是與俞羨長諸君品藻今古，平章風月，主盟冶城可眺處，而曲中鄭如英、寇文華、沙宛在輩，咸能淋漓白練裙，不讓桃根桃葉，有淸溪泛月諸作。至癸丑春，集靈谷、梅花塢、鳳臺、杏花村，有瑤陰會業，合前韻語，總標之曰春江花月社，得頓姬瑤英約略破墨成圖，絕勝纖纖初月上鴉黃，海棠花下合梁州，也於板橋乎復何恨。封禺香史汪珂玉記於珍珠河舍。」

吳　綺

〔檇李詩繫〕吳綺，字繡君，嘉興妓。自題蘭石云：「淸影留紈素，疎香隱石苔；風微無所著，濃淡有由來。」冬日畫蘭便面云：「幽意隨有得，呵凍聊寫生；眞堪紉作佩，霜霰不勝情。」

卞　賽　卞　敏

〔余懷板橋雜記〕卞賽，一曰賽賽，後爲女道士，自稱玉京道人。知書，工小楷。善畫蘭，喜作風枝嫋娜，一落筆盡十餘紙。有妹曰敏，頎而白如玉肪，風情綽約，人見之如立水晶屛也。亦善畫蘭，寫篠竹枝蘭草二三朶，不似玉京之縱橫枝葉，淋漓墨瀋也。然一以多見長，一以少爲貴，各極其妙，識者并珍之。

張　喬

〔翁山詩外〕友人龐祖如贈予張喬美人畫蘭一幅，上有陳文忠公桐君題詩云：「谷風吹我襟，起坐彈鳴琴；難將公子意，寫入美人心。」蘭凡兩叢，生石上，葉長者五，短者八九，花已開未開者有七，葉細花柔，宛有露笑烟啼之致。蘭根旁有小印一，文曰「逢永」，逢永者，黃孝廉聖年南園社中十二人之一也。喬字二喬，廣州人。工詩，美顏色，歌舞妙絕一時。年二十一，病垂危，彭孟陽文學以數百金贖之，附於千金市駿骨之義，喬竟不起。孟陽葬之於白雲山麓梅花坳，送者數十百人，人詩一章，植花一本以表之，號曰花塚。

姜如眞

〔徐釚本事詩〕彭椅舊院行，爲閻再彭題姜姬畫蘭作：「如眞小字姜爲氏，風流應善長干里；自書甲戌上元前，爲贈翩翩蔡公子。（蔡爲鶴江宗伯子。）公子才華宗伯家，南國徵歌偏狹邪；雲間莫生好詞藻，坐看點染紫莖花。」（姬自題云：「時莫生雲卿在座，更助筆墨之興。」）

楊 妍

〔本事詩〕妍字步仙，舊院歌姬也。能詩善書，工畫叢蘭竹木。兵火後寓武定橋南大功坊廢圃內。吳聞瑋鏘送葉學山之秣陵，寄詢楊校書云：「孤客江干八月潮，綺窗曾記話無聊；輕紈畫箑叢蘭小，遮徧春風武定橋。」

吳梅仙

〔畫史會要〕梅仙，金陵妓。善丹青。

林 雪 王友雲

〔珊瑚網〕林雪，閩中妓。善繪事。

〔李光陽西湖逸史〕林雪，字天素，閩妓也。入武林，寄寓湖上，工書善畫，臨摹古幅，嘗亂眞。董思白贈以詩曰：「片雲占斷六橋春，畫手全輸妙與眞；鑄得干將呈劍客，夢通巫峽待詞人。」

〔容臺集〕山居荏苒，幾三十年，乃聞閨秀之能畫者一再出，又皆於武林之西湖，初爲林天素，繼爲王友雲。天素秀絕，友雲澹宕，特饒骨韻。

范珏

〔板橋雜記〕范珏，字雙玉，廉靜寡所嗜好，惟闔戶焚香瀹茗，相對藥鑪經卷而已。性喜畫，山水摹倣大癡、顧寶幢。槎枒老樹，遠山絕磵，筆墨間有天然氣韻，婦人中范華原也。

寇湄

〔板橋雜記〕寇湄，字白門。娟娟靜美，跌宕風流，能度曲，善畫蘭。沈春澤寒夜醉後看寇五姬畫蘭：「詩畫亦常事，疑信何參差？昨宵水閣中，酒深燈短時，看子停銀穌，支頤如有思，開篷滃香豪，墨花生幾枝。纖指過寒箋，殘墨成冰澌，綴以竹石情，洗郤兒女姿。此時衆信堅，吾復轉疑之，安得手與心，出奇能若斯，相顧各歎息，歌子明月詩。」

范　珠

〔無聲詩史〕范珠，字照乘，金陵妓。畫山水能對客揮毫，周暉所著續金陵瑣事載之。

楊　宛

〔無聲詩史〕楊宛，字宛若，金陵妓。後歸茅元儀。寫蘭石淸姸饒韻。

楚　秀

〔初學集〕題女郎楚秀畫二首：「曼綠輕紅約略分，墨華凝碧濺羅裙；烟嵐一抹知多少，知是吳雲是楚雲？」「小艇疎簾水墨閒，落梅風過點朱顏；欲看粉本頻臨鏡，自掃修眉畫遠山。」

楊璆姬

〔潘之恆曲中記〕楊璆姬，平康才人，世以玉貌善音律，擬之楚璆姬。雅好翰墨，又嘗游戲丹靑，得九畹生態，時稱逸品。

徐　佛

（觚賸）盛澤歸家院有名妓徐佛者，能琴，善畫蘭。

朱　馥

（姚旅露書）朱馥，名無瑕，字泰玉，桃葉妓。工楷書畫蘭，能詩。

李貞儷

（露書）李貞儷，字淡如，桃葉妓。工書畫，著韻芳集。

崔聯芳

（劉鑾五石瓠）崔聯芳，南京舊院妓。能吟詠畫蘭。

胡茂生

（汪汝謙春星堂集）觀胡茂生校書詩畫，賦此寄懷：「名噪三山籍甚時，盈盈一水正相思；塡詞爭擬李淸照，寫竹渾如管仲姬。勝日聞君多唱和，殘年憐我獨棲遲；蕭然一棹停江上，欲訪仙源未有期。」自注：「茂生，天台人，隱居囦溪。」

王阿昭

（沈春澤秋雪堂詩删）王阿昭帕上畫山水歌：「六朝花柳香不已，六院家家嬌姊妹，馬姬老去遂空羣，任俠風流總無對。五娘貞秀亦翩翩，居然自呼九畹仙；郝家文珠墨池史，扇頭妙楷流雲烟。李郎澹如眞慧絕，跌宕成名何必說；那堪藥物滅天機，使我憐才素心結。近來喜得王昭兒，縑素心腸山水姿，相將礛䃴荷花邊，悠然落筆態可思。今日乞昭畫一箑，明日乞昭圖一紙，一箑一紙一出奇，寸心靈變能如此。正欲持此誇示人，侍兒忽貽秋羅巾，秋羅半幅恣揮灑，遠山疎樹能有神。我曾問昭何處得？昭言學畫纔廿日，出門看山歸想畫，聊復寄之游戲筆。筆端游戲豈易哉，汗汗漫漫皆天才，收羅八荒貯一笥，半幅神理爲其貽。願昭從今轉精進，眼前腕底多矜愼，畫工氣莫稍漸染，傖父手莫輕投贈。我家太湖烟水頭，七十二峯將新秋，扁舟黃葉載昭去，雙眸處處皆淹留。」

國朝

陳小住

〔本事詩〕吳興女子陳小住爲朱十畫扇，作並頭蓮，朱十集唐句題之：「可愛深紅間淺紅，滿池荷葉動秋風；紫迴謝女題詩筆，一片西飛一片東。」曝書亭集作題玉女史畫蓮。又集唐贈陳校書，并索其畫扇二首：「不將淸瑟理霓裳，笑倚東軒白玉牀；小疊紅牋書恨字，屏風誤點惑孫郎。」「蒲萄美酒夜光杯，夜半高堂客未回，知我憐君畫無敵，且將團扇暫徘徊。」

倩扶

〔畫徵錄〕倩扶，華亭人。善花草，多寫意。工詩，有集。

吳媛

〔畫徵錄〕吳媛，字文靑，無錫人，自號梁溪女史。善畫，有墨荷圖、設色菊花，與倩扶並爲吳梅村東山勝侶。

豐質

〔畫徵錄〕豐質，字花妥，蘭陽人。妙音律，善演劇，而性度閒雅，焚香鼓琴，好畫墨蘭，學王覺斯法，花葉舒暢瀟灑，絕無拘滯修飾，不得以風塵筆墨忽也。寓居睢州，名甚重，陳其年柬侯六叔岱詩云：「聞說睢州女校書，春愁纔妥上頭初；今朝人臥梁王苑，歌板糟床只欠渠。」忽了悟，卽於睢州從一貧人，辛苦作家，卒年蓋三十云。

玉臺畫史卷五終

玉臺畫史別錄

朱柔則，字道珠，錢塘人。詩人沈用濟方舟室。方舟客紅蘭主人所，久而不歸，道珠遙寄故鄉山水圖，主人作詩，有「應憐夫壻無歸信，翻畫家山遠寄來」之句，當時傳爲佳話。方舟妾曰顧春山，道珠嘗約春山河渚觀梅，得句云：「樓外有梅三百樹，美人不到不開花。」其風致可想見矣。

金士珊，長孺先生之妹。幼時隨父任滇南，長孺補學博囘浙，士珊畫野哇圖送之，卷中花果，多不能名，蓋滇中物也。後歸王氏，吳穀人祭酒題剔銀燈詞，載有正味齋集中。

宋秋田藏閨秀扇面甚夥，有陳字、陳李山水合筆。字字無名，老蓮子，見畫徵錄。李相傳是老蓮女，未知所據，殆亦如靑蚓妻女，偶爾渲染，流傳不多，傳畫家者未之及耳。周南卿亦有閨秀扇面數十頁，鑒別極精，南卿沒後，不知歸於誰氏矣。

薩克達氏，雲貴總督諡莊恪阿思哈公第四女，英煦齋協揆和配也。善寫生，尤喜以指頭畫鷹，得其神俊。顏所居曰觀生閣，每作畫，協揆爲之署款。嘗於胡書農學士齋中見所作花草蝴蜨卷子，協揆題其後云：「今夏內子得甌香館山水册子，遂摹之，始悟花卉難，草蟲難，畫蜨尤難。蓋山水可以添染，花蟲則一筆落紙，不可收拾，此內子之獨得，不知有合否？請俟高明指謬。余雖不解畫，然於畫蜨每賞之，亦愛則忘醜耶！」閨房之雅，洵足媲美鷗波矣。

姚夫人，顧隅東升室也。隅東工書畫，自顏所居樓曰「寫生」，夫人亦擅繪事。朱西畯昆田題寫山樓主人墨梅二絕云：「墨梅舊數揚補之，今看尺幅橫一枝；盡刪海粟百絕句，寫山樓有無聲詩。」「冷蕊疎花色嶄新，鮑夫人合管夫人；問君嫵媚何能爾？莫是羅浮夢後身。」

張淨因，甘泉人，張堅女。幼讀書，能詩善畫，年二十五歸於黃，事舅姑以孝聞。家貧，或以畫易米，有長官慕其名，求見其詩，淨因謝曰：「本不識字也。」嘉慶丁卯卒，年六十七。著綠秋書屋詩集五卷。宜興吳仲倫德旋云。

巴延珠，字佛圓，伊爾根覺羅氏都統謚勤敏莽鵠立女。勤敏工寫眞，其法本於西洋，不用墨骨，純以渲染皴擦而成，神情酷肖，佛圓親受指法，亦工人物。守貞不字，長齋繡佛以終。

竹垞淸平樂題吳中女子呂文安畫云：「深閨暇日，偶仿王郎筆，小字親題無氣力，殺粉調鉛第一。圓珠斛得誰家？香車遠隔天涯；陌上依然柳色，門前何處桃花？」阮亭題馮女郎畫蘭云：「丐得騷人筆下妍，玉池清照影便娟；一從弱質辭空谷，治葉倡條盡可憐。」呂馮畫蹟，今不可見，姓氏附見兩家集中，亦云幸矣。

吳玖，字瑟兮，石門吳南泉女，桐鄉程同文春廬繼室。性特高潔，工詩善畫，初寫折枝花，繼作山水蘭竹，皆出心悟，追蹤於古，婦人無此筆也。嘗畫溪山歸輿圖，春廬題句云：「人間何處覓菟裘？送老溪山一葉舟，慚愧賢妻招隱意，年年看畫過清秋。」

嘉興朱筠，字梅侶，錢孝廉青選室。工楷書，得大令十三行筆法，兼擅墨菊。

柴貞儀，字如光；靜儀，字季嫺，錢塘人。孝廉柴雲倩世堯女也。如光適黃介眉，季嫺適沈漢嘉，並工繪事。余藏如光杏花春燕，季嫺木樨芙蓉。筆意韶秀，可稱雙璧。

吳規臣，字飛卿，一字香輪，金壇人。吳縣顧侶松大令鶴室也。以孝行稱。畫師南田，風枝露葉，雅秀天然，兼精岐黃之術。侶松令米脂，從征喀什噶爾，飛卿留居吳門，夫家母家，皆恃丹青以給。近時女士工畫者，嘉興沈采石轂山水，吳顧畹芳蕙花卉，南海黃耕畹之淑蘭竹，並出冠時，何閨閣之多才也。

陳瓊圃，字閬眞，號鉏月，錢塘半江司馬淞女，歸安費錫田室。能詩，兼六法，夫亡，誓以死殉，卒年二十有九。其自題山水畫册云：「路轉千峯一徑斜，烟霞深鎖野人家；春來更有幽棲處，開徧東風枳殼花。」「家住江南楊柳灣，一蓑烟雨打魚還；數聲蘆笛秋風暮，飽看青溪兩岸山。」「蒹葭深護水雲鄉，門掩靑山對夕陽；吟罷小樓閒眺望，晚風吹起白蘋香。」「峯含曉日樹含烟，野水微茫接遠天；如此溪山誰領取？風光輸與釣魚船。」極清婉可誦。

山舟學士嘗題女史朱雨花畫海棠便面，跋云：「予猶女適德清許氏，一日歸寧，手一扇，上畫折枝海棠，生秀圓潤，署款朱新字雨花，蓋女史所貽也。予叩何人？曰：『此卽五世一堂竹溪戴翁（德清人。）之曾孫婦也。』向予慕其家風孝友，嘗買櫂訪之，見其祖孫四世，而五世孫徵符方在襁褓，卽女史朱所誕育也。夫蠶織鍼管，是宜所習，不意畫手渲染之妙，其樸而能文可知矣。予生平所見閨秀畫不一，最上如黃石齋先生之蔡夫人，錢尚書母南樓老人，綽有徐黃遺法，姸麗中氣骨古厚，非如吳下文淑、惲冰，徒以姿媚一派見長而已。女史年未滿三十而技若此，倘得前人名跡瀏覽而靜摹之，所造當更有進於是者。予故因猶女之請，跋其便面，以報所贈。」嘉慶八年，歲在癸亥，二月之末。」此跋頫羅庵集中未刊，故亟錄之。

吳映瑜，字韞輝，號秋水，靜江孝廉瀓女，趙穆亭承杰繼室也。與穀人祭酒爲族兄妹，工書畫，祭酒在都，同寓一室，朝夕評騭，擘窠書似有勝焉。六旬外猶能作楷，余嘗見山水冊一，氣韻妍雅，洵稱合作。

玉臺畫史別錄終

書評

〔程庭鷺篛庵畫麈〕五代婦人童氏，畫范蠡、張志和等乘舟而隱居者六人，山水樹石，人物如豆，亦甚可重，見畫鑑。吾友錢唐汪小米中翰，其配湯漱玉曾輯玉臺畫史，歷代閨秀之善畫者，咸詳備焉，似未及此。

〔余紹宋書畫書錄解題〕是編仿太鴻書史之例，輯歷代能畫之婦女爲一編，體例略有變更，僅分宮掖、名媛、姬侍、名妓四門。宮掖得二十人，名媛得一百廿五人，姬侍得十六人，名妓得四十人。後附別錄十五則，不入諸門，未詳何故？歷代婦女能畫者較多，是編所錄，未爲賅備。胡敬序亦謂其粗具端倪，未窺蒐輯。且有畫史徵引各書在前，亦易爲力，然出諸閨秀，亦難能而可貴矣。前有胡敬駢文序。

作者事略

湯漱玉，字德媛，浙江錢塘人。汪遠孫繼室。婦女著述考

玉臺畫史校勘記

汪氏振綺堂本用汲古叢鈔本，翠琅玕館本並掃葉山房石印本互校。

卷一

耿先生——末「又自稱比大先生」，汲古、翠琅玕、石印三本，比並作北，据改。

和國夫人——「顯恭皇后之妹」，石印本同。汲古、翠琅玕兩本並妹誤作姝。

韓夫人——末「曉妝初就寫紅梅」，石印本，翠琅玕本同。汲古本缺。

卷二

李　氏——「手植蒼琅十數百」，他三本，十皆作千。

朱淑眞——「恃其才膽。擬古人閨怨數篇」，膽，各本同，疑爲贍之誤。

管夫人——畫識石之前後左右有數竿修竹」，疑有脫誤。最後「不墮畫家蹊徑中」，各本均誤作谿，改正。

張　氏——「幻兩身於湘浦」，兩，他三本皆誤作雨。

盛　氏——「寓居嵊縣」，他三本皆作峽。

卷三

周淑祜——汪仲鈖題「如蓮好女來娉婷」，他三本娉婷皆作婷婷；又「維摩偶示疾」，疾，他三本皆作病。

姚　淑——婦人集小注「名黃」他三本皆作潢，据改。

周　炤——小注「周炤傳」石印本同，述古與翠琅玕兩本並誤周爲州。

徐安生——末詞「也應教才子收藏」，收，他三本皆作妝。

卷四

清音道人——末「璽紙」，卽繭字別體，他三本皆誤作璽。

吳淨鬘——越畫見聞及國朝畫徵錄均作胡淨鬘。

別錄

巴延珠——末「守眞不字」各本同。按眞應爲貞，爲避諱作眞，今改。

吳　玖——後嘉興朱筠字梅侶。應獨爲一條，另起。

吳規臣——後顧畹芳蕙花卉，述古、翠琅玕及石印本皆作顧芳無「畹」字。

姚夫人——自顏所居樓曰「寫生」。寫生疑为寫山之誤。

四

畫禪

一卷　明釋蓮儒撰

畫禪目錄

眞惠　希白　德止　溥光

溥圓　海雲　妙圓　智浩

道隱　允才　時溥　智海

明雪窗

陳眉公訂正畫禪

白石山衲子　蓮儒　纂
秀水　戴全祐　子受
華亭　張其琛　公玉　校

釋惠覺　姚曇度子也。姚最云：丹青之用，繼父之美，定其優劣，嵇聶之流。

光澤寺僧威公　姚最云：下筆爲京洛所知。

迦佛陀禪師　天竺人。學行精懿，靈感極多。初在魏，魏帝重之。至隋，隋帝於嵩山起少林寺，至今房門上有畫神，卽是迦佛陀之迹。

曇摩拙义　天竺人。善畫。隋文帝時，自本國來，遍禮中夏阿育王塔。至成都雒縣大石寺，空中見十二神形，便一一貌之，乃刻木爲十二神形於寺塔下，至今存焉。

同州法明　善寫貌，開元中嘗在內庭畫人物。

智瑰　善山水鬼神，氣韻洒落。

金剛三藏　師子國人。善西域佛像，運筆持重，非常畫可擬。

釋脩然　俗姓裴氏，爲人詼誕强學，不成一名。善丹青，工山水。

貫休　俗姓姜氏，字德隱，婺州蘭溪人。初以詩得名，後入兩川，頗爲王衍待遇，因賜紫衣，號禪月大師。能畫，間爲本教像，唯羅漢最著。其畫像多作古野之貌，不類人間所傳。

傳古　四明人。畫龍獨造乎妙。弟子德饒、無染，皆臻其妙。

楚安　漢州什邡人。俗姓勾氏。善畫山水、人物、樓閣，點綴甚細。

智蘊　河南人。工畫像人物。

德符　善畫松柏，氣韻瀟洒，住汴州相國寺。

令宗　乃丘文播異姓弟。工山水、人物、天王像。

浙僧蘊能　工雜畫，善畫佛像。

巨然　鍾陵人。善畫山水，筆墨秀潤，善爲煙嵐氣象於峯巒嶺竇之外。至於林麓之間，猶作卵石、松柏、疎筠、蔓草之類，相與映發，而幽溪細路，屈曲縈帶，竹籬茅舍，斷橋危棧，眞若山間景趣也。得董源正傳。

夢休　江南人。喜丹青，學唐希雅，作花竹禽魚，盡物之態。

居寧　毘陵人。好爲戲墨，作草蟲筆力勁峻，不專於形似。

釋仁　寓永嘉。善畫松，初集諸家所長而學之，後夢呑數百條龍，遂臻神妙。

吳僧繼肇　工畫山水，與巨然同時，體亦相類，但峯巒稍薄怯也。

仲仁　會稽人，住衡州花光山。以墨暈作梅花如影然，別成一家，所謂寫意者也。

寶覺和尙　翎毛蘆雁不俗。

杭僧眞惠　畫山水佛像，近世佳品。翎毛林木，有江南氣象。

惠洪覺範　能畫梅竹，每用皂子膠畫梅於生絹扇上，燈月下映之，宛然影也。其筆力於枝梗，極遒健。

妙喜師　長寫貌。嘗寫御容，東坡贈詩云：「天容玉色誰敢畫？老師古寺晝閉房；夢中神授心有得，覺來信手筆已忘。幅巾長服儼不動，孤臣入門涕自滂；元老侑坐鬚眉古，虎臣侍立冠劍長。」

道臻　嘉州石洞講師也。能墨竹，山谷贈序云：「道臻刻意尙存，行自振於溷濁之波，故以墨竹自名。然臻過與可之門，而不入其室也。」

德正　信州人，徐競明叔之兄，徐林樨山之弟。登科，爲平江教官，棄而爲僧。能畫山水人物，種種清絕，專師李伯時。

道宏　峨眉人，姓楊，受業於雲頂山，相貌枯瘁。善畫山水僧佛。晚年似有所遇，遂復冠巾，改號龍巖隱者。其族甚富，宏不復顧止，寄迹旅店，惟一空榻，雖被襆之屬亦無有。每往人家畫土神，其家必富，畫貓則無鼠。往往言人心事，輒符合。凡如廁，必出郭五里外，鄉人怪訝，每隨而窺之，既就溷，則無復便利，但立語再四而出。後竟坐化店中，八十餘。成都正法院法堂，有所畫高僧。

法能　吳僧也。作五百羅漢圖，少游爲之記云：「昔戴逵嘗畫佛像，而自隱於帳中，人有所否臧，輒竊聽而隨改之，積年而就；意法能研思，亦當若此，非率然而爲之者也。」

智平　成都淸涼院僧也。善畫觀音，南商毛大節得其像以歸，過海，一夕風浪大作，開展懇祈，光相忽現，如大月輪，長久之間，已數千里，侯溥賢良載之觀音儀中。今水陸院普賢閣所畫像，其徒虛己作，至今現存。

祖鑒　成都僧，住不動尊院。師智平畫觀音，今大慈超悟院佛殿有十觀音。又於邛州鳳凰山畫觀音，一日忽現五方圓相，直閣計敏功爲作瑞像記，現存。

虛己　成都柏林院僧。善山水，有圖軸傳世，今白馬院。

僧慧琳　本仕族。多蓄圖書，尊尙士大夫，入慈藍者，以爲稅鞅之所，爇香賁茗，終日蕭然，不知身在闤闠中也。有虛己雪幛及山水二圖，甚佳。

覺心　字虛靜，嘉州夾江農家，甚富。少好游獵，一日縱鷹犬，棄妻子出家。游中原，作從犢圖詩，孔南明、崔德符見而愛之，招來臨汝，連住葉縣東禪，及州之天寧香山三大刹。兵亂還蜀，邵澤民、劉中遠兩侍郎復喜之，請住毘盧，凡十八年。初作草蟲，南僧稱爲「心草蟲」，後因宣和待詔一人，因事藏匿香山，心得其山水訣，一日千里。陳澗上稱之曰：「虛靜師所造者道也，放乎詩，游戲乎畫，如煙雲水月，出沒太虛，所謂風行水上，自成文理者也。」陳去非稱其詩無一點僧氣。

智源　字子豐，遂寧人，傳法牛頭山。攻雜畫，尤長於人物山水。嘗見看雲圖，畫一高僧抱膝而坐石岸，昂首佇目，蕭然有出塵之姿。

智永　成都四天王院僧。工小景，長於傳模，宛然亂眞，其印湘之西亞歟。初，宇文季蒙龍圖喜其談禪，欲請住院，永牢辭曰：「智永親在，未能也。」於是售己所長，專以爲養，不免狥豪富壓肆所好，今流布於市者，非其本趣也。嘗作瀟湘夜雨圖上邵西山，西山郎題云：「嘗擬扁舟湘水西，篷窗剪燭數歸期；偶因勝士揮毫處，却憶當年夜雨時。」西山旣咏詩，問永云：「前輩曾有此詩否？」永因誦義山問歸篇，西山矍然，亟取詩以歸，翌日乃復改與之：「曾擬扁舟湘水夜，雨窗聽雨數歸期；歸來偶對高人畫，却憶當年夜雨時。」深恐多犯前人也。

眞休　漢嘉僧也，山谷所與游淸閑居士王朴之子。善模搨人物如眞，今現存。

維眞　嘉禾人。工傳寫。

元靄　蜀人，太宗朝供奉。工寫貌。

超然　不知何許人？善作山水，其峯巒礬頭，酷似郭熙。至於屋宇林石，坡灘水口，筆法孱弱，與巨然殊不相類。今人多以巨然超然連稱，莫曉所謂。

梵隆　字茂宗，號無住，吳興人。善白描人物山水，師李伯時。高宗極喜其畫，每見輒品題之，然氣韻筆法，皆不迨龍眠。

法常　號牧溪，喜畫龍虎猿鶴蘆雁山水樹石人物，皆隨筆點墨而成，意思簡當，不費妝飾；但粗惡無古法，誠非雅玩。

月蓬　不知何許人？貌古怪，亦不知止宿何地？畫觀音、佛像、羅漢、天王，得古人體韻。其畫不妄與人，人罕有之。

靜賓　號白雲，善作異松怪石，如龍騰虎踞。上寫草字，寺院多收。

瑩玉澗　西湖淨慈寺僧。師惠崇畫山水。

蘿窗　不知名，居西湖六通寺。與牧溪畫意相侔。子溫，字仲言，號日觀，作水墨葡萄，自成一家法，人莫能測。又號知歸子。

若芬　字仲石，婺州曹氏子。爲上竺寺書記，模寫雲山以寓意，求者漸衆，因謂：「世間宜假不宜眞，如錢塘八月潮，西湖雪後諸峯，極天下偉觀，二三子當面蹉過，却求玩道人數點殘墨，何耶？」歸老家山古澗側流蒼壁間，占勝作亭，扁（匾）曰「玉澗」，因以爲號。又建閣對夫容峯，號夫容峯主。嘗自題畫竹云：「不是之僧親寫，曉來誰報平安？」

仁濟　字澤翁，姓童氏，玉澗之甥。書學東坡，墨竹學俞子淸，梅學揚補之，自謂「用心四十年，作花圈稍圓耳」。山水亦得意。

圓悟　閩人，號枯崖。能詩，喜作竹石。

慧舟　號一山叟，天台人，居西湖長慶寺。能詩，作叢竹，或三二竿，或百十成林，不見其重複冗雜。

太虛　江西人。作竹學鄆王楷。

智葉　白描佛像人物。

眞惠　善畫花果。

希白　白描荷花。

德止　號淸谷，工畫。嘗畫廬山尋眞觀二壁，朱文公題其上。

宗師溥光　字玄暉，號雪庵，俗姓李氏，大同人。特封昭文館大學士，賜號玄悟大師。善眞行草書，亦善畫；山水學關仝，墨竹學文湖州，俱成趣。

頭陀溥圓　字大方，號如庵，俗姓李氏，河南人。於雪庵爲法弟。書學雪庵，山水墨竹俱學黃。

海雲　墨竹學樗軒。

妙圓　墨竹頗法度。

智浩　號梅軒，墨竹雖少蘊藉，脫洒簡略，得自然趣。

道隱　字仲博，號月澗，俗姓李氏，海鹽當湖人。蘭石學趙子固，墨竹宗王翠岩。

允才　號雪岑，受業□輿石佛寺。墨梅竹似丁子卿。

時溥　字君澤，號雨岩，華亭人，居奉賢鄉接待寺。通經律，作詩，亦畫墨竹，三稍（梢）五葉而已。

智海　居燕中。喜畫墨竹，學海雲禪師。

明雪窗　畫蘭。

右古尊宿六十餘家，見于王氏畫苑及夏士良圖繪寶鑑，蓋皆德成而後一藝之名隨之，非捐本而務末也。若唐之翛然、禪月；宋之寂音、妙喜；元之玉澗、海雲；皆僧林巨擘，意其游戲繪事，令人心目清涼，蓋無適而非說法也。書之以彙，題曰畫禪。

陳眉公訂正畫禪終

書評

（四庫全書總目提要）畫禪一卷，舊本題明釋蓮儒撰。蓮儒自稱白石山衲子，其始末未詳。自跋謂古尊宿六十餘家，見於王氏畫苑及夏士良圖繪寶鑑，則嘉隆以後人矣。所紀自惠覺以下迄智海，凡緇流之能畫者皆列焉。然元僧中如絕照之見於俟菴集，天然之見於林屋漫稿，枯林之見於桂隱集，南岳雲及蓮公之見於梧溪集，鏡塘之見於玩齋集者，悉佚不載，則其挂漏尚多矣。

（鄭堂讀書記）畫禪一卷，普祕笈本（卽寶顏堂刊普祕笈本），明釋蓮儒撰，四庫全書存目。是編就王弇州畫苑，夏士良圖繪寶鑑二書中所載緇流之能畫者纂爲一帙，凡六十四家。而自二書之外，未及增入一家，亦不免因陋就簡。

（余紹宋書畫書錄解題）畫禪一卷，明釋蓮儒撰。是書輯錄緇流能畫者爲一編，自惠覺迄雪窗，（四庫提要云迄智海，偶誤。）凡六十四家。四庫譏其挂漏，誠然。然彼固自言此六十餘家，皆采自畫苑及圖繪寶鑑兩書也。不務博采，草草成書，殆明季士人通習，觀此編，知緇流亦染其風矣。

蓮儒明僧，自號白石山衲子。著畫禪，凡緇流之能畫者皆列焉。又有湖州竹派，記文同畫竹之派，凡二十人。中國人名大辭典

畫禪校勘記 陳氏寶顏堂秘笈本，用百川學海本校。

吳僧繼肇——「但峯巒稍薄怯也」。百川本無「稍」字。

智平——「一夕風浪大作」。陳本無「一夕」二字，依百川本補。「至今現存」。陳本作「水石現存」。從百川本改至今。

祖鑒——末句「計敏功爲作瑞像記」。陳本無「作」字，依百川本補。

虛己——「柏林院」，圖繪寶鑑作相林院。末「今白馬院」。上下無着，疑有脫落，待考。

蘿窗與下子溫，陳本作兩條，此依百川本合爲一條。

頭陀溥圓——「書學雪庵」。陳本無「書」字，依百川本補。

竹派

一卷　明釋蓮儒撰

竹派目錄

竹派

吳僧　蓮儒

黃斌老　不記名，潼州府安泰人。文湖州之妻姪也。登科嘗任戎倅，適山谷貶戎州，與定交且通譜。善畫竹，山谷有詠其橫竹詩。又謝斌老送墨竹十二韻云：「吾子學湖州，師逸功已倍，預知更入神，後出遂無對。」

黃彝　字子舟，斌老之弟。其名字初非彝與子舟也，山谷以其尙氣，故取二器以規之，自後折節，遂爲粹君子。擧八行，終朝郎郡倅。山谷用贈斌老韻謝子舟爲余作風雨竹兩篇，前篇云：「歲寒十三本，與可可追配。」後篇云：「森削一山竹，牝牡十三輩，誰言湖州沒，筆力今尙在。」而與可每言所作不及子舟。

朝議大夫王之才妻崇郡君李氏　公擇之妹也。能臨松竹木石，見本卽爲之，卒難辨。又與可每作竹以貺人，一朝士張潛，迂疎修謹，作紆竹以贈之，如是不一。又作一橫絹丈餘著色偃竹，以貺子瞻，過南昌，山谷借而李臨之，後數年示米元章於眞州，元章云：「非魯直自陳，不能辨也。」作詩曰：「偃蹇宜如李，揮毫已逼翁；衞書無遺妙，琰慧有餘工。熟視宜非筆，初披颯有風；固藏惟謹鑰，化去或難窮。」山谷亦有題姨母李夫人墨竹、偃竹及墨竹圖歌，詩載集中。

張昌嗣　字起之，與可之外孫也。筆法旣有所授，每作竹，必乘醉大呼，然後落筆。不可求，或强求之，必詬罵而走。然有愧宅相者，於攢三聚五太拘拘耳。

文氏　湖州第三女，張昌嗣之母也，居鄴。湖州始作黃樓幛，欲寄東坡，未行而湖州謝世，遂爲文氏奩具。文氏死，復歸湖州孫，因此一家成訟。文氏嘗手臨此圖於屋壁，暮年盡以手訣傳昌嗣，今昌嗣已名世矣。

楊吉老　文潛甥也。文潛嘗云：「吾甥楊吉老，本不好畫竹，一旦頓解，便有作者風氣，揮洒奮迅，初不經意，森然已成，愜可人意。其法有未具，而生意超然矣。」無咎亦有贈文潛甥克一學與可畫竹詩。克一，吉老字也。

程堂　字公明，眉人。舉進士，爲駕部郎中。善畫墨竹，宗派湖州，出湖州之門者，獨公明入室也。好畫鳳毛竹，其稍（梢）極重，作回旋之勢，而枝葉不失向背。又登峨眉山，見菩薩竹，有結花於節外之枝者，葺密如裘，卽寫其形於中峯乾明寺僧堂壁間，儼如生也。又象耳山有苦竹、紫竹、風竹、雨竹，好事者已刻之石。成都笮橋觀音院亦有所畫竹，且題絕句云：「無姓無名逼夜來，院僧根問苦相猜；擕燈笑指屏間竹，記得當年手自栽。」又作園蔬，嘗見紫芬、紫茄二軸，奪眞也。

蘇　軾　子瞻　作墨竹，從地一直起至頂。余問何不逐節分？曰：「竹生時何嘗逐節生。」運思淸拔，出於文同與可，自謂與文拈一瓣香。以墨深爲面，而淡爲背，自與可始也。作成林竹甚精，作枯木枝榦，虬屈無端，石皴硬亦怪怪奇奇無端，如其胸中盤鬱也。

趙令庇　宋宗室。善畫墨竹，宗文同，凡落筆，瀟洒可愛。官至衡州防禦使。

劉仲懷　山陰人，元祐從居諸暨。善畫墨竹，筆法師文湖州。

俞　澂　字子淸，吳興人。作竹石得文蘇二公遺意，淸潤可愛。光宗朝任大理寺少卿，寶謨閣待制，致仕號且軒。

吳　璜　延陵人。畫竹師文湖州。

王世英　字才仲，號頤齋，不知何許人？效東坡作墨竹。

虞仲文　字質夫，武州定遠人。善畫人馬，墨竹學文湖州。

蔡　珪　字正甫，丞相松之子。畫墨竹學文湖州。官至濰州守。

李　衎　字仲賓，號息齋道人，薊邱人。官至江浙行省平章政事，致仕封薊國公，謚文簡。善畫竹石枯槎，始學王澹游，後學文湖州，著色者師李頗，馳譽當世。

李士行　字遵道，文簡子，官至黃岩知州。畫竹石得家學，而妙過之，尤善山水。

柯九思　字敬仲，號丹邱生，台州人，官至奎章閣鑒書博士。博學能文，喜寫墨竹，師文湖州，亦善墨花。

喬　達　字達之，燕人，官至翰林直學士。善丹青，山水學李成，墨竹學王庭筠，後更學文同。

李　倜　字士弘，號員嶠眞逸，官至集賢侍讀學士。喜作墨竹，宗文湖州。

周堯敏　字禹卿，號學山，海鹽當湖人。畫竹宗文湖州，頗有得處。

姚雪心　台州黃岩人。畫墨竹，宗文湖州。

盛　昭　字克明，揚州人。竹石師文湖州。

蘇大年　字昌齡，號西坡，眞定人，居揚州。竹石師蘇東坡。

宗師溥光　字玄暉，墨竹學文湖州。

文湖州竹派終

書評

〔四庫全書總目提要〕湖州竹派一卷，舊本題明釋蓮儒撰，記文同畫竹之派凡二十人。蓮儒在明中葉以後，而書中稱山谷爲余作詩云云，又稱余問子瞻云云，而後乃及金元諸人，時代殊相刺謬。今以所載考之，其李公擇妹、蘇軾二條，乃米芾畫史之文；黃斌老、黃彝、張昌嗣、文氏、楊吉老、程堂六條，乃鄧椿畫繼之文；劉仲懷、王士英、蔡珪、李衎、李士行、喬達、李倜、周堯敏、姚雪心、盛昭十條，乃夏文彥圖繪寶鑑之文；吳瓘、虞仲文、柯九思、僧溥光四條，乃陶宗儀書史會要之文。皆剽竊原書，不遺一字。惟趙令庇、俞澄、蘇大年三條，未知其剽自何書耳？可謂拙於作僞，陳繼儒收之彙祕笈中，亦失考甚矣。

〔鄭堂讀書記〕文湖州竹派一卷，明釋蓮儒撰，四庫全書存目，無文字。文湖州爲畫竹一大宗，蓮儒就米海嶽畫史，鄧公壽畫繼，夏士良圖繪寶鑑，陶南邨畫史會要諸書所載畫竹而宗湖州派者，得二十五人，彙爲是編，皆全錄舊文，不著書名，而無一字之竄改，反不免有不去葛龔之誚。

〔余紹宋書畫書錄解題〕湖州竹派一卷，舊題明釋蓮儒撰。學海類編題爲梅花道人撰。美術叢書同。四庫謂此編「拙於作僞」，是也。有題作元吳仲圭所撰，尤爲謬妄。蓋以爲蓮儒所撰，或不足重，然則奚不逕題文同耶。夫輯前人之言爲一書，亦是通例，若此編各注所出，不僞託古人，亦未始不足存也。

竹派校勘記 百川學海本，用寶顏堂秘笈本校。

寶顏堂本作「文湖州竹派，」下作「白石山衲子蓮儒纂。」

李　衎——衎，寶顏堂本誤作術，從百川本。「致仕封薊國公。」薊，百川本誤作蘇，依寶顏堂本作薊。

柯九思——「博學能文。」百川本脫能字，依寶顏堂本補。

墨梅人名錄

一卷

清 童翼駒撰

墨梅人名錄序

人生百年，都無可留，留者名而已矣。顧天地大，古今遼，豪俊之士，世所得而指名者，不過九牛之一毛耳，其幸者也；不幸而迹滅聲銷，如彼奇花異草，自開自落於深巖邃谷中，世莫得而指名者，何可勝數。羊叔子登峴山，慨然而歎，有由然也。梅花，名花也；墨梅，名繪也；古柏山人，名士也。梅花之名，有耳者無不聞，不待古柏寫以傳；古柏之名，卻賴梅花傳。古柏可傳者，不止梅花，止以梅花傳，古柏之不幸也；猶以梅花傳，不幸中之幸也。古柏作墨梅人名錄以傳古人，又古人之幸也。子曰：「君子疾沒世而名不稱焉。」一伎之傳，人爭尙之，不猶愈於迹滅聲銷者乎。或曰：「世事空花，百年流電，達者有言，使我有身後名，不如生前一杯酒。」古柏天機淸妙，不向水邊籬外看眞梅花，反以紙上梅花虛縻歲月，持此欲何成乎？」斯言也，余不敢以爲然，問之古人，古人往矣，試問梅花，以爲然否？乾隆五十二年，歲在丁未暮春之初，澹游居士王棟題。

自序

墨梅自宋浮圖仲仁始，揚補之變墨爲白，藝苑宗之。然自南渡迄於勝國五百餘年，名家者少，豈冷淡横斜，好之者鮮歟？抑團冰扚鐵，爲之者難歟？趙子固云「筆端的歷明非畫，軸上縱横不是描」，蓋寫梅懸筆中鋒，運臂運腕，與作字不殊，自昔高人勝士，臨池染翰之暇，往往藉以自遣，而世顧以一技薄之，致使折釵印泥之筆，與白兔山茶、杏花春燕同其標格，非梅之不幸耶。余性喜梅，作客齊魯，久與闊别，每雨院風窗，慨然遠想，輒潑墨寫之，祇以自娱，不計工拙。又取昔人之與余同好者都爲一集，題曰「墨梅人名錄」，時一披覽，志嚮往焉。嘗聞古之人，有見梅花而悟禪者，仲仁有知，或當相視而笑。宋得四十一人，金一人，元二十九人，明六十一人。乾隆五十二年三月上澣，第十一洞天古柏山人識於歷下寓齋。

墨梅人名錄例言

一、墨梅品高於蘭竹，自應特爲一書，不當與畫家同列，是錄之作，非但因同好，亦所以表著品格也。

一、凡書釋道，例在士人之後，今花光老人爲墨梅鼻祖，故列卷首。

一、紅梅雖用胭脂，而枝榦鬚蒂，皆用寫法，與墨梅不殊，故善此者亦錄焉。

一、是錄摭拾羣書，隨覽隨錄，但書人名，敍某朝而已，至年代之先後，不及深考。

一、是錄脫稿有年，遲回未刻者，欲查過一統志，然後授梓。今爲同人所迫，先此刊行，其中漏誤，惟望博雅君子，糾謬補闕，玉成全書。

墨梅人名錄目次

宋

金

趙秉文

元

趙孟頫　周　密　錢　選　龔　開

沈雪坡　張德琪 王濼游　朱淳甫　趙雲巖

喬戚里　吳　鎮　竹　莊　倪　瓚

張　渥　楊維翰　吳　瓘　趙天澤

蕭鵬搏　陳立善 子處亨　金汝霖　吳大素

吉學士　王伯敬　王　冕　彭道士

鄒復雷　釋允才 丁子卿

明

劉　崧　邵　誼 弟玫　唐　肅　徐　敬

徐良甫　胡　唯　袁子初　盧景春

徐原父　周　號　彭　勗　周　冕

張子紘　王　毓　鄭彥初　陸　復

墨梅人名錄

清　會稽　童翼駒　山子編

宋

釋仲仁　會稽人，寓居衡州花光山。以墨暈作梅，如花影，蓋妙於寫意者也。見圖繪寶鑑。

花光梅譜云：墨梅始自花光，仁老之所酷愛。其方丈植梅數本，每花時，輒移牀其下，吟咏終日，莫知其意。偶月夜未寢，見窗間疎影橫斜，蕭然可愛，遂以筆規其狀，凌晨視之，殊有月下之思，因此好寫，得其三昧，標名於世。山谷見而美之曰：「如嫩寒清曉，行孤山籬落間，但欠香耳。」

鄒浩道鄉詩鈔。仁老寄墨梅詩云：「前年謫向新州去，嶺上寒梅正作花；今日霜縑玩標格，宛然風外數枝斜。」

釋惠洪，石門文字禪云：花光老人眼中閣煙雨，胸次有邱壑，故戲筆和墨，即江湖雲石之趣，便足春色，不可收也。而此老藏於耐寒凍枝頭，一時高韻譁於士林，而其所蓄，又其尤精選也。以病舉以付其子湧，湧如獲夜光，照乘千里，以書誇於予，不有是父，安得此子哉。歐陽率更見索靖碑，因留不去，竟寢其下三昔，文字畫刻，是中安得美味，而嗜好有如此者，予初大怪之，及視湧之好尙，率更要不足怪也。

揚无咎 字補之，號逃禪老人，南昌人也，祖漢揚子雲，其書從手不從木。高宗朝，以不直秦檜，累徵不起。畫水墨人物，學李伯時。嘗作梅竹松石水仙，筆法精妙，爲當時所推，見圖繪寶鑑。

劉克莊後村集云：予少時有落梅詩，爲李定、舒亶輩箋註，幾陷罪罟。後見梅花輒怕，見畫梅亦怕，然不能不爲補之作跋，小兒觀儺，又愛又怕，予於梅花亦然。

洞天淸錄云：揚補之嘗遊臨江城中，作折枝梅於樂工矮壁，（此折枝梅之始）至今士大夫多往觀之。江西人得補之一幅梅，價不下百十金。

解縉春雨集云：予鄉先輩揚君補之，世家淸江。所居蕭州，有梅樹大如數間屋，蒼皮蘚斑，繁花如簇，補之日臨畫之，大得其趣。閒以進之徽廟，徽廟戲曰「村梅」，因自署「奉勅村梅」。更作疎枝冷蕊，淸意逼人，而徽廟不及見矣，南渡後，宮中以其梅張之壁間，有蜂蝶集其上，驚怪求補之，而已物故不可得矣。其平生耿介，不慕榮利，故不俯仰時好，不得而知也。侍郎王君，得此紹興中作，正其「奉勅村梅」，已居晚年得意之筆，重可寶也。

寓意編云：蘄陳氏多法書名畫，此補之墨梅卷其一也。堅遠來京，攜以自隨，不暫舍，豈以此花奇絕，傲兀有類於己耶。霜雪貿貿中一展玩，儼然孤標雅韻之相對也。屈原作橘頌，堅遠試爲此兄一援筆焉，比他人當親切有味，幸勿讓。成化丁酉臘中二十四日，題於歲寒堂。吳郡李應楨識。

揚季衡　補之姪。畫墨梅甚得家法，又能作水墨翎毛。見盧廷選南昌府志。

劉夢良　與揚季衡同邑（洪都）。亦善寫墨梅。見南昌府志。

蘇　過　字叔黨，坡公季子也。能墨梅。見圖繪寶鑑。

雍　𤅢　字幼山，興元人。工畫山水，墨梅尤佳。見圖繪寶鑑。

王　杓　字會之，號魯齋，金華丞相淮之族子。畫梅竹甚妙，不妄與人。見圖繪寶鑑。

湯正仲　字叔雅，江西人。揚補之之甥。後居黃巖，號閒庵，開禧間貴仕。見畫史會要。

朱文公集云：墨梅詩自陳簡齋以來，類以白黑相形，逮其末流，幾若禪家五位正偏圖頌矣。故湯君始出新意，爲倒暈素質以反之，而伯謨因有「冰雪生面」之句也。然「白黑未分時」一句，畢竟未曾道著，詩社高人，試各爲下一轉語看。湯君自云得其舅氏揚補之遺法，其小異處，則又有所受也。觀其醞藉敷腴，誠有青出於藍者，特未知其豪爽超拔之韻，視補之爲何如耳。病眼多昏，不能論覈，故願與諸君評之。戊午三月，病起戲書。

按圖繪寶鑑：閒庵有南枝雪霽圖行世，此雪梅之始也。

湯叔周　叔雅之弟。亦工墨梅。見圖繪寶鑑。

李君千　江西人。能墨梅，見攻愧集。

樓鑰攻愧集云：江西李君千，能和墨及畫梅，良齋許以三奇，而詩非所長也。鑰詩云：「游藝無大小，要知皆本原，後人率意作，終當愧前賢。老潘妙對膠，法從玉局傳；或假季心名，空掃千燈煙。補之貌梅花，疎瘦仍清妍，折枝映月影，眞態得之天，李君信雅尙，二者將求全，諸公競稱許，試之乃誠然。江西有詩派，皎皎俱成篇，茲事未易窺，屬和尙加鞭。」

杜大春　蜀人。善畫梅，筆墨無多，如在籬落，見陳傅良止齋集。

李仲永　善墨梅。見姜特立梅山續稿。

姜特立墨梅歌云：「寫竹如草書，患俗不患淸；畫梅如相馬，以骨不以形，墨君聶有文夫子，蟬腹蛇跗具生意，當時一派屬蘇公，雨葉風枝略相似。花光老人執天機，信手掃出孤山姿；陳元幻郤西子面，此妙俗士那得知。近時賞愛揚補之，補之嫵媚不足奇，李生於梅郤有得，高處自與前人敵。倒暈疏花出古心，嗅雲暗谷藏春色，我一見之三歎息，意足不暇形摸索。君若欲求之點畫，胡不去看江頭千樹白。」

茅汝元進士 號靜齋。善墨梅，人以艾竹茅梅爲稱。見畫史會要。

圖繪寶鑑云：艾淑字景孟，工畫竹，自號竹坡。同時有茅汝元者，善墨梅，世謂茅梅艾竹。

趙葵 字南重，諡忠靖。有墨梅石刻，在吳中虎邱寺。見陳傅良止齋集。

魏燮 字彥密，北人。長於水墨梅花，尤工詩賦，光宗見而賞之。累官浙西參議。有歲寒三友圖傳世。此松竹共畫之始。見圖繪寶鑑。

馬宋英 溫州人。嘗作水墨梅花，韻致清絕。見圖繪寶鑑。

關生 逸其名。善畫雪景梅花。見圖繪寶鑑。

吳迪 字泰之，錢塘人。畫梅蘭竹石，匾所居曰惠齋，自號心玉道人。見圖繪寶鑑。

趙孟堅 字子固，號彝齋，居海鹽縣。自製一舟，爲宴遊之所，几榻以外，皆圖書玩好之物，風流容與，望而知為趙子固書畫船也。善水墨白描，尤工畫梅，著有梅譜一卷，歷官朝散大夫、嚴州太守。傳世有落梅圖、羅浮曉月等圖。（此月梅，落梅之始。）見圖繪寶鑑。

趙孟堅梅譜云：「逃禪祖花光，得其韻度之清麗；閒庵紹逃禪，得其瀟灑之布置。回視玉面而鼠鬚，已自工夫較精緻，枝枝倒作鹿角曲，生動由來端若爾，所傳正統諒末節，捨此的傳皆偽耳。僧定花工枝則粗，夢良意到工則未，女中卻有鮑夫人，能守師繩不輕墜。可憐聞名未識面，云有江南畢公濟，季衡醜粗惡拙祖，弊到雪篷觴濫矣。所恨二王無臣法，多少東鄰擬西子，是中有趣豈不傳，要以眼力求其旨。踢鬚止七莖則三，點眼名椒梢鼠尾，枝分三疊墨濃淡，花有正背多般蕊。夫君固已悟筌蹄，重說偈言吾亦贅，誰家屏帳得君畫，更以吾言疏其底。」

「濃寫花枝淡寫梢，鱗皴老榦墨微焦，筆分三踢攢成瓣，珠暈一圈工點椒，糝綴蜂鬚凝笑靨，穩拖鼠尾施長條，盡吹心側風初急，猶把枝埋雪半消。松竹襯時明掩映，水波浮處見飄飆，黃昏時候朦朧月，清淺溪山長短橋。鬧裏相挨如有意，靜中背立見無聊，筆端的歷明非畫，（一作還成戲。）軸上縱橫不是描。頓覺坐成春盎盎，因思行過雨瀟瀟，從頭總是揚湯法，拚下工夫豈一朝。」

畢公濟　江南人。工墨梅。見趙孟堅梅譜。
趙孟堅詩：「可憐聞名未識面，云有江南畢公濟。」

雪　篷　能墨梅。見趙孟堅梅譜。
趙孟堅詩：「弊到雪篷觴濫矣。」
按戴復古石屏集，懷雪篷姚希聲使君二律，有「梅花差可强人意，竹葉安能醉我心」句，殆卽此也。

宋永年　臨江人，後居金陵。善畫梅。見圖繪寶鑑。

聞秀才　逸其名，工畫梅蘭竹石。見圖繪寶鑑。

王齊叟　善畫梅影，形影相值，毫釐不差。見六研齋筆記。

劉古心　工梅竹鳥雀。見圖繪寶鑑補遺。

徐禹功　工墨梅。見張庚畫徵。
畫徵云：墨梅宋揚无咎、徐禹功皆工，盛稱於後世。

蔣太尉　逸其名，善窠石梅蘭。見圖繪寶鑑。

王　介　號默庵，慶元間內侍。見圖繪寶鑑。

道士蕭太虛　善寫墨竹墨梅，松柏雜樹。凡畫梅先以濃墨作枝榦，而後淡暈作花，深得山林幽澹之致。其名爲陰文篆字，於石上如石刻然，此梅石之始。亦創體也，見圖繪寶鑑。

丁野梅　逸其名，住廬山淸虛觀。善墨梅，理宗問曰：「卿所畫者，恐非宮梅。」對曰：「臣所見者，江路野梅耳，何由得覩九重仙種。」上頷之，遂號野梅。見圖繪寶鑑。

歐陽楚翁　字無塵，龍虎山道士也。長於水墨梅。見圖繪寶鑑。

歐陽雪友　楚翁子。畫梅亦臻其妙。見畫史會要。

釋惠洪　字覺範。能梅竹，每用皂子膠畫梅於生絹及扇上，燈月下映之，宛然影也。見圖繪寶鑑。

按惠洪俗名喩，江西新昌人，郭天信奏賜寶覺圓明禪師。政和初，坐交張郭，配崖州。赦還，建炎二年示寂。著有石門文字禪。

釋仁濟　字澤翁，俗姓童。書學東坡，梅學揚補之，墨竹學俞子淸，亦善山水花卉。自謂用心四十年，惟作花圈稍圓耳，其究心如此。見圖繪寶鑑。

釋　定　能墨梅。見趙孟堅梅譜。

趙孟堅詩：「僧定花工枝則粗。」

虞氏　許州人。工畫墨竹梅花。見圖繪寶鑑。
桐廬方氏　陳晦叔子婦也。工畫墨梅墨竹，韻致淸遠。見圖繪寶鑑。
胡夫人　尙書黄由之妻；父元功，亦爲尙書。畫梅竹小景，自號惠齋居士。見圖繪寶鑑。
湯夫人　趙希泉之妻。工畫梅竹，以父「閒庵道人」圖書識之。有寒香晚節圖傳世。見圖繪寶鑑。
鮑夫人　工墨梅。見趙孟堅梅譜。
趙孟堅詩：「女中卻有鮑夫人，能守師繩不輕墜。」
蘇翠　建寧人。咸淳間供奉樂部。善寫墨竹，亦工梅蘭，頗自矜貴。每一圖成，必以八分書題之。見圖繪寶鑑。
畫史會要云：蘇翠寫墨竹，旁八分書題，如倚雲拂雲之類，亦作梅蘭。

金

趙秉文　字周臣，號閒閒居士，滏陽人。能墨梅。見圖繪寶鑑。

元

趙孟頫　字子昂，自號松雪老人。本宋宗室，寓居吳興。仕元，封魏國公，諡文敏。工墨梅。見圖繪寶鑑。

解縉春雨集云：趙文敏公早歲喜畫墨梅，印以「水晶宮」圖章；浙中有瑪瑙寺，或戲以爲對，遂不用此圖書，而梅亦少畫。聞之高竹閣季常，近得此紙，有錢選舜舉跋語，其爲公早年畫無疑。及觀公所題二首，追懷往昔，未嘗咎少之作不工者，蓋其才情之出，下筆過人，有自得之妙，亦必有自得之喜，固不足以盡識公之爲人，然亦可想見公之爲人也。季常其永寶之。

王士正居易錄云：趙松雪墨梅一卷，甚饒氣韻，後書陳簡齋五絕句。自跋云：「世之論墨梅者，皆以花光爲首，而簡齋五絕句誠爲絕唱。余既效花光作墨梅圖，復寫此詩於後，大德十一年二月十三日，子昂記。」

周密　字公謹，號草窗，歷山人，寓居錢塘。善墨梅，有梅竹圖傳世。見圖繪寶鑑。

錢選　字舜舉，號玉潭，霅川人。工墨梅。見圖繪寶鑑。

龔開　字聖與，號翠巖，淮陰人，善墨筆，有梅巖雪霽圖傳世。見圖繪寶鑑。

沈雪坡　嘉興人。畫梅竹。見圖繪寶鑑。

張德琪　字廷玉，薊州人。墨竹墨梅學王澹游。見圖繪寶鑑。

朱淳甫　濟陰人。善梅竹。見圖繪寶鑑。

趙雲巖　溫州人。工墨梅。見圖繪寶鑑。

喬戚里　名字出處皆未詳。專畫梅花竹石，建安白鶴山嶽祠東廡中壁，所畫羅漢古梅，是其蹟也。見圖繪寶鑑。

吳　鎭　字仲圭，嘉興魏塘人，自號梅花道人。善墨梅。見圖繪寶鑑。

都元敬鐵網珊瑚云：墨戲之作，蓋士大夫詞翰之餘，適一時之興趣，與夫評畫之流，大有寥廓。梅與竹，自石室先生、花光大士發揚妙用，時崇尚者衆，逃禪老人變黑爲白，自成一家。後人雖云祖述，巧以形似，流連忘返，漸近評畫，寫生務求逼眞。嘗觀陳簡齋墨梅詩云：「意足不求顏色似，前身相馬九方皐。」此眞知畫者也。歷百年後，惟彝齋先生有題己作云：「逃禪一派，流入浙西，惟趙子固繼而嗣之。」又題云：「試欲自由，又愆法度，又守繩規，齷齪無取。」武林唐明遠持子固梅求聯，子固題識中備詳家數，信乎古人之作，命意豈苟然哉。吾鄉達竹莊老人，得逃禪鼎中一臠，咀之嚼之，饜之飫之，深有所得，寫竹外一枝，索拙作繼利。余自弱歲遊於硯池，嗜好成癖，至老無倦，年不從心，極力不能追古人驥尾之萬一，自笑東鄰之效顰久矣。莊子曰：「朝菌不知晦朔，蟪蛄不知春秋。」豈可執寒蟲而語夏蟲也哉。
後之覽者，得無誚焉。至正八年冬十月朔，梅花道人吳鎭。

按仲圭與黃公望、倪瓚、王蒙，有畫苑四大家之目。自署梅花庵主人，又號梅花道人，賣卜於春波里，所居曰笑俗陋室。將歿，命置短碣塚上，曰「梅花和尙之塔」。或怪之，曰「此有意，當自驗」。元末兵起，所至椎塚，惟仲圭以碣所署爲緇流，舍去。

竹　莊　嘉興人。墨梅學揚補之。見鐵網珊瑚。
吳鎭云：「吾鄉達竹莊老人，得逃禪鼎中一臠，咀之嚼之，饜之飫之，深有所得。作竹外一枝，索拙作繼和。」

倪　瓚　字元鎭，號雲林。工墨梅。見張庚畫徵。
畫徵云：元鎭則獨以瘦枝疎花見意，深得梅之神韻。

張　渥　字叔厚，號貞期生，杭州人。工水墨梅，兼善白描人物。見圖繪寶鑑。

楊維翰　諸暨人。鐵崖之兄。工墨梅。見諸暨縣志。

吳　瓘　字瑩之，嘉興人。善窠石墨梅。見圖繪寶鑑。

趙天澤　字鑑淵，蜀人。工梅竹。見圖繪寶鑑。

蕭鵬摶　字圖南，本契丹人。工寫梅蘭。見圖繪寶鑑。

陳立善　黃巖人。至正中爲慶元路照磨。工墨梅，與王冕齊名。子處亨，號方山。墨梅妙得其傳。見程敏政篁墩集。

金汝霖　新安人。自號藤溪釣叟。工墨梅。見李祁雲陽集。

李祁藤溪釣叟歌，內云：「有時直向梅花下，弄筆搖毫恣描寫；新條舊榦總橫斜，嫩蕊疎花亦瀟灑。」

吳大素　字季章，號松齋，會稽人。善畫梅，有梅譜傳世。見書畫史。

吉學士　工墨梅。見杜本清江碧嶂集。

杜本詩云：「冰雪肌膚鐵石腸，翩翩和月按霓裳；臨窗喜見橫斜影，卻有王孫翰墨香。」

王伯敬　居玉山北鄉，自號斗山。築梅巖精舍，吟嘯其中。善寫梅竹，工詞翰，人得其手筆者咸珍之。所著有尊魯集一卷。見江西通志方技傳。

王冕　諸暨人。舉進士不第，竟棄去，買舟下東吳，渡大江，入淮楚，歷覽名山大川，北遊燕都。既歸越，攜妻孥隱於九里山。善畫梅，不減揚補之，求者恆肩背相望，以繒帛長短，爲得米之差。人譏之，曰：「吾藉是以養口體，豈好爲人作畫師哉。」見宋濂潛溪集。

元詩小傳云：冕字元章，號煮石山農。工墨梅，又以胭脂作沒骨體，（此紅梅之始。）燕京貴人爭求之。嘗以一幅張壁間，題詩其上曰：「疎花箇箇團冰玉，羌笛吹他不下來。」或以爲刺時，欲執之，冕覺，歸隱會稽之九里山，命其居曰竹齋；題其舟曰浮萍軒。宋濂作王冕傳，言太祖取婺州，將攻越，物色得冕，寘幕府，授以諮議參軍，一夕以病死。秀水朱彝尊曰：「冕爲元季逸民，自宋文憲傳出，世皆以參軍目之，冕亦何嘗一日參軍事哉。讀徐顯稗史集傳，冕蓋不降其志以死者也。」元貢性之南湖集詩云：「王郎胸次亦清奇，盡寫孤山雪後枝；老我江南無俗事，爲渠日日賦新詩。」

彭道士 逸其名，住茅山。能畫梅。見丁復檜亭集。丁復有題茅山道士畫梅花仙子詩。

道士鄒復雷 齋居蓬蓽，琴書餘興，以寫梅自樂，得花光老人不傳之妙。見鐵網珊瑚。楊廉夫云：「雷鍊師與其兄復元皆能詩畫。既見元竹，復見雷梅。」

釋允才 號雪岑，傳法嘉興石佛寺。工畫墨梅，墨竹學丁子卿。見圖繪寶鑑。

明

劉崧　善寫梅竹，集多自題詩。見劉槎翁集。江西通志云：劉崧字子高，泰和人，洪武十四年爲國子監司業，號槎翁。著有職方集。

邵謚　字思宜，休寧人。洪武初訓導。工山水，尤精紅梅墨菊，自號瓜圃鋤雲。弟孜，字思善。工梅竹山水。見萬姓統譜。

唐肅　字處敬，山陰人。洪武中供奉翰林。嘗自作梅石圖，賦詩題之，見書畫史。

徐敬　字敬仲，淸江人。洪武中歷官春坊。喜寫墨梅，爲海內所稱重，別號梅雪。見江西通志。

徐良甫　蘭溪人。善畫梅，見六研齋二筆。

胡唯　字貫道，婺源人。工詩善書，尤善畫山水、雲龍、梅竹，人稱三絕。見徽州志。

袁子初　字叔言，號雪齋，上虞人，流寓江西。寫梅得王元章法，花多剜白不甚繁。見戴冠紹興府志。

盧景春　字以利，號燕居，居常熟城西。繞屋種梅花，寫梅竹翎毛。見常熟志。

徐原父　金華人。善畫梅。見方孝孺遜志齋集。

方孝孺畫梅贊云：「潛溪公致仕家居，嘗以郡人徐原父畫梅寄余兄希學，筆法清勁，有出塵之意。」

周　號　字德元，號草庭，崑山人。寫梅超絕，王元章之後，一人而已。見方鵬崑山志。

彭　勗　字德勉，周草庭之甥。墨梅得舅氏之傳。見書畫史。

周　冕　字服卿，鄞人。善畫梅竹山水。永樂中官右春坊。號訥庵。見寧波志。

張子紘　閩人。工墨梅，林膳部鴻，有題子紘畫梅歌。見閩書。

王　鋐　字用賢，鄞人。嘗慕宋廣平、林和靖之爲人，植梅庭下，因寄之摹寫，標格瘦勁。詩工於長歌，隸書亦有新意，時稱三絕。自號香雪坡老人。見張時徹寧波府志。

鄭彥初　閩縣人。工墨梅。永樂初人。見閩畫記。

陸　復　字明本，吳江人。善畫梅，自號梅花主人。見蘇州志。

林宏顯　號洞陽山人，長樂人。工畫梅石，筆力蒼古，世稱洞陽梅。見閩畫記。

沈士廉　嘗官御史。善墨梅。見書畫史。

於竹屋　畫墨梅。見畫史會要。

張南伯　工寫墨梅。見畫史會要。

孫隆　字從吉，爲新安知府。作梅花，得會稽王冕筆法。見東里續集。

鐵網珊瑚云：孫隆，號都癡，毘陵人。

許昂　字世罶。梅花清楚。見畫史會要。

程南雲　作雪梅雪竹極佳。見畫史會要。

列卿記云：「程南雲，字清軒，號遠齋，正統中爲南京太常卿。」

俞山　字積之，號梅莊，秀水人。正統中爲吏部侍郎。工墨梅。見呂原父懿公集。

任道遜　字克誠，瑞安人。太常寺卿。善寫墨梅。見圖繪寶鑑續纂。

王謙　字牧之，號冰壺道人，禮部儒士，隆平侯延之幕府。工書法，善墨梅，隆平得其筆意。子應奇，畫梅得家法。見圖繪寶鑑續纂。

余曾見一圖，花全而枝柔，有詩云：「月香水影說西湖，幾度詩懷憶老逋；塵土東華三十載，倚窗重看雪模糊。」款書錢塘王謙牧之寫並題。有「吳山舊隱」印。

張祐　字天吉，鳳陽人。襲爵隆平侯。工畫梅。從弟祿，字天爵。亦善畫梅，與兄齊名。見圖繪寶鑑續纂。

陳錄　字憲章，以字行，號如隱居士，會稽人。善墨梅並松竹蘭蕙，與王牧之齊名。

評者以二家雖格意不同，憲章筆力，實過牧之。子英，亦善墨梅，得家法。見畫史會要。

盛安　字行之，號雪篷。善寫梅花並萱草竹石。見江寧府志。

徐傑　未詳其里居，嘗官御史。善墨梅。見書畫史。

陳獻章　字公甫，號石齋，廣東人，隱白沙村。講性命之學，徵授翰林檢討。善墨梅。見畫史會要。

按白沙先生，廣東廉州府新會縣人。身長八尺，目光如星，右臉有七黑子，如北斗狀。萬歷十二年，從祀孔廟。

王蕃　思南人。自號一瓢齋。善寫梅。見黔記。

陳憓　黃巖人。善醫，工墨梅。見程敏政篁墩集。

糜宗伯　吳江人。以醫顯。能詩，善畫梅。見松陵文獻。

金琮　字元玉，金陵人。自號赤松山農。畫梅有逃禪老人筆意。見列朝詩集。

崔深　字靜伯，吳江人。正德中授中書舍人。畫梅入品。見萬姓統譜。

王彥　字存拙，沔陽人。善作梅花。見圖繪寶鑑續纂。

姚淛　字元白，號秋澗，江寧人。晚年工畫梅花。見金陵瑣事。

項元汴　字子京，號墨林居士，檇李人。山水古木，墨竹梅蘭，天眞淡雅，頗有逸趣。見畫史會要。

劉世儒　字繼相，號雪湖。少時見王元章畫梅而悅之，稠密疎簡，俱臻其妙。孫應龍，字明吾，別號問心道人。亦善墨梅。見山陰縣志。按雪湖有梅譜二卷，板藏山陰武進士鍾之模家，從事於斯者取法焉。紹興府城大善寺禪房，有問心道人墨梅畫壁。

王梅夫　善寫梅，牟嘉敍贈詩云：「吾聞新安孫太守，國初寫梅稱獨右；一百年來誰復聞？王子於今堪敵手。」見霞溪漫稿。

王人佐　字良才，號梅泉，將樂人。善畫梅。見吳國倫甔甀洞稿。閩畫記云：「人佐畫梅，點綴多師王冕。」

孫克宏　字允執，松江人。晚好寫梅竹，蓋亦有雅尚云。見莫延韓集。

楊忠愍　名繼盛，字應芳，號椒山，直隸容城人。工墨梅。見王士正居易錄。居易錄云：「輝縣冀氏，世傳楊忠愍公詔獄中畫梅一卷，自題長句其上。河南提學副使族兄書年際有。嘗見而和之。」

沈　襄　號小霞，山陰人。少卿鍊長子。善墨梅，榦隨筆生，枯潤咸有天趣。見山陰縣志。

按小霞任姚安府知府，爲刑部郎。畫梅師劉雪湖。徐文長詩：「刑部梅花似扚鐵。」

吳　治　字孝甫，吳郡人。學趙子固墨梅，枝榦盤折，花蕊疎秀，淸寒之氣，沁人肺腑。

萬歷中遊豫章。見畫史會要。

高　坤　工畫，尤長於梅。見閩書。

姚仲祥　鳳陽人。善畫墨梅。見畫史會要。

陳繼儒　字仲醇，別號眉公，華亭人。善寫水墨梅花。見圖繪寶鑑續纂。

崔　潑　字彥沈，別號楊浦，高麗海州人。善梅竹翎毛，點畫入神。見楊浦集。

程福生　字梅巖，玉山人。精書法，燕京承天門關王廟石碑，其眞蹟也。八分書特妙，

畫梅淸瘦絕倫。有金石遺文四本。見江西通志方技傳。

天師張子言　號靜淵。善畫山巒水仙墨梅。見畫史會要。

釋雪心　善畫墨梅。見畫史會要。

釋玉庭　松江人。居超果寺。善墨梅，見錢福鶴灘集。

釋妙琴　字無弦，華陽人。善詩，工書畫，自稱梅屋老人。畫梅入妙品。又以畫牛得名，

人稱牛和尚。見郭棐四川總志。

孫氏　任克誠之妻。善寫墨梅，人皆以孫梅花稱之。見畫史會要。

墨梅人名錄終

跋

往見二樹山人墨梅，覺暗香疎影，浮動於松風竹月間，殊饒孤山籬落之趣，恨不獲親炙其人。丁未來山左，晤古柏丈，爲二樹從叔，蕭疎簡遠，一以二樹爲宗，則見古柏如見二樹也。間於酒闌燈灺，溯畫法源流，出手輯墨梅人名錄，自宋迄明，得若干人爲卷，或理學，或忠孝，或文章，或隱逸，或方外，或閨秀，依據精確，宜傳之不朽矣。蓋嘗謂古人耽一物，率多成癖，如嵇中散之鍛，阮遙集之屐，王武子之馬，謝康樂之山水皆是也。玩物喪志，雖賢達者流，往往不免。近世周櫟園癖畫、癖墨、癖古印章，作祭墨詩及畫人印人傳，其嗜好之眞，卽萬戶侯不與易，豈若米阿章與人易書畫，自謂看久卽厭，時易新玩，兩適其欲哉。古柏丈少無宦情，有滅景雲栖之志，癖古錢，徵安吉十全詩文；癖印章，作印人志；癖石，撰洛河赤心石銘序；又癖畫梅，而纂此錄；風流好事，彷彿櫟園。憶丈詩云：「不是老夫偏愛此，此緣此地此花無。」豈其抱故國之思，因與先哲心心相印耶。夫人閱物，物亦能閱人，俯仰之間，已成陳迹，使不爲之搜羅放逸，信今傳遠，後世焉知有某某者，寫梅之工，與嵇中散輩可以同類並觀，則此錄又烏庸已也。

乾隆五十八年，歲在昭陽赤奮若，陬月上浣，會稽何紹寧跋。

書評

〔余紹宋書畫書錄解題〕是編專輯歷代畫梅諸人，各系以傳：計宋得四十一人，金一人，元二十九人，明六十一人。其徵引，於圖繪寶鑑、畫史會要兩書外，所輯不多，似未完備。其畫紅梅者亦輯入，謂雖用胭脂，而枝幹鬚蒂，皆用寫法，與墨梅不殊；然則何不名爲寫梅人名錄？而必曰墨梅，不副其實矣。前有瀹游居士王棟序，乾隆五十一年自序，後有何紹寧跋。

讀畫錄

四卷

清　周亮工撰

讀畫錄序

予過龍江，見先生時，値先生作畫人傳。畫人或存或亡，凡爲先生所及見者，率記其梗概，詳略惟意，一若傳以阿堵，譬畫家之寫生。然今距七八年，畫人存者，若梅村、虞山、浮廬一輩，復相繼亡去，而先生亦逝矣。方先生未逝時，忽捃所爲文，付之樵蘇，既而悔之。雪客承先人遺志，重輯先生集，而傳稍闕略，且有虛列其名者。予再過龍江，晤雪客於遙連之舊堂，得重讀是傳，而記以數言：夫烟雲木石，非一定之情，禽魚蟲獸，悉冥頑無識，然而含黃把炭，解衣磅礴，極天下賁命之氣，選蠕之狀，悉見之筆端，而形於腕下，何則？其生全也。先生以寫生之筆，使畫人各有以全其人生。猶憶先生傳老蓮，既已徵事及予，復就予考晰以辨其實，令片言所至，畢睹其毛髮而後已。今予集亦傳蓮，而當時報先生書具在也，夫先生之嘘枯吹匿何如哉！乃先生已逝，而親見先生寫生者，終不得寫先生生，如先生之寫畫人，則其撫遺文而泫然者也。

西河　毛　甡拜手謹題。

讀畫錄序

畫之興也，其與書契並始乎！在昔結繩既久，河洛孕靈，開萬古文字之祖，卽開萬古圖象之先，故六書之義首曰象形，畫已濫觴於此矣，有虞氏之十二章，夏后氏之鑄鼎象物，皆此義也。其以山水爲畫，則自宗炳始，炳之言曰：理絕於中古之上者，可意求於千載之下，旨微於言象之外者，可心取於書策之內，是以身所盤桓，目所綢繆，以形寫形，以色貌色，豎劃三寸，當千仞之高，橫墨數尺，體百里之迥。故嵩華之秀，玄牝之靈，皆可得之於一圖，此畫家山水所自昉也。自是而後，高人曠士，用以寄其閒情，學士大夫，亦時抒其逸趣。凡皆外師造化，未嘗定爲何法何法也，內得心源，不言本之某氏某氏也，興至則神超理得，景物畢肖，興盡則得意忘象，矜愼不傳，亦未嘗以供人耳目之玩，爲己稻粱之謀也。惟品高故寄託自遠，學富故揮灑不凡，畫之足貴，有由然耳。唐宋而下，始有簪筆而供御，耑藝以名家者，然或位居左相，馳譽祇擅丹靑，身本畫師，能事不受逼迫，此豈區區一技自鳴者哉！宋立畫學，遂進雜流，猶令讀說文、爾雅、方言、釋名等篇，各習一經，兼著音訓，要得胸中有數十卷書，免墮塵俗耳。風會日下，此義全昧，一二稿本，家傳師授，輾轉模彷，無復性靈，如小兒學步，專藉提攜，纔離保姆，立就傾仆矣。昔人有云：山水不言，橫遭點汙；筆墨至貴，浪被驅使。豈不寃哉！
然而錚錚佼佼，正不乏人，多在冠蓋之中，或饒世外之侶，大約不以此市利者，乃能於
中得解，更不以此博名者，正於此道大有神會耳。櫟園先生，飛帆學海，掉鞅詞壇，著
述等身，不脛而走，至於繪事，尤多賞心。予嘗見先生所裒唐宋諸家手蹟，神奇變化，
觸目怡神，信雲術之靈函，重繙之瓌祕也，下逮時賢，咸加徵集，凡海內之士，有以一
竹一木，一邱一壑見長者，無不曲示獎借，收之夾袋，而海內之士，凡能爲一竹一木，
一邱一壑者，亦無不畢竭所長，以求鑒賞。數十年中，所收不下數千帙。於是拔萃選尤，
裝潢成册，一時名流，多爲品題，此讀畫錄所由作也。蓋先生于役淮陽，舟中多暇，乃
取前册，信手繙閱，隨意所至，爲立一傳：或記相交之因緣，或敍作畫之始末，或詩或
跋，或繁或簡，不獨山水之神情，躍躍欲現，卽作山水者之面目，具在寸楮尺幅中矣。
然亦有至交密友，或翻缺焉者，則以扁舟旣達，酬應遂棼，未免以公事奪其閒情，靑鏤
分於赤牘耳，見者多以爲先生未竟之書，而予謂卽先生已成之書也。蓋先生意中所欲言，
筆下所肆及，已露一斑，引而伸之，聞一知十，豈必人人立傳，乃稱全書哉！昔阮孝緒
傳寫士，有人所共知，而未必具載；乃其所載，或翻出人擬議外者。禪家參悟，不死言

下，畫家筆墨，不墮蹊徑，高人會心，正自如是，固不得以定法求耳。然則得先生之意以讀畫，當不墮作家雲霧中，得先生之意以作畫，必不以神化讓古人矣！

巘山　張　遺瑤星拜撰。

讀畫錄目錄

沈朗倩　謝仲美　吳遠度　高蔚生　高雨吉

樊會公　張損之　胡石公　葉榮木

卷四

馮幼將　楊玄草　李雲谷　許子韶　方爾張淩又蕙

姚若翼　葉君山　沈蘧夫　朱近修　陳原舒

和子長　江遙止　郭去問　郭無疆　盛伯含

盛林玉　施雨咸　吳子遠　馬瑤草　劉酒

王子杓　蘇澤民　章言在

讀畫錄卷一

清　櫟下周亮工減齋撰

李君實

李君實太僕日華，一字九疑，別字竹懶。予向未見先生畫，讀先生恬致堂集、紫桃軒雜綴及畫媵，始知先生精繪事。遍覓其手跡不可得。後見先生與董獻可札子云：「頃在貢院中，偷讀古人書，意味浹心，有欲起舞者。大都古人不可及處，全在靈明灑脫，不掛一絲，而義理融通，備有萬妙，斷斷非塵襟俗韻所能摹肖而得者。以此知吾輩學問，當一意以充拓心胸爲主。」極服先生議論，愈思見先生筆墨。後在都門，北海孫夫子以先生畫帙一册見貽。已浙游，又得先生數幅。先生畫以意少變北苑，而其源則實出巨然僧、梅道人，蒼鬱秀潤，併極出藍之妙。至於題畫諸詩諸跋，一語兩語，皆妙極形容，坡公之後，未易得其匹也。而最愛其題畫諸絕，一絕有一幅佳畫，有三數幅佳畫，擇其最愜鄙衷者，錄于後：「(題畫)霜落蒹葭水國寒，浪花雲影上漁竿，畫成未擬將人去，茶熟香溫且自看。」「(爲王章甫畫)黃葉陂深隱釣舟，蓼花瑟瑟水悠悠，鸕鶿睡熟漁翁醉，偷取瀟湘一段秋。」「(寒江待別圖)雲去蘭亭雁影孤，凍痕澌澌上蘼蕪，嘘呵滴得梅梢雪，爲寫江干待別圖。」「(題畫與曹允大)黃石堆牆竹掃

雲，澗流花落去紛紛，讀書聲到樵人耳，樹擁峯迴又不聞。」「題畫小卷 江上孤吟欲暮天，一舟
橫渡草芊芊，柳花飛盡黃鸝啞，只好低頭聽杜鵑。」「題畫與沈子廣 烟中浦溆出復沒，霜外柳枝疎
又斜，秋色不禁初到眼，偶因洗硯立平沙。」「題畫高孟交扇 卜築新開水竹扉，日斜烟樹望成圍，
數聲柔櫓蒼茫外，多是尋僧訪鶴歸。」「題陸閬田扇 石田茅屋入雲峯，一帶清溪漱玉龍，隱者近
從王屋至，天壇移得小虬松。」「題畫繭紙與張雩函 雪後茅堂護曉寒，酒餘呵筆佐清歡，不須更簇閒花
草，凍柳梢雲已耐看。」「題畫與沈子廣 雨寒松閣恣高眠，夢入金庭陟紫烟，七十二峯多忘却，聽
泉剛記到開先。」「題畫與沈子廣 帳掛玄綃煙霧冥，簟波蹙蹙水涵星，碧雲不動高天迥，夢遶廬山
九疊屏。」「與沈翠水論繪事，因題所畫便面。 烟沙漠漠夕陽餘，野樹酣霜水溜渠，何處秋光閒入夢？琵琶亭子
對匡廬。」「畫沈明允扇 秋林薄處見山巔，霜樾烟柯指顧便，小作沙坳容野艇，空明留與白鷗天。」
「白描梨花 雨香雲淡月霏微，薄薄鉛華淺碧衣，却似道山春宴罷，水晶簾下拜安妃。」「小幅與懶逸 山亭
放眼入遙天，疊疊春沙萬井煙，鬬草踏青兒女事，且教留住賣花船。」「題畫扇 霜柯霧樾胥寒
流，上有高人讀易樓，釣處每教雲氣掩，不令聲跡認羊裘。」「題畫絹小幅 柳淡波寒春事遲，雨
晴剛得曬鸕鶿，社回故作閒風調，醉手離歧顫釣絲。」「甲子二月訪陳眉公先生泖上，阻風朱涇，寫風雨維舟卷。 江店酒香花正
穠，午潮初上碧連空，篷籠暫掩蕭蕭雨，柳外晴霞一縷紅。」「乙丑三月三日北上，伯遠送余至京口，舟中無事，爲寫小景。 雲林興

二

寄轉高孤，老木虛亭傍太湖，曠朗不容塵隔斷，一痕山影淡如無。」「溪山入夢圖卷，倣大癡。」釣罷輕舠且蕩烟，遠山遮盡近留巔，不須更怯笞箬雨，江樹低梢好繫船。」後之人慕先生，不得見先生筆墨者，讀諸絕句，先生之畫滿四壁矣！

董文敏

錢虞山嘗言：「董文敏最矜愼其筆墨。有請乞者，多倩他人代之；或點染已就，僮僕以贋筆相易，亦欣然爲題署，都不之計。家多侍姬，各具絹素索畫，稍倦則諸詠繼之，購其眞蹟者，得之閨房爲多。」册中數幅，皆其極得意筆。山陰祁止祥題：「石洞生雲根，觸膚雲自至，壁壘雄怒飛，只作等閒事。」孫阿匯題：「元人評高彥敬在子久、山樵之上，豈非以氣韻勝哉！玄宰先生一筆一墨，眞足度世。神品不如逸品，於此益信。」倪闇公題：「每歎世人輒學倪迂，不知引鏡自窺，何以爲貌！」雲間先生嘗云：「不讀書人，不足與言畫。」夫豈欺我！

吳梅村

吳祭酒偉業，字駿公，晚號梅村，不多爲畫，然能萃諸家之長，而運以己意，故落筆無不可傳者。北海孫寶仍題曰：「吾師風流文彩，照映海內，其秀如廬岳千尋，其遠如蜀江萬里，閱此一往，如侍顏色。」毛卓人題：「婁江秋雨聽潺湲，東澗西田自往還，此中招隱無人到，叢桂風生月滿山。」楊大鶴題：「野橋流水樹深深，獨看雲峯曳杖尋，忽聽上方鐘磬落，空山何處有知音？」

葛震父

葛震父一龍，洞庭人，久客秣陵。晚得一官，不能行其志，棄去，仍歸秣陵。行書妙極一時，臨池之餘，偶及繪事，寫生酷似白石翁。有十集詩行於世。家故不貧，散金結客，晚年金盡，好客猶不已。常于滁陽道上，値二三故人北還，欲有以贈之，顧囊中無一有也，乃一一書借劵付之，約曰：「他日相過，當一一償此，但希免子錢耳。」時人笑之。然頗有哀其志、高其義者。震父與大梁林宗張先生、候官能始曹先生善，皆年七十三沒。余集三先生手蹟都爲一卷，顏曰「三七十三先生手蹟」，寶藏之。

趙文度

趙文度名左，華亭人。與董文敏同郡同時，筆墨亦相類，世人謂開松江派者，首爲屈指。然無筆不自古人中出，非時輩可及也。吳梅村題云：「梅道人有此圖，峯巒險絕，人物叢萃，爲收藏家所賞。此幅蕭疎見長，散乘小果，自足證道，不必學如來面孔也。」周廣菴題：「翠帚春風，想見張緒當年。」元徵之云：「流傳畫師輩，奇態盡埋沒，頑榦纖枝，爲近人埋沒不少。」方敦四一絕云：「雙樹孤舟靜，山空鳥不喧，爲詢垂釣叟，曾否是桃源？」

李長蘅

李長蘅流芳，嘉定孝廉。與婁子柔、唐叔達、程孟陽同以品行詩文重于時，世所稱爲嘉定四先生者是也。長蘅與孟陽皆工畫。長蘅常語子柔云：「精舍輕舟，晴窗淨几，看孟陽吟詩作畫，此吾生平第一快事。」子柔笑曰：「吾却有一快：兼看兄與孟陽耳！」在都門孫伯觀雞樹館，遇曲中一姬度曲，公心賞之，作一畫相贈。姬攜回張室中，海內文人游都門者，無不往觀，姬遂成名。王西樵題長蘅小幅云：「壓雲突兀一峯蒼，石路寒松共渺茫，莫怪丹青足詩意，詞人解識李流芳。」方田伯題：「幾家茅屋翠微橫，石壁疎林無限情，絕少人行向山峪，儼然古刹有鐘聲。」談長益曰：「長蘅僅一北上，遂謝公車，往來湖山，謂可終老，不意遽返道山。每遘遺墨，想見其人。」

姜周臣

姜封翁周臣思周，錢塘人。抱瑰異才，入京師無所遇，縱於酒，縱於畫，山水花卉，皆多奇致。醉後逞筆，尤英英自異也。人索其畫者，不恆得。或怒詈人曰：「若輩安足知余畫！」顧酒錢乏，則又急作一二幅，與裝潢人郭華陽，郭則跪進酒資，酒資既足，復傲睨不肯爲人作，或怒詈人如故。以故其畫益貴重。至其子眞源公，以進士爲名侍御，公之畫益不可得見矣。公豁達不羈，好雅謔，常於筵間命人演劇，至相關處，輒嗚嗚泣數行下，座客詢之，曰：「少年鄙高冠理學不足語，與一二同人，間復登場；今老矣，幾日春風，遂非年少，聲音易觸，徒羡他人，乃知髀骨之痛、唾壺之歎，了不異人耳！」聞者羡其達。

陳旲昭

陳旲昭侍御，一字涉江，法名道听，江寧人。性豪爽，事親孝，交遊廣，詩文古崛，精繪事。爲諸生時，極爲余鄉鄭潛菴撫軍所知，長齋繡佛以報恩，三藏僧舍爲家，非大故弗歸。諸衲子爲修羅屈抑者，輒白公直之，公護法亦如護己腦目。癸未成進士。登第後，門無懸額，第無杆旗，堂無優伶，室無妾媵；既斷葷血，未嘗以衆生肉食客餉客。余嘗曰：「涉江淨人，故多淨筆，每覽其畫，輒引人坐淸淨地。」涉江作畫，不名一家，畫成必自題其上，雖三數語亦成一佳文；長篇勿論矣。張稚恭曰：「東坡論畫：謂筆略到而意已俱。觀涉江畫，卽筆不到處，意已先矣。」涉江著作甚多，皆零星未及鈔訂，同里錢季水藏之。又秋粕五七言詩四百首，亦未刻。余獨不喜其梅花詩，而時人乃競和之。涉江一切都捐，獨於古小小玩弄物不能忘情；不肉食，不飲酒，而見客飲，雖終夜不厭倦。酒閒時出滑稽語，使人絕倒。家大人與涉江善，嘗云：「於岑寂無聊中，時憶此老妙舌。」

魏考叔

魏考叔之璜，工山水，可稱能品，老年筆尤蒼勁。顧文莊稱其「筆法秀美，姿顏媚弱，有不勝羅綺之態」，殊不然也！淡墨花卉，頗有天然之致，此則可據勝場矣。余猶及交公，蒼顏修髯，似深山老煉士，望之使人肅然起敬。少孤貧，匿影閉門，日事盤礴。天性孝友，養老親，撫諸弟，皆取給於十指，不肯干人。當時留都士宦，比於北，往來舟騎尤夥，慕考叔者，無不造其廬；考叔一無所報謝，惟招之飲則往，淸言獻酬，坐無考叔弗樂也。年近八十，卒於秦淮水閣。册中皆七十餘外爲予作，以余喜其花卉，故較山水爲多。考叔行書摹聖教序，楷倣歐率更，別有卷軸。公詩如問朗公病：「短榻延朝夕，孤燈伴死生。」贈友：「載見一回老，相逢各盡歡。」皆爲人傳誦云。考叔聋人堯臣，亦工畫，尤精人物神像，今天界殿後壁、洞神宮斗母殿壁，尙是其手筆，見者謂非近今所能辦。

考叔周晬日，其尊人臂之嬉，有叩戶者，趨應之，則吳門友人寄畫筆至，考叔手之堅不捨。尊人歎曰：「又一畫工矣。奈何！」

魏和叔

魏和叔之克，考叔弟，更名克，亦工山水。寫水仙，則妙極今古。子百雉都，與予爲文字交，嘔心爲舉子業，卒不博一靑衿。弟叔夜，名珠，亦有聲藝苑，不得志場屋，僅博一貢。皆鬱鬱死。

鄒滿字

鄒滿字典，吳縣人，客遊金陵，遂家焉。君畫筆意高秀，絕去甜俗一派，故足俯視餘子。家貧能自行其志，嘗以除夕視瓶粟，餘升許，復覓榾柮數枝，爲二親一日供，淩晨出郭外，登雨花臺，高歌竟日，逮暮而返。居平客至，脫冠自汲以供茗椀。所居東園水濱，友人胡念約爲構小閣，顏曰「節霞」，賦「白日掩荊扉」以見志。不妄就人，所往還：葛震甫一龍、顧與治夢游、劉今度象先、程望尼希孔，數人而已。與予從兄敏求比屋居，余又交其子喆，故余得其山水寫生大小幅獨夥。

鄒方魯

滿字仲子喆，字方魯。畫宗其父，圖松尤奇秀。守節霞閣，敬事父友，謹愼保其家。予北還，贈以詩：「板橋花隙種桑麻，織屨先生恅愺家，只識前修眞寂寞，應知後美賤繁華。關心明月人千里，過眼烟雲畫一叉，肯羨東鄰釜底熱，寒門久已節松霞！」母沒，能盡禮，會葬多名士。

朱翰之

七處和尙，卽朱翰之之睿𧩙也。以畫名江南者六十年。秣陵畫，先惟知魏考叔兄弟，翰之出，而秣陵之畫一變，士夫衲子，無不宗之。晚乃削髮從菰蒻遊，自名七處，人稱之曰七師。數椽南郭外，蕭然瓢笠，不肯輕爲人落筆，但數過諸蘭若，衲子有求必應。册中皆當時在維揚爲予作者，其在高座寺作者，則絕筆也。方與三曰：「凡作詩文字畫，須楷墨之外，別有生趣迎人，令閱者目動心搖，始稱快筆。然又非狐媚取悅，須極蒼古之中，寓以秀好；極點染處，見其淸空，始稱合作。七師畫吾無間然！」予常曰：「每展七師畫，覺一冷面老瞿曇，立於吾前。」師望八始寂去，沒後片紙尺素，人皆以多金購之，並南郭諸衲子所有，皆爲人索取殆盡，近則贋筆紛出矣。子知鄉。

朱知鄉

朱知鄰，字思遠，翰之先生子也。幼與陸可三、魏百雉、汪子白、羅星子、高康生、予從兄敏求及余爲同硯友。思遠才獨傑出，頗有文譽，晚乃棄去諸生，工畫，力學爲詩，畫與尊甫並有聲，詩頗奇鑿。予常詢翰之先生畫於君，君曰：「家公筆下，只是打發得開。」余曰：「打發得開何足云？」君曰：「君到打發不開處，始思吾言；世間生死大事，以及文章經濟，到絕頂處，只是打發得開耳。君謂有他異耶？」予甚旨其言。君自北回，佚馬傷足，不良於行，攜妻子入溧水山中，或名璆，或名遠，或字遠公，窮甚，衆悲其志。偶入城，病卒於承恩僧舍中，友人殮之。詩數卷，板行與未鐫各半，其子藏於家。子亦能畫。近聞人魏惟度刻詩持，不知何從得思遠作，極賞之，自云：「恨不見其人。」亦思遠沒後知己也。惟度集中稱遠公，余仍作思遠，廿年來屈指同人，惟星子、康生與余存耳，追念宿昔之交，故不忍從其晚更之字云。

陳章侯

陳章侯洪綬，字老遲，亦字老蓮，其稱悔遲，則甲申後也。方伯公之中子。章侯畫得之於性，非積習所能致，昔人云：「前身應畫師。」若章侯者，前身蓋大覺金仙，曾何畫師足云乎！人但知其工人物，不知其山水之精妙；人但訝其怪誕，不知其筆筆皆有來歷。

有過平陽水陸社，見吳道子眞蹟數十幅，歸謂人曰：「人言章侯杜撰，今乃知道子預倣章侯。豈道子亦杜撰耶！」家大人官暨陽時，得交章侯，數同遊五洩，余時方十三齡，即得以筆墨定交。辛巳余謁選，再見於都門，同金道隱、伍鐵山諸君子結詩社，章侯謬好余詩，遂成莫逆交。余方赴濰，章侯遽作歸去圖相贈，可識其曠懷矣。後十餘年，再見湖上，冊中所存，皆在孤山小閣中爲予作者。章侯兒時學畫，便不規規形似，渡江搨杭州府學龍眠七十二賢石刻，閉戶摹十日，盡得之，出示人曰：「何若？」曰：「似矣。」則喜。又摹十日，出示人曰：「何若？」曰：「勿似也。」則更喜。蓋數摹而變其法：易圓以方，易整以散，人勿得辨也。初畫楚辭像，刻于山陰。再刻水滸牌行世。及崇禎間，召入爲舍人，使臨歷代帝王圖像，因得縱觀大內畫，畫乃益進，故晚年畫博古牌，略示其意。章侯性誕僻，好遊于酒，人所致金錢，隨手盡，尤喜爲貧不得志人作畫，周其乏，凡貧士藉其生者，數十百家，若豪貴有勢力者索之，雖千金不爲搦筆也。一齷齪顯者，誘之入舟，云將鑒定宋元人筆墨，舟既發，乃出絹素强之畫，章侯科頭裸體，謾罵不絕，顯者不聽，遂欲自沉於水，顯者拂然，乃自先去，浼他人代求之，終一筆不施也。以此多爲人詬厲。年五十六，卒於山陰。存詩一帙，余爲藏之，後以歸其子。曹秋岳曰：「老蓮道友，布墨有法，世人往往怪之，彼方坐臥古人，豈顧餘子好惡。」程翼蒼曰：「老蓮人物，深得古法，不意山水亭榭，蒼老潤潔，亦復不讓古人。」方與三曰：「北宋閻次平、南宋張敦禮、徐改之，專借荆關而入，自脫北傖躁氣，然設境未能如老蓮之高曠。」楊猶龍曰：「予辛卯于役八閩，定交櫟園，酒闌燈灺，抵掌天下人物，未嘗不首推章侯也。歸而索晤於錢塘，握手歡然，不似初相識者。爲予作畫數幅，高古奇駭，俱非耳目近玩，珍藏篋笥，庶幾此遊不虛，笑當年陸賈，徒囊中千金耳，何期神物祕惜，世無桓宣武，竟爲盜賚，可勝歎哉！」黃仲霖曰：「予以癸未，別章侯於燕，明年從金道隱郵筒，得章侯書併書畫扇，意存諄戒，惟此老自無雷同語耳。己丑過虎林，從南生魯署見章侯，爲作寫生圖數十種，雄奇凸凹，予謂吾黨當爲老遲惜此腕，不令復作，若令復作者，恐遭龍雷鬼物收攝。又明年，櫟園出畫册四部示余，余見章侯畫益夥，如見章侯蓬首赤體，右手持酒杯，左手抓頭足之垢，撅口張目，談天下古今事，此而不遭龍雷收攝也者，當有神氣玄命護持之！予薄命人，章侯一點一畫，俱歷兵火，不復僅存，異日不向生魯乞圖，卽向櫟園乞册耳。」章侯爲諸君子所歎如此。

惲道生

惲道生向，後更字香山。香山爲高材生，治詩以制義名世，晚乃棄去，獨工畫，高自位置，耻與平流伍。常以十幅贈余，傲然曰：「今人畫特描金匠耳。」又常題畫貽余曰：「逸品之畫，筆似近而遠愈甚，似無而有愈甚；其嫩處如金，秀處如鐵。所以可貴，未易爲俗人道也。」晚年尤縱橫如意，妙極自然。蓋其往來齊魯間最久，嘗登泰岱，得山水雄渾之趣，故其落筆非凡近可擬。王于一曰：「香山如老將橫刀砍陣，筆墨所到，山不暇樹，雲不暇懶。沈啓南後一人也。然頗爲俗筆所詆，良由胸中多數行書，少輕媚習氣耳。詩文皆然，豈獨畫哉！」余在青齊，得其三四巨幅，是最得意筆。著畫旨四卷，張爾唯太守屬孫阿雁序而梓之。香山去世，棗梨遂不可問。

邵僧彌

邵僧彌，姑蘇人。性孤癖，詩畫極爲吳人所重，隱於瓜疇，自號瓜疇老人。張瑤星遺題秋水圖云：「蒹葭秋水一船移，自對空江玉笛吹，好景見前誰寫得？月痕猶識邵僧彌。」又爲余作結茅圖，季介菴沚題曰：「山深木性枯於石，竹引泉聲冷到扉。此中人知非附熱者。」李劬菴念慈題：「蕭疎岑寂，無處落些子喧熱，而生氣殊王，坐此中者當得靜悟。」許有介友題：「江舟燈火之間，得觀此幀，即欲置身其間。」紀伯紫曰：「吾猶及見僧彌，伸紙用筆，蓋惜墨如金者。」朱近修題一幀：「危峯密樹隱花宮，驢背秋風獨聽鐘，一自乾坤兵革後，丹青留得六朝松。」梅杓司題：「陰森古樹能藏寺，歷亂奇峯欲插天，獨客騎驢知賞咏，想應胸次得蕭然。」曹顧菴曰：「僧彌爲吳中高士，窮約而死，已二十餘年，梅村先生爲誌其墓。今觀其筆墨間，多有寒氣，宜其貧而夭歟！」

鄒衣白

鄒衣白先生，畫法全摹子久。晚年應酬之筆，皆出捉刀人，惟有「阿誰」章者，爲其得意筆。先生收藏宋元名蹟最富，故其落筆，無一毫近人習氣。晉陵吳問卿家，藏子久富春山圖長卷，爲子久生平第一畫，先生極愛之，比之右軍蘭亭，屢欲求售不可得，時時借觀，每一過目，輒題其後。後問卿歿，欲以此圖爲殉，病篤時，投之火中，旋卽暈憒，其子急以他卷易之，已焚前一段矣。其子卽攜致先生，高索千金，時先生方困乏，無力售之，把對浩歎，復題數百言于後，以紀其事，悒悒者月餘。其嗜古之癖如此，宜乎其畫超凡入聖也。先生小幅更難得，予所得亦不過數幅。張瑤星題云：「衣白先生，畫多寥寥數筆，不求工好，而爽氣逼人，自有生趣。此幅巖壑深秀，屋宇錯落，橋磴參差，於六法中，無不具備，文心之不可測如此。」李屺瞻題：「隱深峭拔，簡潔孤秀，畫家懸腕中鋒，而無荒雜枯寒之病者，近代僅覯。先生風格性情，畢見是幅。」鄒程村題：「先伯大父中丞，生平筆墨矜重，不輕爲人作畫，或有偶落數筆，爲門下生所足成者，亦稱善本。今人悉目疎曠歷落者爲眞蹟，謨家有其爲先大父中憲公所繪數幀，又極曲折細潤，知爲晚年得意筆，似未可一例觀也。」王阮亭一絕云：「雲嵐半幅落人間，衣白山人去不還，郤憶題詩東磵老，夕陽粉本出關山。」其爲時流傾倒如此。

祁止祥

祁止祥豸佳，山陰人。行五，世培中丞之從兄、予同門文載之胞兄也。丁卯舉於鄉，數入春明不得志。常自爲新劇，按紅牙，教諸童子，或自度曲，或令客度曲，自倚洞簫和之，借以抒其憤鬱。甲午冬，送予北上，過金陵，留予家一月，至維揚始返。舟中爲予作山水花卉四十葉，又別爲數小葉，留一詩別余。曹顧菴曰：「止祥書不在董文敏右；畫則入荆關之室。詩文塡詞皆有致，能歌、能奕、能圖章，以至擲錢蹴踘之戲，無不各盡其致。以名孝廉隱於梅市，蓋異人也。」

讀書錄卷一終　　　番禺　孟鴻光校

清　櫟下周亮工減齋撰

翁壽如

翁壽如陵，閩之建寧人。工畫能詩。小楷、圖章、分書皆有意致。飲稱大戶，滿面酒痕，然卽甚醉，亦無少酒態，人暱就之，每置酒高會，無壽如弗歡也。君畫初多閩氣，遊秣陵，從程端伯少司空遊，畫乃一變。已又移家公路浦，時彭城萬年少孝廉亦移此，晨夕過從，畫又一變。壽如畫屢變，遂臻極境，江以南翕然稱翁陵、翁陵云。娶小妻，將終於淮上，已忽思歸，攜家從陳階六使君返。及歸而廬舍不存，親串死亡殆盡，復淒然欲還公路浦，江南酒伴亦恆望其來。然老矣，又空囊不能出戶也。

姚簡叔

姚簡叔允在，山陰人。常流寓秦淮。簡叔作畫，一洗浙習，盡萃諸家之長，而出以秀韻。然每見能令人靜穆，不似近人但以浮豔悅人耳目也。予從胡念約得其小册十二幅，皆自江南入北地，紀所見名勝，幅幅皆有意致。王貽上使君，最愛其秦淮一幀，題云：「予在白門，作秦淮絕句二十章，汪比部琬，謂可作秦淮竹枝詞。又有句云：『朱樓映水皆成綺，綠柳垂條漸拂波。』披此如覩昔遊。」又題：「予最愛程孟陽詩：『最憶西風長板橋，笛牀禪閣雨蕭蕭，而今畫裏猶知處，一抹寒烟似六朝。』既錄鄙作，因并書之。」陳其年維崧題：「紅板橋東白石祠，烏衣巷口綠楊枝，誰人重寫臺城景？愁殺多情老畫師。」予與胡元潤，八閘舟中，同披此圖，感當時之盛，得四律。王勝時謂當書此後。因書之：「紅兒家住古青溪，作意相尋路已迷，渡口桃花新燕語，門前楊柳舊烏啼；畫船人過湘簾綫，翠幔歌輕紈扇低，明月欲隨流水去，簫聲只在板橋西。二曲曲銀河蕩晚霞，蘭叢玉瑟間琵琶，暗潮夜濕依欄石，細雨朝開隔岸花；菡萏無心臨翠蓋，芙蓉有意映窗紗，雲鬟月底渾難畫，更向垂楊密處遮。三不分合歡夜不開，吹笙無力自徘徊，鐘聲漸遠隨波去，花氣將眠過渡來；曲曲鴛鴦流豔夢，垂垂楊柳綣深杯，一生明月秦淮好，過眼烟雲第幾囘！四拂水藏鴉弱自持，輕寒簾外影離離，風吹香動花無骨，露逼歌清月有絲，漁笛暗隨紅雨落，酒爐閒受綠陰支；鍾山松老雲霞漫，近日金陵客不宜。」簡叔在日，自矜其筆墨，不多爲人作。常遊予鄉，久留雪苑，予訪之侯氏昆季不能得。人有持多金往山陰購之者，亦不能得其一水一石。

程孟陽

程孟陽，歙人，移家嘉定。與婁子柔、唐叔達、李長蘅善。謝象三爲刻嘉定四先生集、孟陽浪淘集、松圓閣詩，極爲董文敏推重。畫不多見，余僅得其數箑，並冊中一二幅而已。文敏題：「孟陽最矜重其畫，不輕爲點染，此幅眞吉光片羽，人間不多見也。近有吳中畫家，僞作孟陽一冊屬余題識，予面斥之，不憚而出。今爲櫟園題此幅，孟陽當爲默舉矣。」曹顧菴題：「僕年二十四、五時，尚得見孟陽先生，深靜枯淡，如深山學道人，頗相期待，比以管樂。今暮齒年五十，病苦憂患，無所成就，有愧先生多矣！喬松古藤之下，恍然見之，不減在彷村華林時，握麈支頤也。」王貽上曰：「松圓詩，往往有畫想。觀此乃如見其詩。」

胡長白

胡長白宗仁，一字彭舉，上元人。畫自文五峯伯仁來，晚出入王叔明、黃子久二家。其筆意古質，頗有五代以前氣象。貌傲岸，高蹈絕俗。晚年衲衣拄杖，反手徐步，修髯從風，見者目爲神仙中人。八分書學禮器碑，無一點俗態。工詩。本富家子，老而食貧，不諂時貴，時人重之。長白畫所傳最少，余與其姪元潤交廿年，冊中僅得其一二幅，當時矜貴可知矣。長白與伯敬札子云：「公詢寒門諸子弟，敬以名字相聞：弟宗信，字可復，以字行；世所稱雪村者，名宗智；耀昆、起昆，僕之子；玉昆、士昆，雪村子也。皆學畫。華門畫掩，茗椀爐香間，閣筆盈案，妄擬堆笏滿牀。昔人一門五貴、七葉蟬聯，想如是耶？公聞之得無噴飯！」觀此札，可想見其家庭之樂。君詩二千餘首，極爲竟陵所賞，如：「花落竹堂靜，烟消石屋空；」「殘月半窗白，寒星徹夜疎；」「一水帶寒月，孤村幕夕烟；」「貧惟尊酒在，詩豈衆人傳！」「渚雲乍去猶拖水，山月初生不過林；」「人從淺水過，路向半山通；」「岸楓紅隱寺，湖水碧連山。」皆詩中畫也，惜無力板行。相傳長白家武學右袁府巷，偶鋤園地，鏗然有聲，見一研山，其下長可尺許，高數寸，峯巒嶒崒森秀，紋如胡桃，色黝然，眞几案間佳物也。長白以形類九華，因名小九華，自爲記。佳物固爲高士出哉！

胡元潤

李君實嘗言：「作畫惟空境最難。以余所見，善於用空者，其惟胡三碣公歟！」碣公一字元潤，卽長白之猶子玉昆也。君性孤癖，作畫如之，用筆設色，好作縹緲虛無態，故咫尺間覺千萬里爲遙。余蓄畫册自君始，入手便得摩尼珠，散幾碎璧，不足辱我目矣，予識君緣方密之：密之辛巳冬偕君過濉，密之南去，君獨留。後此數與往返，患難中時復相從，故余存君畫最多，爲君賦詩亦獨多，長歌外盡錄於畫冊上，報君藍縷華路之功也：「汀署聽雨，有懷胡三元潤。時元潤寓予省署。」孤燭全無寐，雨聲入夜驕，旅愁增老病，鄉夢隔雲霄，別去踪無定，同來信亦遙，終宵難更聽，不悔種甘蕉。」「送元潤返白門」頗欲留君住，能還亦我私，慮親開遠信，仗友飾歸辭。疲硯分燈倦，勞魚任字遲，秦淮春信好，弱柳綠絲絲。」「又」度嶺時無幾，言歸每謂遲，悲予連歲住，更切老親思。糺客迷勞劍，殘書借倦巵，煩君安我友，瘴濕漸相宜。」「雪舫送元潤」小閣傳知載，荒園學種瓜，貧能堅旅骨，交足世寒家。入夢三眠柳，移情六出花，何時芳草岸，相對數歸鴉？」「夢至元潤家見所餞菊」只似曾過境，柴桑處士居，人皆漢魏上，花亦義熙餘，質朴無繁卉，蕭條伴野蔬，此中眞自好，肯更憶吾廬！」「又」東籬一二畝，約略早秋時，微雨侵花檻，寒風吹酒巵，主人欲採贈，坐客解吟詩，將去頻相挽，殷勤有後期。」「又」訝予猶未返，遠道亦能來！自謂初能遂，因君晚更開，渾忘新雨雪，苦憶舊莓苔，頓首加餐飯，家園努力回。」「又」亦有生平約，烟雲逐處遮，平林霜後路，一月眼中花，枝較看時勁，葉從何日加？跟蹌輕別去，城上噪寒鴉。」「嬰門送元潤」労尉君能到，雲門得暫停，鬢眉空似雪，踪跡尙如萍，冷署三竿臥，遙山九點青，留人不肯住，修竹雨冥冥。」「又」論交眞耐久，幾日盡成衰，雪後同過嶺，潮平自渡灘。閒身能去住，老筆更紛披，所歎稱君友，惟工送別詩。」「送元潤返白門」與君同住古青溪，五度燕山並馬蹄，垂老措身知坎窞，生還藉爾作端倪；淸尊醆醆春雲亂，碧樹參差夕照低，回首廿年霜雪路，全交只剩數行啼。」「初聞徙塞外信，寄元潤。」柴車毿帳擁風霾，區脫天高孰與偕？一帶黃雲連戍堡，半生明月夢秦淮；書殘尚冀同心續，骨老憑教絕塞埋，消息從今難更達，深卮北向重君懷。」「又已荷殊恩放逐臣，枉君江上待垂綸，荷衣蕙帶青門客，席帽椰瓢紫塞人，孤雁欲銜霜後葉，哀笳不吹戍前春，桃花豔勒宵征馬，莫道遼陽信未眞。」「與元潤」君家兄弟予兄弟，二十年前訂古交，眼底何人爲續客？林中許我結重茅。長貧只合終身醉，漸老猶慚百念淆，莫憶燕齊閩越路，門前芳草費推敲。」後人讀諸詩，可以知予之與元潤矣。

程正揆

程正揆，字端伯，別號青溪道人。書法師李北海，而丰韻蕭然，不爲所縛。嘗欲作臥遊圖五百卷，十年前予已見其三百幅矣，或數丈許，或數尺許，繁簡濃淡，各極其致。然矜貴不肯輕以與人，惟于石和尚無所吝耳。查二瞻題云：「昔人論書云：既得平正，須追奇險。青溪先生，今之所書名家也。書畫無二致，詎不間然！」張瑤星題云：「長康、右丞諸公，皆以士夫作畫，故皆能造入神妙。宋時畫學，猶分士流雜流，俱令治大小經，仍讀說文、爾雅、方言、釋名等書，宜其下筆不苟也。子畏學畫於東村，而勝東村，直是胸中多數百卷書耳。此事固當讓靑溪獨步矣。」

釋無可

無可大師，予庚辰同榜方密之也。公名以智。幼禀異慧，生名門，少年舉進士。自詩文詞曲、聲歌書畫、雙鈎塡白、五木六博以及吹簫撾鼓、優俳平話之技，無不極其精妙。三十歲前，極備繁華；甲乙後，薙髮受具，躭嗜枯寂，粗衣糲食，有貧士所不能堪者。於是謝絕一切，惟意興所至，或詩或畫，偶一爲之。然多作禪語，自喻而已，不期人解也。施尙白云：「予昔同無道人，自蒼梧抵廬山，見其乘興作畫，多用禿筆，不求甚似。嘗戲示人曰：若猜此何物？此正無道人得『無』處也！」拈此二則，則道人之禪機畫，亦露一斑矣。

石谿和尙

石谿和尙，名髠殘，一字介邱，楚之武陵人。幼而失恃，便思出家。一日其弟爲置氈巾禦寒，公取戴於首，覽鏡數四，忽舉剪碎之，並剪其髮，出門徑去，投龍三三家菴中。旋歷諸方，參訪得悟。後來金陵，受衣缽於浪丈人，丈人深器之，以爲其慧解處，莫能及也。公品行筆墨，俱高出人一頭地。所與交者，遺逸數輩而已。繪事高明，然不輕爲人作，雖奉以兼金，求其一筆，不可得也。至所欲與，卽不請，亦以持贈。予從瑤星張子與交，因乞作册子數幅，公欣然命筆，自題云：「殘山剩水，是我道人家些子活計。今被櫟園老子，奪角爭先，老僧祇得分爐頭半箇芋子。且道那半箇，覃他日覿面，再與一頓。」方邵村題其畫云：「曲曲村墟歷歷眞，長鑱不共短笻論，非關筆墨多殘漏，老衲山樵自隱身。」瑤星云：「舉天下言詩，幾人發自性靈；舉天下言畫，幾人師諸天地；舉天下言禪，更幾人抛卻故紙，摸著自家鼻孔也！介大師箇中龍象，直踞祖席，然絕不作拈椎豎拂惡套，偶然游戲濡吮，輒擅第一。此幅自云效顰米家父子。正恐米家父子有未到處。所謂不恨我不見古人，恨古人不見我耳！」

釋漸江

釋漸江，歙人。本江姓，爲名諸生。甲申後，棄去爲僧。喜倣雲林，遂臻極境。江南人以有無定雅俗，如昔人之重雲林。然咸謂得漸江足當雲林。隱居齊雲，不妄爲人作。册中二幅，汪舟次索以相贈。別有一二立幅，則君以寄余者。君未五十沒，畫亦貴重，其門徒贋作甚多，然匡骨耳。此直須另覓雲林矣。

周靜香

周觀察靜香荃，吳門人。畫宗倪董，大士相尤得古法。李次公題其畫云：「視荆關稍潤，較董巨微枯，此眞不爲古人所束縛者。汪翁有云：非王蒙輩所能夢見。」倪闇公曰：「每歎古人用筆之際，運其神氣於人所不能見之地，故人莫能及。美人之光，可以養目。覩靜香畫亦然。」靜香常倣元人作絕交圖，蓋別有所感云。葛雲芝題曰：「忽聞車馬來，俗務敗人意，相望了不關，曠然隔天地。」程幼洪和之：「劉峻廣絕交，此論洽人意，金盡試求交，跼天而蹐地。」靜香罷青州政歸，長齋閉戶，罕與人接。余過吳門，靜香以札招余曰：「僕所居園，雖無奇觀，然是顧靑霞宿構，頗爲閒懶客所稱；石不奇，映以老梅頗有致；樹不多，參錯以石，頗有映帶；池不廣，然垂柳拂之，頗如縠；室不甚幽，然不燥不濕，頗可坐臥；室中所懸畫，雖太舊，然是李營邱手蹟，董文敏三過而三跋之，頗爲識者所賞；酒不甚淸，然是三年宿醞，多飲頗不使唇裂；主人雖老，然不憊，頗能盡日奉客歡；櫟園以公事至，雖忙，然頗可偷半息暇，一徘徊樹石間，看舊人畫，聽老夫娓娓述吳中逸事以佐飲。天下無不忙者，况服官。然天下事亦忙不得許多，且過我飲爲是。」讀此札，可想見此老胸次。

王石谷

王石谷翬，常熟人，自號烏目山人。少從王烟客太常遊。太常精於繪事，且收藏古蹟最富，石谷揣摹，盡得其法，倣臨宋元人，無微不肖，吳下人多倩其作裝潢爲僞，以愚好古者，雖老于鑒別，亦不知爲近人筆。予所見摹古者，趙雪江與石谷兩人耳。雪江太拘繩墨，無自得之趣。石谷天資高，年力富，下筆便可與古人齊驅。百年以來，第一人也。己酉顧予于白下，時予已謝督糈，石谷寓續燈菴，爲予作大小十六幅，老年患難，頗藉以自遣。石谷苦心於此中二十餘年，於予頗有知己之感。自題其畫與予云：「嗟乎，畫道至今日而衰矣！其衰也，自晚近支派之流弊起也。陸、張、吳，遼哉遠矣。大小李以降，洪谷、右丞，逮於李、范、董、巨、元四大家，皆代有師承，各標高譽，未聞衍其餘緒，沿其波流。如子久之蒼渾、雲林之澹寂、仲圭之淵勁、叔明之深秀，雖同趨北苑，而變化懸殊，此所以爲百世之宗而無弊也。洎乎近世，風趨益下，習俗愈卑，而支派之說起：文進、小仙以來，而浙派不可易矣；文、沈而後，吳門之派興焉；董文敏起一代之衰，抉董、巨之精，後學風靡，妄以雲間爲口實；瑯琊、太原兩王先生，源本宋元，媲美前哲，遠邇爭相倣效，而婁東之派又開，其他旁流緒沫，人自爲家者，未易指數。要之承詆藉舛，風流都盡。輩自齠時搦管，矻矻窮年，爲世俗流派拘牽，無由自拔。大底右雲間者，深識浙派；祖婁東者，輒詆吳門。臨穎茫然，識微難洞。已從師得指法，復於東南收藏好事家，縱攬右丞、思訓、荊、董勝國諸賢，上下千餘年，名蹟數十百種，然後知畫理之精微，畫學之博大如此，而非區區一家一派之所能盡也。由是潛神苦志，靜以求之，每下筆落墨，輒思古人用心處，沉精之久，乃悟一點一拂，皆有風韻，一石一水，皆有位置；渲染有陰陽之辨，傅色有今古之殊；於是涵泳於心，練之於手，自喜不復爲流派所惑，而稍稍可以自信矣。先生爲藝林宗匠，尤於繪事，素所研精，遂盡發二十年探求之業，默取所見宋元諸蹟，雜爲摹倣，凡一十六幅，彙成一冊，並自述所歷甘苦，與時俗宗趨之弊，冀蒙教益，蓋亦騏驥長鳴於伯樂，龍劍耀采於雷公，士遇知己，不能自護其短耳。」自敍若此，可知石谷之於畫矣。予收合畫冊五十帙，前後幾四十年。得石谷最晚，而蒐羅之役，亦畢於此，庶可以壓「多寶船」也。王阮亭嘗題其畫云：「不必千金買范寬，天機絕處到應難，太常無恙廉州在，留取三王畫苑看。」廉州，元照太守也。其爲名流賞識如此。

方邵村

方侍御邵村，名亨咸，坦菴太史仲子。少年科第，爲名執法，吏治文章之外，精於八法，旁及繪事。早年不過遊戲筆墨，患難後自塞上歸，一借不聿，舒寫其抑鬱無聊之氣，故其畫更進。海內外士大夫，以畫名家者，程青溪、顧見山及侍御可稱鼎足。然侍御足迹幾遍天下，五嶽之外，如點蒼、武夷、羅浮之奇，無不遍歷；匡廬、黃海又其庭戶間物耳。故其所見，無非粉本，不規規於古人，此所以更勝於古人也。侍御從兄無可和尚，爲予同譜兄弟；兩家患難中，復與其弟與三結兒女姻，故侍御甚愜予，雖甚愛重其筆墨，而於予無吝也。年來爲予作，不下數十幅。嘗與予論畫云：「半千畫士士畫之論詳矣，確不可易，覺謝赫畫品，猶有漏焉。但伸逸品於神品之上，似尚未當：蓋神也者，心手兩忘，筆墨俱化，氣韻規矩，皆不可端倪，仁者見仁，知者見知，所謂大而不可知之謂神也；逸者軼也，軼於尋常範圍之外，如天馬行空，不事羈絡爲也，亦自有堂構窔窔，禪家所謂教外別傳，又曰別峯相見者也。神品是如來地位，能則辟支二乘果；如兵法：神品是孫吳，能則刁斗森嚴之程不識，逸則解鞍縱臥之李將軍。能之至始神，神非一端可執也。是神品在能與逸之上，不可概論，況可抑之哉！半千之所謂神者，抑能事之純熟者乎？總之：繪事淸事也、韻事也，胸中無幾卷書，筆下有一點塵，便窮年累歲，刻畫鏤研，終一匠作，了何用乎！此眞賞者所以有雅俗之辨也。豈士人之畫，盡逸品哉？我公精於讀畫者，必不河漢予言？」

王子京

王子京使君遂，蜀人。不以畫名，偶然落墨，便有出塵之想。丙戌與予同官江南，爲予作一二小幅，筆意在黃子久、吳仲圭間。袁荆州犨菴題云：「畫法卽書法所在，畫至脫化譜格，卽書家所謂離鈎也。子京生處活處，與作家迴別。」張瑤星題云：「冉冉綠陰中，位置層軒好：松外亭空天更空，天闊孤亭小，石壁絕躋攀，明月聞長嘯，壁後還藏千萬峯，峯際閒雲繞。」

姜綺季

綺季名廷幹，山陰大宗伯子。風流倜儻，詩畫文章，無不登峯造極。繪事山水外，尤精寫生。龔半千題其所臨崔白花卉云：「綺季名家子，所藏佳蹟甚富，如崔白、艾宣、丁貺之流，皆極力摹寫，非今人隨意所到，不事章程也。綺季能世其家學，可出而撒鹽和梅，而故效兒女子施朱調粉，此非吾黨所能測也。」

龔半千

龔半千賢，又名豈賢，字野遺。性孤癖，與人落落難合。其畫掃除蹊逕，獨出幽異。自謂前無古人，後無來者，信不誣也。程青溪論畫，於近人少所許可，獨題半千畫云：「畫有繁減，乃論筆墨，非論境界也。北宋人千邱萬壑，無一筆不減；元人枯枝瘦石，無一筆不繁。通此解者，其半千乎？」半千早年厭白門雜沓，移家廣陵。已復厭之，仍返而結廬於清涼山下，葺半畝園，栽花種竹，悠然自得。足不履市井，惟與方翕山、湯岩夫諸遺老過從甚歡。筆墨之暇，賦詩自適。詩又不肯苟作，嘔心抉髓而後成，惟恐一字落人蹊逕。酷嗜中晚唐詩，蒐羅百餘家，中多人未見本，曾刻廿家于廣陵，惜乎無力全梓，至今珍什笥中。古人慧命所係，半千眞中晚之功臣也。予嘗過半畝園，贈以四律，附錄之：「於世殊無事，經年合閉門，白衣鮮墨汁，烏几潤花痕，亂竹三更雨，空山半畝園，畏人常屏跡，感激虎狠恩。野老閒稱病，柴門永日關，殘苔生破屨，修竹蔽衰顏，得酒看人醉，成詩肯自刪？夢中頻過爾，風月有無間。萬累已全息，荒園足自怡，棋邊今態好，酒外古心危；妙畫殊無意，殘書若有思，屑榆亦可飽，努力莫言衰。彥遠今高士，武林一畝田，約君爲隱侶，交我舊忘年；僻地誠難覓，同心亦可憐，懷人眞隔世，獨坐聽鳴泉。」彥遠胡介，與半千爲世外交，隱虎林一畝田。

讀畫錄卷二終

讀畫錄卷三

清　櫟下周亮工減齋撰

黃濟叔

黃濟叔經，別字山松。書法圖章之外，尤精繪事。在若盧時，惟日以篆籀詩詞自娛，間亦遊戲筆墨，未知其如此之工也。與予後先返江南，顧予白下，始放筆爲予作數小幅，蒼古澹遠，全倣黃、吳。未幾予赴靑齊，濟叔乃死。於友人酒間，展閱此册，爲之愴然。黃俞邰題云：「長松落落來高士，瀑布遙遙下遠岑，想見吾宗黃叔度，高寒命筆此時心。」張瑤星題：「取境不高，則雲霞之氣不鮮；肆眺不遠，則林壑之懷不暢。崇岡絕壁，以謝煩喧；曲徑平臺，以供嘯咏。若有知者，吾必過而問之。」予在邗上重見濟叔，贈之十絕句，附錄之：「憶爾歸成我復東，深戹望豈更相同？疎燈再翦秋花好，却夢含毫板屋中。」「驢背霜寒客路艱，年前此日見君還，歸來不索荆關畫，得看江南別後山。」「憑教荒愰永相望，願始寧知有故鄉！萬刼誰能除舊態？烟雲一見又商量。」「不祭皐陶筆亦奇，蒿牀薄醉墨淋漓，臨歧頗有荒唐話，並擢江山摹大癡。」「秫田菊徑久荒蕪，舊日籃輿近在無？念爾箴予應有意，倉皇急示五湖圖。」「好友能歸願未全，支筇日夕望征鞭，荒涼更莫圖關塞，爲報龍眠盡已還。」「勞君北望盼飛鴻，鳩杖重扶兩退翁，孺子相期胡不早？圯橋更爲寫黃公。」「夢外逢君淚漸收，依然明月舊邗溝，當時莫道無歸思，日勸黃癡寫釣舟。」「關前征鴈肯南來，誰道窮邊是夜臺！待得長征人到後，同君細細寫龍堆。（時開龍眠方公南還）」「吮筆圜牆雨雪霏，烟巒再展事依稀，籬邊濁酒眞相勸，賴爾先還引我歸。」在雲門聞濟叔卒，哭之云：「物外能全棄，老身萬竹叢，濃看高下綠，飽飯舊新紅；大翮書猶在，小山賦未終，寧知江上約，一夕盡成空！」「喜我更生返，頻頻江上來，烟雲紛老眼，雨雪動深杯，海嶼書方寄，泉臺客不回，惟傳臨化去，失喜鼓于鬆。」君化去，方飲酒觀伎，自言死甚樂，不足怖也。

張爾唯

爾唯太守學曾，又號約菴，山陰人。畫倣董北苑。辛卯秋，爲予作數幅，極爲程靑溪所賞，題云：「此道寥寥，得其解者，唯約菴吾友，差足與語，不復多見矣。是幅筆意從江貫道來。」無可題：「雖有六法，而寫意本無一法，妙處無他，不落有無而已。世之目匠筆者，以其爲法所礙；其目文筆者，則又爲無礙所礙。此中關捩子，原須一一透過，然後靑山白雲，得大自在，一種蒼秀，非人非天；不然者，境界雖奇，作家正未肯耳。然亦不可執定一樣見識，以印板畫譜，甲乙品題。倘有碎須彌乾蓬萊底漢，何妨更具空中五色，以粟米一毫，畫盡千世古今耶！」曹秋岳題云：「筆勢空蒼，吐納北苑，不作元人佻薄氣。櫟公雖博賞諸家，終以爲正法眼藏。」吳梅村題：「請看韋白新詩句，能作蘇州刺史無？爾唯名家老輩，晚得吾鄉一郡，論者幷其畫訾謷之。卽此幅眞迂倪畫脈，蕭疎簡遠，移入詩中，可入香山蘇州兩廡，而見怪流俗，殊可笑也！」

許有介

許友有介，又名友眉，字介壽，閩之福州人。玉豸先生子也。有介畫如其詩，蒼楚有致，無一毫烟火氣，字畫詩酒種種第一，有介歿後，指不能再屈矣。好畫小竹，倣管仲姬，柔枝嫩葉，姿態橫生。自鐫「許友畫竹」章，每作竹，卽用之。因予累至京師，渡河而北，不復畫竹，忽放筆爲枯木寒鴉，蒼涼之態，不可把視，蓋無聊之氣，一寄於此耳。嘗畫羣鴉寒話圖，予爲作歌云：「許生崛强好畫竹，整整斜斜風肅肅，向北忽不見此君，一心惟愛寫枯木。南司夜夜北風多，呼酒不來可奈何！硯凍杯乾不肯睡，禿筆閒從冷炕呵；呵筆搖搖拂敗紙，童童偃蹇無樹理，燈下微窺龍虎姿，離離欲死不成死，雨鞭風撻老蛟饑，左攫已絕右挐離。心憐欲益好顏色，粉墨兩看無所施，淺者屈霜深屈雪，白擢龍骨黑老鐵，到底不能看作薪，此公雖苦有高節。半夜俄聞烏亂啼，啞啞軋軋明月低，苑樹何曾集冷翼，不知飛向誰家棲？許生見鴉長太息，萬巢突兀生胸臆。鴉爾來前鴉爾前，吾將巢子以奇墨。我樹雖枯得大年，南枝不脆北枝堅，關河雪冷謀且息，暢飛暢舞好更遷。夜深鴉與羣鴉語，上下四旁同一處，嘈嘈切切無留言，我歌爾和愼莫拒。朝從昭陽殿裏來，千門萬戶一時開，鼞乎鼓之軒乎舞，親見鄒衍吹律回。鳩樂閒房鵲笑大，來遺我酒羣相賀，吾徒豈不憶寒號？枯枝得坐且同坐。楊柳藏身憶白門，欲飛不飛憶黃昏，此心流水孤村外，此地難言好久存。葦屋風飄不成畫，放筆與鴉爲酸話，不知幅間與樹間，更殘月黑羣鴉拜。許生畫竹竹盡情，許生畫鴉鴉有聲；但是一點兩點墨，何至遂與羣鴉爭？許生愼莫悲寒昫，會使墨光有奇吐，曦曦天上鳳凰鳴，日寫梧桐千萬樹。」

張大風

張大風風，上元人。家貧惟容膝地，每天雨湫隘，踦臥書案上常累日。嚴冬冰雪，與鄰舍生談，裸脛立，或移漏刻。妻亡不再娶。大風畫無所師授，偶以己意爲之，遂臻化境，瀟然澹遠，幾無墨路可尋，秣陵畫家，掉臂孤行者，大風一人而已。貌頎偉，美髭髯，望之似深山老煉士。工圖章詩賦。少時爲諸生，甲申後遂焚帖括，衣短後，佩蒯緱，走北都，出盧龍、上谷，覽昌平、天壽諸山，所至公卿爭相迎，大風揮灑應之。有中貴子招飲，邀館幕中，大風起立瞪目不答，酒罷引去。一日興盡，卽治裝衣舊衣，騎驢而歸。性幽僻，多寓僧寮道院，不一省其家。所爲詩若詞，皆秀警可誦。與人處渾渾不露圭角。畫尾署眞香佛空四海，或稱昇州道士。病胃膈，疾篤，自題墓石小像卒。壬寅余自北回，邀大風過高座寺，相聚五六夕，爲予作册中諸幅，已又以小册貽我，未數月卽歸道山矣。傷哉！瑤星曰：「予仲大風，死後入夢，衣冠甚偉，出袖中文，屬余爲流通。自云居天上爲散仙甚適，新構小屋，繪諸葛、柴桑二像供其中，仍以筆墨遊諸上眞。別語甚多。異哉！」瑤星作詩紀夢，詩錄於後：「與子稱同志，天懷各暢然，生當魏晉後，詩續邶鄘前；四海留雙屐，千秋共一肩，雨花臺上月，相與踏層烟。一」「荷鍤來高座，相從只比鄰，地荒蘭蕙少，年老弟兄親，命酒聊驅俗，寫山緣救貧，前修凋喪後，風雅藉斯人。二」「忽漫歸城市，憐予更索居，幸留肝膽在，所惜往來疎，每見僧求畫，時從客借書，何來摩詰病？恐是散花餘！三」「竟爾謝人世，殘陽隔暮烟，星眞應名士，死不愧前賢，好友收遺帙，塵踪失大年，夜臺遇妻子，慰藉識衣牽。四」「上界多官府，輸君汗漫遊，雲中新卜宅，天上舊埋憂；筆鑄黃金像，名鐫白玉樓，英雄能辟穀，應畫漢留侯。五」

「欲別還相送，醒來霜氣淸，曉烟殘月影，冷露遠鐘聲。遺稿當尋讀，新詩誰主盟？巫咸如夕降，細與說陰晴。[六]」大風遺書，有雙鏡菴詩、上藥亭詩餘、楞嚴綱領、一門反切，病中付鄭汝器藏之。一門反切法甚簡，但用音和一門，使學者一調音韻便得，可以不習等韻，而人通韻書，是大風生平最得意著述。丁未秋，汝器出其藏稿，欲共徐起渭開呂之詩同梓之，杜蒼略爲傳。會汝器爲一令累，又不果梓。後爲一友攜去，遂失其半，至今惜之。

程穆倩

程穆倩邃，自號垢道人，新安人，家廣陵。楊孟載評黃子久畫：如老將用兵，不立隊伍，而頤指氣使，無不如意，近人惟道人能之。道人詩字圖章，頭頭第一，獨於畫深自斂晦，惟予能知其妙。道人亦自喜爲予作，嘗自題其畫云：「余生平有愧癖，方今海內宗工林林焉，不敢仰視其幟，於時家孝感侍郎張涇陽大行，登峯造極，十數年雄絕今古，余遂一意藏拙矣。周夫子納瓦礫于珠玉之側，爲之汗下不已。」倪闇公題：「不見穆倩久，每誦其風雨出郭篇曰『焦飯空懷哺，奇溫竟御綿。』除夕書壁詩曰『帝王輕過眼，宇宙是何鄉？』以爲胸懷結曲，不減少陵。閱此幅，又置我於千巖萬壑中矣。」吳六益題：「昔人夢蛟蛇糾結，便工草書，此幅尙復有夢耶！何以神行其間也？」沈朗倩一絕：「老筆含蒼秀，遊神董巨間，故人詩境好，悟入兩宗禪。」王昊廬題：「穆倩與余爲石交，自言不肯多畫，張璪有生枯筆，潤含春澤，乾裂秋風，惟穆倩得之。」

張稚恭

張舍人恂，字稚恭，涇陽人，家維揚。舍人詩文，雄視一世，尤好作畫，晨夕與程穆倩處士往來，故初年畫與穆倩無辨，後自變以己意，尤有雄渾之致。子湛，字水若，亦能畫。稚恭自塞外歸，家既破，以賣畫自給，張小箋示人曰：一屛値若干；一箑一幅値若干。人高之。

楊龍友

楊龍友文驄，一字山子，貴州孝廉，家秣陵。工畫，善用墨，初爲華亭學博，從董文敏精畫理，然負質頗異，不規規雲間蹊徑也。後貴陽之勢漸張，急於功名，不復唱渭城，人有求者，率皆盛伯含、林玉兄弟及施雨咸捉刀。董文敏題册中一幅云：「意欲一洗時習，無心讚毁間作生活者。」王勝時曰：「予少從龍友夫子遊，見其下筆如風舒雲卷，神爽奕奕。自歸道山，嘗入寤寐，觀此幀不勝仙翁龍蛇之感！」釋無可曰：「同輩墨妙，推龍友、超宗、子一，皆以蒼秀出入古法，非復倣雲間、毘陵，以儒弱爲文濬也。」吳園次題龍友畫：「不見楊公二十年，畫中巖壁尙依然，當時若有扁舟在，呼出人間郭恕先。」王貽上在雲門寓閣題龍友畫：「乙巳夏冒雨登織山絕頂，見僧舍壁上，有龍友畫，孟津先生題云：『筆帶烟雨，蕭疎而遠，止以無意得之。』爾時眺聽之美、皴染之工、書法之妙，眼中頓有三絕。北渡以來，憶昔遊宛如昨夢。今披櫟下所藏龍友小景，便使棲霞舊遊，歷歷在目，何時擺脫塵鞅，結茅山中，與僧紹卜鄰？閣筆三歎！」

楊無補

楊補字無補，號古農，又字白補，吳門人。嘗畫小幅，大不盈掌，自題云：「永嘉郭外山川，點點皆倪黃粉本也。」金俊明題：「此幅是龍友令永嘉時，古農遊經其地，憶寫所見，秀濬潔朗，擅元人之勝。龍友曾爲古農作小幅，轉以相贈，筆致亦絕類此，可知良友氣味相入也。兩君並與予習，古農契好尤篤。龍友既歿，古農亦墓有宿草，對此可勝於邑！」王阮亭一絕云：「布衣曾說楊無補，墨筆風流自一時，留得永嘉遺蹟在，殘山剩水也堪思。」

趙雪江

趙雪江澄，一字澂之，潁州人。嘗移家東萊，又移膠西，移大梁，晚移濠上，所至人爭重之。君畫善臨摹，常入長安，從王孟津遊，多見大內舊藏，皆縮爲小幅，無一筆不肖。君爲余倣舊二十幅，余歸之王逸菴侍御，後爲琉球國王所得，永作海外之珍矣。雪江又作四十幅，皆有孟津滿幅小楷，眞尤物也，君擬歸余，後君卒，爲濠梁人得去，余至今思之。性好奕，又工臨帖，善寫照，予師張林宗先生，沒於黃流，余恆思追摹先生小照，偶以語君，君曰：「大異事！今夜方夢林宗。授我以筆，當急歸圖之。」遂彷彿如生。公子允集，見而伏地哭，乞歸藏於家。雪江別吾師，垂二十年，而故人容貌，猶往來胸臆，一落筆便肖，如此交誼，何愧古人，不獨歎其技藝之工矣！君偶得漢銅章，文曰「趙澂」，凡得意之作，皆用此章。余澹心題雪江飛雪圖曰：「趙翁老矣，好穿紅衣，攜杖行雪中，此幅殆自寫照也。爲題數語：畫水是山，畫山是水，高松橫崖，飛雪滿紙，烏巾紅裘，倚樓誰子？睨而視之，趙雪江氏。」王貽上題雪江倣摩詰羣峯飛雪圖：「寒色冥冥下巖壑，千峯萬峯雪初落，瀑布無聲溪澗凍，紅樹微茫數孤閣，閣中有客方緼袍，當杯氣與蒼山高，遙看飛鳥落何處，如聞落木鳴東皐；崖迴路斷少人跡，稍見老樵下巖隙，高低遠近一溪通，晦暝合沓千重隔，右丞昔日居藍田，山水落筆窮自然，雪岡漁市盡高妙，欒瀨歙湖紛眼前；此圖會入宣和譜，董、巨、荆、關焉足數！兵火相尋六百年，玉躞金題幾更主。雪江老筆妙入神，臨摹古本幾亂眞，縱教唐宋多能手，未必常逢如此人！」宋荔裳曰：「往歲丁丑，雪江訪先大夫於山園。時方秋也，夜坐溪上，命童子撲螢火數十餘，納紗巾中，遙望之，火齊明珠，飛光燭路，雪江行歌自若，其風格高邁類如此。」孫北海先生曰：「雪江作畫，或一日數幅，或數日不成一幅；或先詩而後畫，或先畫而後詩。余拈出題畫詩四十首梓之」。北海先生刻其四十首，余擇其三錄此後：「漠漠江天雪霽時，曙光雲影半參差，柴門初啓寒鴉噪，已有漁人理釣絲。」「又懸崖琪樹靜垂陰，流水何人解聽琴？獨坐石砰觀始作，晚風吹雨過前村。」「又布袍攜杖訪山家，宛轉層岡不厭賒，相見主人渾一笑，豆花棚下飯胡麻。」雪江子申，字坦公；孫建，字秋。俱以畫名。

宗開先

宗開先灝，晴雪小幅自題云：「晴雪滿竹，隔溪漁舟，如月之曙，如氣之秋。」落款處止題一灝字。王宗伯見之，誤以爲沈朗倩。題云：「倣吾家摩詰雪圖，朗倩自是老到。」北海夫子爭之曰：「此開先筆也，冷倩如對開先。」予笑曰：「此開先丁亥在高郵舟中爲予作也。幸老櫟猶在，不然又開後人幾許辯端矣。」王阮亭曰：「此是畫苑中一則佳話也！」

沈朗倩

沈朗倩顥，吳人。嘗遊白門，名噪甚，爲予作南北宗各二十幅，俱有妙境。每畫成，多自題於上，亦多韻語。性好徵逐，故不甚爲人所貴。每落筆必曰：吾家白石翁。晚遂自號石天，自擬在石田上。然歟？

謝仲美

謝仲美成，其尊甫彬臺，名道齡，本吳人，移家秦淮，與僕望衡而居。仲美從其尊人學畫，而加以秀潤，山水花鳥皆擅長，寫生尤逼肖，有頰上三毛之妙。先君作後一大像，無分毫似，欲以小像傳模於大幅，因告之仲美，某處肖；某不甚似。仲美曰：「我固從太公遊，可意而得也。」隔數日以所圖來，賤兄弟以及妻孥見之，無不伏地痛哭。仲美食貧，而爲人醇雅克孝，了非時流可及。仲美與予同庚，予自北同，値仲美生辰，與一詩：「依君父子秦淮住，同俯朱欄理釣竿，幾度鶯花吾輩老，百年虀薛酒杯寬，芳州禊罷拋書臥，絕塞人歸借畫看，但得烟雲常作供，不須努力已加餐。」予丙午季秋，返自雲門，仲美載酒醉我于偶遂堂。酒半謂予曰：「向索公一詩，久不與；今公歸矣，曷書一箑，出入我懷袖中？」予諾君。不十日，君還道山矣。傷哉！偶得一詩哭君，却書箑上，囑令子焚之靈几前，誌吾不敢死仲美也：「敢謂交生死，我歸爲哭君！秋花誰更看？破硯竟須焚。骨瘦千條雪，情閒一片雲，空憐昨日事，載酒意慇懃。」嗟夫！予乃至爲此等詩，以踐仲美約，豈不悲哉！

吳遠度

吳宏，字遠度，與予同家雲林白馬間。生長於秦淮，幼好繪事，自闢一徑，不肯寄人籬落。癸巳甲午間，渡黃河，遊雪苑，歸而筆墨一變，縱橫森秀，盡諸家之長，而運以己意。予目遠度曰：「推倒一世之智勇，開拓萬古之心胸，君殆畫中之陳同父歟？」范中立以其大度，得名曰寬；遠度亦名宏，遠度偉然丈夫，人與筆俱闊然有餘，無世人一毫瑣屑態。令范、吳論之，世未有不豁然大度，而能以筆墨妙天下者，宏與寬並傳矣，披此圖者，能不羅列下拜！予嘗贈之詩云：「幕外青霞自卷舒，依君只似住村墟，枯桐已碎猶爲客，妙畫通神獨示予，過雨閒拖花外杖，臨風對展柳陰書，深巵莫戀青溪好，白馬雲林舊有居。」

高蔚生

高蔚生岑，康生弟。康生有聲藝苑，豫章艾天傭，貢人倫鑒，言秣陵以古法行之制舉業者，高阜一人而已。阜，康生名也。岑與阜同有時譽，予與阜交最久，晚乃交岑。岑鬚髯如戟，望之如錦裘駿馬中人，然喜佞佛，早年卽厭棄舉子業，學爲詩，詩好中晚，恆多雋句。始從法門道昕遊伏臘寺，居茹蔬淡，雖年少，訥然靜默，鬚眉間無浮氣。幼時學同里朱翰之畫，晚乃以己意行之，册中諸幅，皆在南郊山寺，松影泉聲中所成，浮囂旣盡，肅肅引人入靜地，信夫筆墨一道，不當向十丈軟紅塵相購也。昕公筆墨妙天下，又收藏最富。予嘗在松風閣，見岑與公永夜靜談，商量位置，兩人舌本間，卽具一佳畫，蠕蠕欲見之素壁。岑每以舌本所得，急落于紙，然甫落紙，或半竟，兩人舌本觸觸相生，別多幽緒，迨成時，乃無初商一筆。以此鏤精刻骨，益入微妙。潘君之筆，樂君之舌，宜稱岑者，恆多昕公云。昕公吾友侍御陳澥江也。阜與岑皆至性過人，所居多薜蘿，閒綠冷翠中，兩高士在焉。奉孀母備極色養，往阜與岑送予至大江，予別以詩，有「晨昏蔬筍饌，兄弟薜蘿居」之句，可想其怡怡之致。阜畫水仙，爲魏考叔所歎絕，然方攻制舉業，不能畢力肆志也。

高雨吉

蔚生姪雨吉，名遇，康生子也。予愛其俊爽有逸氣，以從兄子恭女妻之。喜作畫，棄舉子業從事，即師其叔蔚生，而邁上之致，自不可掩。嘗爲予作落霞晚眺一册，光景直超然天半，正如青蓮妙句，出自天才，非郊島寒瘦可比也。吳門王石谷見而歎異之，謂此道後來之彥，能空羣輩者，當推雨吉。

樊會公

樊圻，字會公，江寧人。工山水花卉人物，莫不極其妙境。予庚寅北上，遇王孟津先生於旅次，閱所攜册子，孟津最賞會公小幅，時年六旬，燈下作蠅頭小楷，題其上云：洽公吾不知爲誰。此幅全摹趙松雪、趙大年，穆然恬靜，若厚德淳儒，敦龎渾凝，無忒無恌，燈下睇觀，覺小雷大雷，紫溪白岳一段，忽移于尺幅間矣！」又云：「是古人筆，不是時派。」時派即鍾譚詩也。小印模糊，誤視會公爲洽公，會公後即以洽公行，感知己也。兄沂，字浴沂，筆墨與會公有雙丁、二陸之名。居迴光寺畔，疎籬板屋，二老吮筆其中，蕭蕭如神仙中人。予贈之詩云：「兄弟東園戶自封，不教人世見全龍，疎燈夢穩長橋雨，破硯欹磨近寺鐘，白墮荒唐胸五岳，青來迢遞筆三峯，北山雲樹蕭條盡，老去朝朝拜廢松。」可以見其高致矣。

張損之

張損之修，其先吳門人，家秣陵。性狷介，自闢三徑于鷲峯寺側，籬落幽然，花竹靜好，偶然欲畫，伸紙爲數筆，倦則棄去，最不耐促逼也。工山水花草蟲鳥，更好繪藕花，人爭購之。君常獨坐鷲峯鐘樓，反扃其戶，不聞聲息，遐想雲外，蕭然吮筆，宜其落紙皆非凡近也。周鹿峯曰：「于清言工畫荷花，獨步一郡，宋寧宗時進荷花幛，其名益重。損之此幅，別有風味，反恐清言未必臻此。」損之畫春燈謎甚工，至今人多藏之者，重損之畫也。

胡石公

胡石公慥，秣陵人。石公善啖，腹便便，負大力拳勇，而最工寫菊。菊冷花，經石公手，洗盡鉛華，獨存冰雪，始稱眞冷；然筆墨外，備極香豔之致，此則非石公不能爲也。惜哉，未六十而沒！子清、濂，皆能畫。

葉榮木

人言榮木與人殊性，又不耐交。以予觀之，豈不信然哉！李贊皇不欲觀白傅詩，恐啓饞冋心也；予藏榮木畫，每不欲觀，然不能禁，每展玩，開口與攢眉交弁：蓋此老善結構，能就目前所見，一一運之紙，一經其筆，雖極無意物，亦有如許靈異，故往往引人勝地。

常爲予摘陶詩，作小幅滿百，用筆楚楚，覺陶公句倍增幽澹。余作百陶舫於閩署藏之，時攜以自怡。患難中爲張樵明攫去，頃從其公子海旭覓歸，頓還舊觀，兩眉欲舞。會稽姜武孫見之，謂得未曾有也。人傳榮木出姚簡叔之門，但師其意耳，實未執贄摳土也。相傳簡叔見榮木畫，如衞夫人見鍾太傅筆畫，有「此子必蔽我名」之歎，世人之傳，或簡叔一歎所致歟？榮木名欣，雲間人，流寓白門，無子女，貌類閹、媪，宜其性與人殊歟！

讀畫錄卷三終　　番禺　孟鴻光校

讀畫錄卷四

清　櫟下周亮工　減齋撰

馮幼將

馮肇杞幼將，越之會稽人。爲予總角交。少時間作山水人物花鳥，極奇秀，每出人意表。三十後遂棄去一切，惟寫梅竹蘭石，有求者輒應之，取適己意，初不計工拙也。幼將竹宗湖州、眉山派，知者絕少。嘗爲友人畫徑丈壁，盤礴揮毫，頃刻就，如身入茂林中，清風拂拂。又寫數枝於友人齋，燕雀見之，羣飛停宿，至墜地。友人捧長幅數丈，乞爲寫蘭，幼將潑墨甫就，香氣滿室，賓客以下，無勿聞者。知鄰女心痛，點睛破壁，精詣所至，有確乎不爽者，無足爲幼將異也。幼將性冲融，深理解，偶爲賞音標舉，觸引不窮，至衆賓雜坐，喧闐紛遝，默如也，意有不可，人不能奪以秋毫，而與物無忤，不見理遣情喻之跡。爲詩及詞曲雜文，有當世知名之士，不能望其階戺者，而往往爲其所掩，幼將亦不與之競，此豈當世之人哉！幼將書學南宮，通內經素問家言，醫藥多所奇驗，世皆不得而名之。多著述，詩予極賞之，以爲罕有。予與幼將，生同歲，干支只異一字，而予之躁妄、君之冲默，遂有仙凡隔，愧幼將者，豈止筆墨間事哉！詩如：「舟行雜句　千網集斜照，孤村合斷流，暖歸堤草綠，晴入水天紅，遠樹背山色，深雲半雨聲，白沙新鳥跡，青竹老漁竿。」「山店雜句野市爭春釀，新壚急暮春，香影花臨砌，寒聲竹到牀。」「贈友無邊作客意，不盡故人心，孤枕寒更入，殘燈細雨來。」俱佳句也。

楊玄草

楊玄草亭，維揚人，寄居秣陵。工山水，有品行，家固貧，又無子，晚益無所依，與瞽妻對坐荒池草閣中，晨夕禮佛號，雖晨炊數絕，嘯咏自若，不妄干人也。年七十餘，竟以貧死。

李雲谷

李雲谷根，侯官人。工詩，精篆籀之學。嘗註廣金石韻府，余爲梓之，以行於世。雲谷圖章逼秦漢，畫皆有遠致，佛像極靜穆之致，見之使人增道念。閉戶食貧，蕭然高咏，甚不可耐，則吮筆爲江上數峯，以自娛悅而已。

許子韶

許中翰子韶儀，無錫人。舅氏李采石者，工繪事，子韶一見，欣然窮其技，多軼出其上。工山水，而於花草蟲魚屬，尤極精致。范質公先生嘗言：「子韶畫花能香，鳥能聲。」米友石亦頗重之。余在閩，從許有介見子韶畫，抵雲門，晤堵芬木，托爲購之。君特遣使至雲門，頃復破關訪予于青溪，所得君畫，亦頗滿志。君好神仙家言，工篆籀，圖章稱能品，尤通醫，所著詩集甚夥。君一子，名日師，幼時失去。頃君在余齋中，忽傳通州使至，持一函，則公子手書也，云：單外欲有所成立，卒不就，今依通州某將軍幕。娶妻生一子，十四齡矣，先歸以代滋凊。兒神采頗奕奕，咸謂善人之報云。己酉冬，客死閩之劍津。

方爾張　凌又蕙

方維，字爾張，學畫於鄭千里，故其佛像山水，皆似千里，而稍加流動。凌又蕙晥，學畫於爾張，其佛像山水，亦似爾張，而有出藍之譽，其道乃大行於維揚。朱近修題爾張畫云：「辛丑秋日，遊廬山歸宗寺，幽澗鳴泉，高松浮翠，透迤深入，獨見一僧在道上行，翛然自得，意頗羨之。今觀此畫，還我舊遊，引人入勝地，何必身到此山中乎！」祁止祥題又蕙畫云：「空山鬱蒙茸，長松出林表，所以蔣山徑，無人亦自好。」莊濟菴題云：「性癖羞爲設色工，聊將枯木寫寒空，灑然落落成三徑，不斷菁青聚一叢；人意蕭條看欲雪，道心寂歷悟生風，低徊留得無邊在，又見歸鴉夕照中。」

姚若翼

姚若翼，字伯右，一字寒玉。爲人疎宕豪爽，大有晉賢風致。不多爲詩，而出語自雋。工畫梅，得法於秋澗先生及允吉公家傳，而以意變而化之，縱橫曲折，疎密大小，意匠經營，絕無重複。當其濡筆肆應，兔起鶻落，目之所見，手之所觸，謦欬舉止，無非梅者。嘗以所藏鍾山梅花瓣黏紙上，稍增榦枝，逸韻動人，鬚蕊俱存，色香不改，自以爲補繪事所未備，實則華光、元章諸公，慧想所未及也。予嘗爲瑤星跋其畫扇云：「余在閩送郭生去問北上，有『嶺上梅花開已遍，渡河始見一枝新』之句，蓋紀江南北花信之不同也。今歲在江南，一過靈谷，梅尙無信；渡河來絕無暗香疎影，惟從瑤星箑上，得見伯佑此枝。江南河北，一年花事，如是盡矣！伯佑取鍾山梅瓣，加枝榦其上，蓋幻枝榦作返魂香者，同人有『姚梅』之目，非謂伯佑以畫梅世其家，意謂庾嶺、玄墓、西溪、銅坈外，天壤間又有此種耳。兩君與予同家江上，同客靑齊。『折來歲晚，看去鄉思』，誦少陵詩，令人百端交集矣！」

葉君山

葉君山有年，華亭人。畫宗孫雪居。册中皆陳階六同年爲余索得者。今年八十餘，尙吮筆不倦。張友鴻曰：「君山爲雪居之首座，而又斟酌於文度、竹嶼之間，故出奇無窮，遂成作手。」

沈瀍夫

沈瀍夫樹玉，虎林人。善寫生，無近人嫵媚氣，兼工篆籀，在都門作寒梅一枝相贈，頗極幽韻。盆都孫道相先生題其上：「瀍向于京師，爲余作芙蓉枝竹，視此爲疎，蓋春葩欲豔，秋意欲疎；豔如靚妝好女，疎如野服高僧也。」

朱近修

朱近修一是，海寧人。以詩文雄視一世。作江上數峯圖，澹遠空闊，怡人心目，是李山顏寄余者。曹子顧曰：「余與近修，同硯席者二十年，自未見其畫。亂離之餘，遊戲爲之，便是神詣。」近修有爲可齋集，與古大家爭衡，頗有可傳者。丁未夏，過白門，與余論畫，語語當行。其集中諸小記，妙極形容，頗有繪畫不能盡者。顧菴又何疑焉！

陳原舒

陳舒，字原舒，一字道山。從松江之朱家閣，移居金陵，構小園於雨花臺下。吟詩作畫，怡然自得。所作花鳥草蟲在陳道復、徐靑藤之間，而設色深淺，更饒氣韻，南中人士，得其片紙，皆知珍重。原舒素豪邁不羈，嘗遊東牟，登蓬萊閣，憑欄觀海，獨舉數大白，旁若無人，索筆書「眇乎小矣」四字，一貴客稍以語侵之，原舒攘臂起，欲持投海中，座客驚駭，力勸而止。故來金陵，乃更謙飭。每風日晴好，捫腹縱步，或過市上，人留之飲亦飲，雖府吏屠沽，載酒往亦不拒，欣然便醉，醉輒高歌數調，曼聲遏雲，或請之歌則不歌，人莫能測也。凡畫必自題，信手疾書，不由思索，而皆有韻致。嘗爲予作數十冊，自題有云：「擔糞登春冒柳烟，城中別有賞花天，綺羅珍饌時時病，菜飯麻衣忙到年。」又云：「山秋人亦不能由，率性依秋弄釣舟，釣得魚來沽得酒，杖藜還上水邊樓。」錢湘靈和云：「人間何處不巢、由，纔遺樵青繫小舟，多少釣鰲海上客，月明辜負酒家樓。」

和子長

和子長發祥，河陰人，移籍祥符。能畫翎毛花卉，雖雪臺先生之孫，然其父玉炙，鄙俗狡獪，故子長聞見不廣，極其所至，歸於惡道而止。余冊中只存其鵪鶉。

江遙止

江遙止處士念祖，歙人，時家虎林。字畫皆極力摹古，然頗有自得之致。嘗作畫與予，自題云：「黃子久沒，北苑樹基，而老筆縱橫，饒有荆關遺意。今人以虞山片石畫子久，以荆關訣雲林老人，未爲得二家宗法。」卽此可知遙止自命矣。晚年隱金、衢間，閉門深山，罕與人接。范文白題遙止畫曰：「顧陸而下，倪黃而上，風流未墜，不特氣韻高，亦緣本領大耳。昔人欲以五百卷，益趙令穰畫心，便是此意。」

郭去問

郭去問鼎京，福清之綿亭人。著有綿亭詩集，余爲序而行之。君詩芊綿可愛，畫如之。冊中一頁，爲予作數千竿竹，藏一團瓢老居士，趺坐古先生前。方樓岡題其右曰：「懶瓚邪？拾得耶？人生何福，顧克至此？但恐櫟居士，未必能共此老，煨芊團瓢中耳。」山陰祁文載題一絕：「石邊流水響珊珊，翠滴蒼崖灑面寒，白雀館中文與可，墨林瀋掃五千竿。」去問精小楷，爲予於此冊前，寫楚辭全部，又一冊寫陶詩全部。紙皆高不踰尺，橫不過二尺許，筆筆倣歐率更，無少局促態，眞神技也。予付浚兒寶藏之。

郭無疆

郭無疆鞏，閩之莆田人，移家會城。無疆作畫，具有天質，山水翎毛皆工，尤以寫生名。爲余作小照，攜歸江南，見者皆匿笑不禁，咸曰：「得無疆，波臣可以死矣。」波臣，曾鯨也，亦莆人。閩臬長長治程公仲玉，以白予寃，同被逮，病死霞嶺。予北歸，寄語高生雲客，請無彊追寫程公。無彊援筆立就，望之如生。寄余曰：「程公義淩霄漢，且辱下交久，聲音笑貌，往來予目未已矣，故落筆輒得肖。」即此可覘無彊矣。余作拜玉菴祀之，別有紀。

盛伯含

盛丹，字伯含，茂開子。畫本家學，而蕭疎有林下風致。每過友人處，見几案潔淨，筆墨和適，輒取案上紙，隨意揮灑，不自矜愼，人更以此重之。嘗作秋山蕭寺圖，杜子濂題云：「爭見時人貌大癡，總然貌得止膚皮，何如竟向空山坐，笑岸秋風白接䍦。」宋玉叔題云：「空山多雨雪，獨立君始悟。」王龍標句也。不觀此畫，不知古人立言之妙。

盛林玉

伯含弟林玉琳，有美才，畫能自寫己意，極爲楊龍友諸君子所重，使天假之年，其造就正未可量，名方成而遽沒，惜哉！嘗以十幅贈予。張廚筏二嚴，題其空山冒雨圖云：「幽人空山，冒雨而出，尋花耶？訪友耶？大似黃子久筆意。」題二絕：「擬訪高人上翠峯，籃輿清興逐松風，子規喚醒英雄夢，白葛花開細雨中。」「又孤舟傍岸借烟霞，松裏藤蘿映月華，曉起不知風露冷，南村有客伴尋花。」董文友以寧題：「幽人冒雨出空山，且挈婦偕往，似非尋花訪友，如老衲所題也。因賦一絕：山雲風雨合幽棲，何似籃輿逐遠蹊，多恐姓名人漸識，移家更向白雲西。」毛大可甡題：「攜家出郭翦蒿萊，雲薄初看日影回，纔上筍輿山雨下，午橋莊上晚歸來。」

施雨咸

施雨咸霖，江寧人。予聞雨咸壯年，遊廣陵，是時方盛稱張圖南畫，心亦豔之，間倣其作人物。會圖南失其粉本一帙，圖南與其門人，咸疑雨咸，雨咸辯之力，終不釋，雨咸曰：「若以吾宗若筆墨耶？此不難辯；吾終身作畫，但有一筆近若者，粉本我竊矣。」此後雨咸但師元四家，遂臻勝境。馬瑤草、楊龍友作畫，但能小小結構耳，其大幅皆倩雨咸爲之，雨咸名遂高出衆家上，以視圖南，不啻鵾鵬之於斥鷃矣。人豈不貴自立哉！北海孫先生，精鑒賞者，題雨咸畫云：「近從舊內，得名畫以數百計，序世代而遞閱之，一至南宋，遂覺奄奄不振；至黃子久、沈啓南，此道始爲中興，無奈近趨嫵媚淺薄，又二十年，直令夏禹玉輩，笑人齒冷耳，安得如雨咸而與之論畫哉！」張瑤星曰：「雨咸畫山水，不屑屑景色，間有元人風度，近日畫家，惟雨咸可稱逸品云。」諸公精鑒賞者，其服膺雨咸如此，惜乎未六十而沒。

吳子遠

吳子遠期遠，丹徒人。與予交最晚。偶過雲門，匆匆同玉匙孝廉北上，燈下作二幅留贈予，居然一峯老人。近日作者紛出，當以子遠爲巨擘。自題其畫云：「覯子久富春圖，純用中鋒，如右軍作草書法，乃知世人所摹，盡隔數壁。乙巳初夏，漫爲臨此。」東武李渭清題：「夾岸青山翠欲流，深林蕭瑟晚風秋，桐江今古閒如此，不見嚴光見釣舟。」鄒訏士題其小幅：「縹緲營邱故弄姿，小橋野艇樹參差，孤帆影落千峯外，正是山紅澗碧時。」丁飛濤戲效宋人句題前幅：「丹楓遙映白蘋洲，影入溪橋萬樹秋，啼鳥數聲山葉下，晚風吹到讀書樓。」戊申秋在都門，寄予一册尤韶秀可寶。吾師孫北海夫子云：「以繪事遊都門者甚夥，若子遠者，尤英英自異。」己酉予罷官後，子遠來慰予，時時以筆墨相娛悅。歲暮遍邀白下諸公，爲大會，詞人高士，無不畢集，數十年未有之勝事也。予及門溫陵黃俞邰虞稷作長歌云：「今冬仲月風景和，晴烟暖日播庭柯，潤州吳郎來白下，開筵命客爭鳴珂。青溪烟水雖慘淡，六朝金粉寧銷磨，江東風雅盛文藻，揭來四座肩相摩，倪、黃墨妙天下寶，文、沈風流海內播，東村、十洲富粉本，白陽磬室能詩歌，今宵共集一堂上，酒香燭談何猗那。霜浦袁叟老爲客袁重其，高筵盛會時經過，自言此會良不易，舉觴屬筆煩陰何；黃生閉門少酬酢，頗知姓字識面訛；東橋孫子老耆舊顧與田，爲我指示何縷覼；談諧善謔姜綺季，十年不見鬢未皤，勾留風月興難已，點較詩篇情轉多；王生石谷來拂水，風華冉冉流春波，烟江疊嶂妙圖寫，梅村長句追東坡梅村集中有題石谷山水詩；元潤迂緩頭已白胡元潤，把酒不飲顏微酡，高懷落落肯偶俗，水邊林下閒漁蓑；徐熙花鳥昉士女，兩樊異代稱同科，美人生綃寫齋壁，至今想像顰青娥會公爲予寫籠鐙美人，絕妙一世；臨川竹史性豪邁吳遠度，方頤哆口談懸河，霜柯老筆姿披拂，吳綾東絹紛投梭；損之修潔頗自好，亭亭皎皎風中荷；鄒生結廬傍溪上，四壁淨綠懸藤蘿，松巒古寺認鍾阜，風枝露葉疑曲池鄒方魯張損之；點染之妙者誰是？夏生已老形婆娑夏茂林；竹君師授類王洽胡竹君爲石谷高足，中立好手如謝邁謝仲美化去，近推陳中立。；長年葉叟獨後至，葉榮木筆花韶秀同娙娥；主人前身本摩詰，詩禪畫聖書籠鵝，燕臺幾年聲價重，梁園一夕秀句娉，酒人豪士每徵逐，東歸昨日乘青驪。由來各擅一時妙，佳賓賢主美且都，金錢不惜罄沽酒，夜良月出起舞傞，金陵昔時饒盛事，承平人物如菁莪，美之富文聚圖史黃琳美之，有富文堂；姚公市隱來軒車姚瀞秋澗市隱園；唐寅、文璧座上客；髯仙、秋碧人中豪；後來茅、楊亦大雅，茅止生，楊龍友。詩壇畫社相矜誇；眞賞司農樓讀畫，金題玉躞森駢羅；我經登陟盡披閱，獨恨良會多齟齬，何期握手在今夕，城隅雅集無譴訶。獨嫌高髯臥齋榻（高蔚生時臥病），更有聖予棲巖阿（龔半千隱淸墅關），後來筆墨數奇傑，王郎俊少玉色瑳，重城相隔不時見（王安節），相思使我歌江沱。長篇爲子記韻事，當筵得句幾度哦。我友倪寬惜相失（閣公來不過而返），不令與我相切磋。還思西園雅集古來幾？合寫團扇留君家。」

馬瑤草

馬瑤草士英，貴陽人。罷鳳督後，僑寓白門。肆力爲畫，學董北苑，而能變以己意，頗有可觀。陸冰修曰：「瑤草書畫聲，不減文董。沒後僧收其骨焚之，得堅固子二十餘。洪景廬記蔡京胸有卍字骨，頗與此類。使瑤草以鳳督終，縱不及古人，何遽出某某下。功名富貴，有幸有不幸焉，可慨也已！」王貽上曰：「蔡京書與蘇黃抗行；瑤草胸中，乃亦有邱壑。」黃俞邰題一絕：「半閒堂下草離離，尙有遺蹤寄墨池，猶勝當年林甫輩，弄麞貽笑誤書時。」貽上又題：「秦淮往事已如斯，斷素流傳自阿誰？比似南朝諸狎客，何如江孔擘牋時。」瑤草爲後人揶揄若此。余謂瑤草尙足爲善，不幸爲懷寧累耳，士人詩文書畫，幸而流傳於世，置身小一不愼，後人逢著一紙，便指摘一番，反不如不知詩文書畫爲何物者，後人罕見其姓字，尙可逃過幾場痛詈也，豈不重可歎哉！瑤草名成後，人爭購其畫，不能遍應，多屬施雨咸爲之。

劉酒

劉酒，汴人。無名字，自呼曰酒，人稱曰劉酒云。畫人物有淸勁之致，酒後運筆，尤覺神來，人以爲張平山後一人，酒不屑也。凡作畫皆書一酒字款，其似行書者次，似篆籀者，其得意筆也。嘗爲上雒郡王作畫，王善之曰：「張平山後一人。」酒意嗔，急索畫曰：「尙未款。」乃捲入傍室，縱筆書百十大「酒」字於上下左右。王怒甚，裂其幅驅之出，酒固怡然。酒於醉睡之外，惟解畫，他一無所知。坡公云：予奉使西邸，見書此數句，愛而錄之云：「人間有漏仙，兀兀三杯醉，世上無眼禪，昏昏一枕睡，雖然沒交涉，其奈略相似，相似尙如此，何況眞箇是！」酒索予顏其草堂，予書曰「略似菴」；以坡公所錄前四句，去「醉」「睡」字爲聯。酒得之欣然意足也。酒與予交最久，無妻子。每謂予曰：「死以累君。」一日方持杯大飲，忽然脫去，開口而笑，杯猶在手。余感其宿昔之言，爲買棺殮之。

王子杓

王子杓國斐，山陰人，旅寓京師。食貧，畫人物甚工緻，然非數日不能竟一幅。人勸其苟且應酬，子杓曰：「寧貧耳，不欲以率筆敗吾名。」人有以多資求其畫者，竟歲始成，成則又質之子錢家，非後有以重資索其畫者，前畫弗得也。余里王君玉比部，愛子杓畫，館之署中經年，所得子杓畫最多，惜哉大梁壬午之變，俱沒黃流中矣！子杓卒以貧死，人始悔不早購其畫，競曰：「今欲以高資，從子錢家，數數贖子杓畫，何可得哉。」

蘇澤民

蘇澤民初名霖，更名遯，字遺民，華亭人。王勝時澐曰：「遺民爲人奇狷，善畫帝釋諸天像，得吳道子遺意。間寫山水成，輒毀棄之，人莫測其意。以窮困死，死後畫益貴重，在予鄉亦不易得也。」余蓋親見揚子雲者，今且從片紙中呼之出矣。

章言在

章言在谷，虎林人。蕭然食貧，閉門作畫，人恆重其品。子子鶴、子眞，皆以畫名。同時父子兄弟皆以畫名者，推秣陵盛氏。虎林之章，秣陵之盛，人恆並稱之。

讀畫錄卷四終　　番禺　孟鴻光校

附畫人姓氏

王煙客時敏　法黃石若眞　顧見山大申　嚴秋水繩孫　項孔彰聖謨

莊潛菴回生　蕭尺木雲從　惲含萬于邁　文□□從簡　顧來侯復

萬年少壽祺　黃北門綸　張君度宏　王元照鑑　林孔碩之蕃

杜山狂大成　凌約菴必正　惲正叔壽平　劉叔憲度　鄭子綱之紘

胡瑟菴貞開　張我幅幅　查二瞻士標　王安節槩　凌又蕙畹

鄭　倫　張友鴻一鵠　汪　宣　邵大持節　釋帨公古申

沈子居士充　釋梵林宏修　滕公遠芳　翁□□升　胡元靑士昆

趙　洞　鄭裥原淮　曹敦吉　邱□□嶧　釋昌曰

伊　麟晉菴　釋道開局　吳山濤岱觀　諸日如升　葉濇生榮

柳公韓墳　吳　峴　陳淸夫原　王元初　何聿修允宗

汪秋澗洸　李屺瞻念慈　釋參石紹遠　吳　賓　藍田叔瑛

王伏草著　程昭黃鵠　王東皐穉　陳山農治　吳嵩高振嶽

何大春延年　陸年遠灝　釋山雨惠員　陳中立卓　陳大申申

王嘉　鄭完德　夏茂林森　馮沚鑑提

庚戌之春，先大夫旣盡焚生平著作之書，見棄後，不孝浚等復收合梓之，維其中尚有未備，然太半皆追憶平日面訂者，未敢以意爲增減也。至讀畫錄一編，則先大夫所未付之丙丁，而巋然獨存者，憶先大夫嗜畫三十年，集海內名筆千百紙，裝成卷册，每出載以自隨。督糈江南，時乘一艇，按部錫峯、虎阜、廣陵、瀨水間，輒自展玩，所見佳山水，有彷彿圖畫中者，益復欣然自得。因憶某幅出某君筆，某君家世里第，及與所訂交，爲先大夫染翰之時之地，旁及韻言品藻，一軼事一雅謔，俯仰今昔，不去於懷，輒隨所觸會，筆之於篇，久之稍稍成帙，其間未及涉筆，尚十之六七焉。雖生平所極賞譽，時時暱就之者，亦或且置，姑俟之徐徐云。以其闕而未備，猝不成書，雜亂紙破硯中，故未燼之一炬耳。而浚等於手跡旣湮之後，從敝篋中，收拾遺編，乃獲登茲一帙，不禁悽愴泣下曰：思其飮食，思其嗜好，彼何人哉。聞之善事先者，桮棬小物，猶以手澤之存，而不忘愼守，矧先大夫性情所託者乎。於是舉而謀之梓。或曰：闕而未備矣，梓之，毋乃啓人遺憾乎？曰：古之高人畸士，姓名不傳於世，行事不著於時者，豈少也哉！傳其所及傳，而其所不及傳者，大略可想焉。則予先大夫之傳畫人也，安在不傳盡天下古今之眞畫人也耶。時康熙十二年，重午後十日，不孝男在浚記於梨莊廬舍。

書評

〔余紹宋書畫書錄解題〕浙江採集遺書總錄有此種，知當時已呈進，而四庫未見存錄，殆以其人黜之歟？是編據其子在浚跋，本爲未成之書，故於當時各家，尙多缺略。浙江採集遺書總錄解題云：「後附王時敏至王׳等姓氏一篇，皆未及列傳者。」今據海山仙館本無之，遂不知未及列傳者，尙有若干人。編中列傳者，自李日華至章谷凡七十七人，皆其生平所及交游者，而明季畫家，實亦大體具此傳中，專言繪事，兼及交情，讀之使人忘倦，而遺事軼聞，亦賴以不墜，洵畫史最好資料也。櫟園當時，隨所觸會，筆之於篇，初非有意爲畫人作傳，自不能以史例相繩，亦不能責其不備，茲故不入前兩目，而列於此。前有張遺、毛甡兩序，後有康熙其子十二年在浚跋。

作者事略

周亮工，字減齋，號櫟園，祥符人，崇禎庚辰進士。由濰縣令行取御史，清初授兩淮鹽運使，歷戶部右侍郎。好古史書畫，偶涉繪事，筆墨簡淡，殊覺清逸，著讀畫錄、印人傳、字觸、書影等書。（歷代畫史彙傳補編卷三）

讀畫錄校勘記 馮氏海山仙館叢書本用顧氏讀畫齋叢書本校

序——顧本毛序在前，潘本毛序在張序後。

張序「用以，寄其閒情」，以，顧本空作□，又「或記相交之因緣」，記，顧本空作□。

卷一

李君實——「一舟橫渡草纖纖」，顧本作纖纖，潘本作芊芊，從潘本。「篳波蠡蠡水涵星」，顧本作蠡蠡，潘本作蠶蠶，從潘本。

魏考叔——「皆爲人傳誦云」，顧本云空作□，依潘本作云字。

陳章侯——「予辛卯于役八，閩」，八，潘本作入，從顧本作八。

鄒衣白——「亦稱善本」，顧本稱字空作□，依潘本作稱；又顧本無末一句「其爲時流傾倒如此」，依潘本補。

祁止祥——「詩文塡，詞皆有致」，塡，顧本空格，依潘本補，又「以至奕錢蹴踘之戲」，奕，從潘本作擬。

卷二

釋無可——「優俳平話之技」，平，顧本作評，從潘本作平。

龔半千——「風月有無間」，顧本作「大月好風間」，從潘本。

卷三

許有介——顧本「棹棹軋軋明月低」，潘本棹棹作啞啞，從潘本。

張大風——「繪諸葛柴桑二像供其中」，潘本二誤作一，從顧本。

卷四

方爾張——「何必身去此山中乎」，去，潘本作到，從潘本。

吳子遠——「風枝露葉疑曲池」，按池疑爲阿之誤，與上「河梭荷蘿」並下「娑藹娥鵝」叶，並通篇皆屬歌戈韻也。「王郎俊少玉色傞」，按顧本與前「夜良月出起臺傞」，重韻，從潘本作瑳。

畫友錄

一卷　清　黃　鉞　撰

畫友錄目錄

畫友錄

當塗　黃鉞　左田著

乾隆乙卯歲，余綜同里諸君，暨國初諸老之善畫者，爲于湖畫友錄一卷。潦草付刻，存歿混淆，不足傳也。比年以來，獨學無友。追憶舊游，零落殆盡。而聞聲相思，未覿一面者，亦復忽就湮沒，良可悲矣！因即夙所見聞，重爲編次，題曰：畫友錄。雖其人不盡同時，不得概謂之友，蓋亦竊取子輿氏之意焉爾。

蕭雲從　字尺木，號無悶道人，晚又號鍾山老人，蕪湖人。父愼餘，明鄉飲大賓。雲從始生之夕，愼餘夢郭忠恕至其門，曰：「蕭氏將昌，吾當爲嗣。」長而博學能文，與弟雲倩有二陸之譽。中崇禎丙子壬午兩科副榜，入國朝不仕。著易存、杜律細若干卷，四庫全書載存目中。詩文集藏蕪湖沈氏，未刊行。工畫山水人物，具有北宋人遺法。太平三書圖、離騷圖，皆鏤板以傳。嘗於采石太白樓下四壁，畫泰山、華嶽、峨嵋、匡廬，一時題者甚衆，至今猶未剝蝕也。居城東，近夢日亭遺趾，築室種梅，號曰梅築。卒於康熙七年己酉，年七十八。乾隆三十八年甲午，四庫全書館進所畫離騷圖，高宗純皇帝命館臣爲補天問以下，蓋雲從所未圖也。又題其山水長卷詩云：

二

「四庫呈覽離騷圖，始識雲從其人也。」羣稱國初善畫人：二王鑑、原祁惲壽平黃鼎伯仲者。一

王、惲、黃手蹟多，石渠所藏屢吟把。蕭則石渠無一藏，侍臣因獻其所寫。蕭雲從，蕪湖人。國初時工畫山水。昨四庫館進其所著離騷圖，檢石渠所藏，向無雲從蹟。侍郎曹文埴因進所藏山水長卷，筆墨高簡潔淨，頗合古法。堪備寶笈之遺闕，事屬文房敦儒雅。展觀長卷四丈餘，觀之不厭意弗捨。崇山複嶺繞迴溪，古寺烟村接書社。士農工賈莫不具，飛潛動植乃咸若。運以神而法以古，麗弗傷豔富如寡。快哉名下果無虛，圖末識語嘉誠瀉。德壽曾賞晞古圖，蕭雲從自識云：「河陽李晞古，年近八十，多喜作長圖大障，至爲高宗所眷愛，爰題其卷曰：『李唐可比李思訓。』余草野中人，無緣獻納，雖衰老猶不肯多讓古人。於是極力經營，勉爲此卷，藏之以俟知我。」其言頗見誠懇。今百餘年後，卷入石渠，竟符其願。豈非翰墨有緣耶！自憐作此終田野。二句櫽括雲從自識語豈知一百餘年後，果入石渠珍弗假。是老人願近天從，翦燭長歌題筆灑。」仰見聖人愛惜人材，雖荒江野老，身後一藝之長，猶蒙甄錄，著之天章。雲從老骨，眞可不朽矣。較之方干諸人，追賜及第，其榮有清俗之別，雲從有知，當何如銜結耶！

按：雲從，藍瑛圖繪寶鑑，張庚畫徵錄，皆誤作當塗人。張又誤以太白樓畫壁爲五嶽，藍稱其畫不宋不元，自成其格；張稱其筆亦清快可喜。皆評騭未當。伏讀聖製二王、惲、黃伯仲者，羣喙可息矣。雲從卒後，東南鑒賞家多求其畫。時有王宏字于高者，取其畫僞爲之以牟利。今所見用筆枯澀，不甚皴染者宏作也。鑒者勿爲黎

邱鬼所惑可耳。

蕭雲倩　字小曼，雲從弟。崇禎丙子舉人。年少俊才，畫山水似其兄。雲從集有夢小曼詩序云：「辛巳七月晦夜，夢小曼弟述京師之別甚慘，號哭而覺。」似客死京師者，然不可考矣。

按：蕪湖縣志，雲倩爲己卯舉人。張萬選太平三書，作丙子三書，成於雲從之手，當以丙子爲是。又雲從集有寄含之弟詩注云：「壬午弟舉于北，余又副于南。」雲從父愼餘墓在蕪湖縣西嚴家山，碑刻子三人：雲從、雲律、雲倩。含之其雲律字耶？附識于此。

蕭一暘　字夢旭，雲從子。工畫，酷似其父。詩亦佳，其題畫云：「野菊花全謝，霜林葉半殘。茅堂人獨座，未作布袍寒。曳杖來何處？孤亭在翠微。一條黃葉路，帶得白雲歸。村雪已迷路，推窗對古梅。今年春信早，樹杪一枝開。」方兆曾稱其高尙絕俗，不墜阿翁無悶先生家法。信然。

蕭一芸　字閣友，一作有雲從猶子，工畫。郭石公畫紀，又有一薦、一萁，並一芸稱三蕭。薦字盥升，萁字位歆，皆善山水。

按：郭石公名礎，與程穆倩遂同輯畫紀一卷。郭亦知畫，自署爲横山。又雲從父墓碑，孫六人，有一薦、一萁，無一暘、一芸。今暘、芸見有其畫，其易名耶？抑葬後生耶？

方兆曾　字沂瀍，號省齋，先世歙人。少爲蕭尺木所稱賞。寓蕪湖，與湯巖夫燕生同居十七年。兆曾贈湯詩，有「曾同溪上三間屋，共讀牀頭數卷書」之句。工畫，嘗自題云：「幾時不作畫，握管如握棘。舒此尺餘繭，往往窮日力。」又云：「昔者方壺翁，筆墨有餘樂。至今三百年，後起殊落落。」亦可見其精能自負矣。所著有古今四略四卷，詩集三卷，在蕪湖蕭璟家，未刊行。

王　賢　善花卉；潘士球，字天玉，善山水；王履端，字元律，善人物，皆蕪湖人。見畫紀。

釋海濤　字洮瞿，善山水。畫紀未詳何處人。蕭尺木嘗贈以詩，有「硯添江水無多勺，瓢挂荒祠便是菴」之句。今江干有瓢菴，豈師挂錫地？抑因蕭詩而名耶？

按：畫紀所載蕭一薦、一萁，及王賢、僧海濤諸人，皆未見其畫。然名不可沒，故錄之如右。

孫據德 蕪湖人，善畫山水。少與其友某客揚州，友以事繫獄，據德謀脫其罪，無資，懸所畫于市賣之。數日不售，忿甚裂而焚之，有識者于烈熖中攫其一幅，委金而去，據德追還之。乃歸蕪湖，盡棄其產，得千金，卒出友于獄。遂焚筆硯，終身不復畫。聞據德與蕭尺木同時，百餘年來，父老無傳其事，畫家亦無有道其姓名者。程君士淦館于揚州前太平太守沈旣堂先生家，目見其畫，並某所撰據德傳。程亦能畫，言其筆墨，不讓蕭公。

按：蕪湖孫無著姓，畫徵錄所稱孫無逸者，休寧人而寓蕪湖，據德其族人耶？無逸之畫，亦僅有存者，而其姓名多能道之。若據德者，毀家紓友之難，類古豪傑所爲，而其姓名乃僅一見于零縑斷楮中，吾故不悲據德之畫不傳，悲據德之事不聞于鄉里也。然則世之如據德之所爲，而子孫不知，邑乘失載者，又何可勝道。據德特幸有此畫，俾後之覽者，卽畫而考其人，卽人而傳其事，不又愈于並此而無者耶。惜乎不能起攫畫者一詢其焚畫時也。

韓鑄 字冶人，休寧人，居蕪湖。善山水，名載畫徵錄而未詳。韓畫少師子久，筆頗蒼潔。晚忽任意潑墨，自謂學米，實未見其眞蹟，遂大謬耳。韓猶及交國初諸老，曾爲湯巖夫寫袁公聽琴圖甚工：湯游黃山，彈琴始信峯上，有髯而白衣者立乎前，諦視乃雪翁，雪翁者，山人謂猿公也，長嘯裂雲而去，故有是圖。所居有梅甚古，金壇王簃林題其居曰野老草堂。子之汶，字非隱，亦能畫。今治人畫之劣者，皆之汶作也。外孫吳華，字秋岳，工詩。惜孤貧以死，手稿散佚，僅記其「花外有人先鳥起，煙中聞語識牛耕」；「澹中秋水數行雁，明處夕陽無限山」之句，頗具畫意也。 六

楊　兟　字前民，號辮僧，六安州人。工書善畫，書學山谷，畫與梅瞿山相似。

李　亨　忘其字，無爲州人。畫山水有士氣，花鳥蟲魚，皆奕奕生動。子孝，能詩畫，亦克肖其父。

周翼聖　號橫山，歙人，居蕪湖。少拳勇，負氣節，嘗獨游泰山，遇盜行且及，周飛足仆之，墮於水，舍之投店。少休，聞扣門甚急，啓之則盜也，蓋店卽盜家，固不知周在。周念無可避，乃出勞之，盜喜，置酒，且請爲弟子。周酒酣備言所得，盜益喜，出黃金爲壽。周辭去，盜送之數十里，泣曰：「小人無賴，幸遇先生，不然死矣。自今請不敢爲盜。」周乃指陳大義以奬勵之，其豪俠有如此。工詩善畫。嘗爲先君作山水便面，鉞幼時不解，今追憶之，似是文待詔一派。年逾六十卒。無子，以仲弟子

廣毅爲之後。

周　棨　號幔亭，福建莆田人。流寓江寧，居淸涼山畔，博學好古。曾見其畫柳如是初見錢牧齋小像，上題以詞，但記其「虧他慷慨投繯日，何如初學，何如有學，但作詩翁」數句耳。又寫墨桃花贈邵友園。余時年十六，便效爲之，余之畫自墨桃花始也。

周　良　字心田，河南人。父琦，以墨龍名，載畫徵錄中。良亦能爲之，而雲氣濃鬱動盪遜其父。有出塞圖，寸人豆馬，神氣宛然。其他畫則閩派也，殊少士氣。寓蕪湖，以病卒。

施長春　字淡吟，小字曼郎，蕪湖諸生。小倉山房集有輓施曼郎詩：「蕪湖秀才施曼郎，有衞玠之稱。工詩愛潔，讀余春柳詩，屢寄聲道意，病不果來，死後其友秦澗泉索詩以弔：「江南才子淚如絲，來說瓊林損一枝。金谷未窺潘岳貌，秋墳已唱鮑家詩。梅花愛好春風去，黃卷無靈白骨知。惆悵山松歌薤露，不同歡笑只同悲。」著有淡吟詩草，善畫山水，早卒。其家亦僅有存者。

施道光　字杲亭，長春兄孫，乾隆戊子舉人。少孤貧力學，奉母至孝，視弟妹雖婚嫁如兒時。工詩，客中云：「荒涼江店一燈孤，抖擻征衫感故吾。爲有高堂臨別淚，幾回欲典又踟躕。」得故人蜀中書云：「故人蹤跡渺愁余，蜀道如天萬里餘。骨肉可憐今已盡，頻年猶有到家書。」「薪米艱難生事微，依人萬里計原非。憐君已作無家客，不忍將書更勸歸。」還家云：「北風吹雨雪，遊子返故土。入門四壁立，日中尙懸釜。可憐堂上人，白髮已如許。倉皇聞兒來，喜極轉悲楚。不說饑寒情，但勞風霜苦。長跪向高堂，欲說半吞吐。恐傷慈母心，低頭淚如雨。」皆性眞語也。有海桐書屋詩集若干卷。三十後始學畫，筆頗超脫，惜未竟所業，年逾四十卒。今所存戊戌登高合圖，數筆而已。

吳　鵬　字展雲，號南池，繁昌人，居蕪湖。年十九中乾隆庚辰武舉。長身白皙，弱不勝衣，雖舉于鄉，雅非所喜，蓋終身未嘗試兵部也。工詩，善畫梅，嘗夜作十數幅以自課，年未四十卒。詩畫散失，無有存在，惜哉！

王　宸　字蓬心，太倉州人。麓臺曾孫。乾隆庚辰舉人，辛巳內閣中書，歷官永州府知府。畫有家法，早歲客富陽董文恪公家，漸濡日久。故又參以東山先生筆意，堅蒼深厚，枯潤得宜，於倪黃兩家，不啻登其堂而嚌其胾矣。工詩，嘗用東坡煙江疊嶂圖韻，題余登高合圖卷子，今尙藏之。

張敔　字虎人，號雪鴻，桐城人，居江寧。乾隆壬午舉人，官湖北房山縣知縣，以異籍被劾。工詩善畫，山水、人物、花鳥、禽魚、竹石，以及墨鬼鍾馗，無所不能，到處人爭購之。晚歸秦淮，妓館歌樓，往往闌入。酒酣興到，恣意揮灑，尤爲精妙。

謝登儁　字才叔，號易堂，又號梅農，祁門人，居蕪湖。乾隆辛卯舉人，國子監助教，出爲宜昌府同知。從征白蓮教有軍功，遷黃州府知府。年甫六十卒于官，無子。登儁幼穎異，有神童之譽，長肆力于詩古文辭，爲儕輩所推服。所居與余僅隔一巷，每過余半巵閣，輒談至夜分乃去。先兄補之，于閣下聽之，謂人曰：「聽易堂與吾弟言，可成一說部，蓋問難外不及一世情語耳。」精鑒古，畫亦瀟灑出塵，坡公所謂用筆乃其天也。有退滋堂詩集，在今大學士曹儷笙先生處，欲梓行而未果也。

錢楷　字裴山，嘉興人。乾隆己酉會試第一人，殿試二甲，第一名進士，改庶吉士散館，以部屬用。歷官至安徽巡撫，卒于任。工隸書，畫有士氣。

顧王霖　字容堂，太倉州人。乾隆庚戌進士，改庶吉士散館，以部屬用。與余爲同年生，又同官戶部。喜作畫，筆墨閒雅。以憂歸，卒于家。

汪梅鼎　號浣雲，休寧人。乾隆癸丑進士，歷官浙江道監察御史。爲人淸尙絕俗，彈琴詠詩，自得其樂。畫筆疏曠，設色濃古，大類石濤。晚以愛子死，傷悼成疾，逾年卒于官。所居村名梅林，余曾一至其家，山水清遠，林木疏秀，具有畫意。宜其精神所到，氣韻天成也。

邵士燮 字友園，號范村，晚又號桑棗園丁，蕪湖諸生，余妻兄也。工詩，善分隸篆刻，尤嗜畫。嘗自寫荒江老屋圖以寄意，題者比之瓜疇居士。友園祖居休寧，書畫譜所載邵孜字思善者，九世祖也。故一門羣從，皆能濡毫吮墨云。

邵士鈐 字用耕，號東田，友園仲弟。少賈于和州，好談老莊，雖入理未深，亦娓娓可聽。久之棄賈游幕，習刑名之學，繼又棄之，仍歸于賈。自少便嗜畫，苦無津逮，晚乃專師麓臺，佳者甚沉著。

邵士鎧 字犀函，號鐵君，友園季弟。乾隆庚戌進士，官福建政和縣知縣，卒于任。畫不常作，嘗計偕入都，夜走茌平道中，因圖其荒寒蕭瑟之狀，見者如聽其騾車鈴鐸空籠也。

邵士昆 字劍門，號吾山，友園第五弟。性沉靜，寡言笑。工山水，嘗獨行林莽間，枯坐竟日，范中立所謂師造化者。詩不多作，佳者往往似山谷。

王詰　字摩也，號井東，吳之洞庭西山人。工畫山水，少師惲南田，晚漸泛濫宋元諸家，位置繁密，設色濃厚。然喜摹畫稿，用筆失之太潤，不如學南田爲得其韻趣也。嘗爲先兄寫古桑書屋圖，並題絕句：「枯盡年來詩酒腸，重搔白髮話更長。風流最是江南好，遙想名齋畫古桑。」客郎官、大別之間者且十年，後依永州太守王蓬心宸。乾隆戊申舟過蕪湖，已得風痺之疾，歸卒於家。

梁琦　字企韓，號景山，其先西域人，居江寧，再遷蕪湖。精醫，得接骨法。居吉祥寺旁，吉祥寺者，南唐來壽院，宋景祐中改今名。黃涪翁知太平州日，爲作禪院記，遂相傳涪翁曾讀書於此，梁居正當其地。喜作詩，卜築云：「脫跡元非隱，身閒卻勝忙。且酬詩畫債，懶入利名場。惜樹寧穿屋，留山不砌牆。生涯聊爾爾，省事卽仙方。」工畫山水，兼能寫眞，嘗自寫自求圖，一人乘竹兜子，一人背面長跪於前，皆肖己像，而背者尤酷似。

梁璠　字崑璧，景山弟。工花鳥，傅色鮮穠，膠粉得徐黃法。管松崖師爲中江山長，作梁璠草蟲歌贈之，名益增重。

尤蔭　字貢甫，號水村，儀徵人。嘗得東坡石銚，自繪爲圖，好事者爭題詠之。寫竹有文蘇法，濃古中挾風雨之勢，山水亦淸超可喜。數至蕪湖，爲余作古桑書屋圖，年逾八十卒。

奚岡　字鐵生，黟縣人，寓杭州西湖上。能詩工畫，筆墨秀潤，得雲林、子久之意。梁學士同書書名震海內，杭人至京師饋遺知交，必以鐵生畫儷學士書，其爲人所器重如此。

陳嵩　號肖生，如皋人。畫花卉，梅尤擅長，老榦縱橫，繁花萬朵，王元章不是過也。爲余寫梅花樹下僧廬圖，見者皆疑爲元人作。先時有揚州羅聘號兩峯者，畫梅有聲，其用筆圓轉處，似遜肖生，其他畫則肖生遠不及也。

王鎭衡　字位南，太倉州人。四庫全書館謄錄，議敍州同。客故固山貝子瑤華道人邸中。畫山水長幛巨幅，筆墨淋漓，能品也。道人素工畫，常倩其手酬應，故王之畫不多見。

袁慰祖　號竹室，吳人，未審其何縣。工詩，畫在倪黃之間，嘗自跋其小幅山水云：「畫固不可無法，若爲法囿，則乏天趣，縱復端正，不過習者流耳。要如作詩，李、杜、韓、蘇，乃爲大方家數。」余同年吳太守雲，嘗題其畫贈余，其略云：「竹室靜者流，天機澹無欲。彈琴復詠詩，畫法超凡俗。當其潑墨時，蟠胸山水綠。寸管噓青春，盎然生氣足。藝高數偏奇，己矣風吹燭。」其人之淸尙可見矣。

吳雲　號華陽道人，揚州人，客蕪湖。善畫墨花，有生氣，芍藥尤擅名。間亦作山水。

侯坤　初名有蕡，試輒不利，筮之，遇坤，遂易今名，字盤石，號竹愚，無爲州人。乾隆丁酉選拔貢生，官廣東鹽運司知事，卒於任。能詩，書學董香光，寫梅菊縱筆快意，亦草草有風致。

巴慰祖　字予藉，又字子安，號晉堂，又號蓮舫，歙人。少讀書，無所不好，亦無所不能。弆藏法書名畫，金石文字，鐘鼎尊彝甚夥。工篆隸摹印，時僞作古器，脫手如數百年物，雖精鑒者莫能辨。能畫山水花鳥皆工，然不耐皴染，成幅者絕少，人得其殘稿，猶珍重愛惜之。家豐於財，坐不治生產日益貧，晚出其書畫之副者，猶賣千金。好客，別業在城中古槐里。余爲紫陽山長時，時相過從。猶記同游黃山，登始信峯，令侍者吹洞簫，子安倚聲而歌，其樂可以忘死。別未一年，卒於揚州，年甫五十。子樹穀，字孟嘉，候選訓導。善篆隸書，精音律，惜亦早卒。

江玉　初名鈺，字秉甫，後更名玉，字子玉，號蒹浦，歙人。從余問業於紫陽，余來京師，秉甫讀書於問政山上，終年不入城市，所業益精。嘉慶庚申試京兆，中副車，以謄錄得官，選溧水教諭，不數年卒。工篆隸，畫花鳥，行筆淸拔，傅色濃古，於白陽、南田諸公外，別樹一幟。使天假之年，上追徐黃不遠也。惜哉！

馬儁 字千之，蕪湖人。奉母居陶塘上，卽宋張于湖歸去來堂遺址，蕪湖人呼爲鏡湖者是也，有花樹亭榭之勝。千之工設色花鳥，家雖貧，頗好客，侯竹愚、程靜江，皆先後寓其家。

胡志霖 號仙樵，蕪湖人。善圍棋，畫蘭竹。

金輝 字蘊之，吳之洞庭西山人。其弟鐸，山水花鳥，無所不工。與余同庚午生，今健如四五十歲人。蘊之未六十卒。平生有棋癖，嘗借騾運租，歸遇弈者，卽坐觀之。騾逸，齕人田禾殆盡，禾主人割騾耳索償禾，罵於門，蘊之聞而忘其事，轉訝其喧。至今鄉人傳以爲笑。畫折枝花甚娟秀。

黃禮 字以耕，余再從兄也。幼讀書，數行終日不能成誦，而於南北九宮諸調，千餘言一覽便能上口。多巧藝，平生於冠領之屬，未嘗市於肆。中年學畫，頗不得師。故其得力較難於諸藝，然其志不可沒，故附錄之。

黃甲　字伯子，當塗諸生，余嫡堂兄也。面麻，長不滿七尺，平生坦易無城府，人侮之，亦不怒。工詩賦，學齊梁，有閏七夕賦最佳。而屬思遲鈍，試輒不利。習兒醫，人以其易與，所業遂不顯，尋亦棄之。貧甚，過友朋家，雖談終日，而不言饑。年四十後，館穀差豐，乃漸及書畫。得董思翁眞蹟小册，日夕摹之，頗蒼潤有士氣。惜未竟所學，卒年四十八。

黃裳　字補之，號寒壁，余同懷兄也。初畫花鳥，嗣客武昌，與王井東詰、金葉山鐸、戚叔楷子模諸人遊，遂善山水。然囿於鄉曲，未見古人眞蹟筆墨，殊未能超脫也。年六十四卒。

蕪湖數十年前，士大夫頗尙風雅，四方挾藝來游者，輒爭館之。畫徵錄所載吳次謙與姚羽京，在某富翁家，合畫竹石屛幛事，是其證也。余幼卽好畫，凡親知家壁間所懸，及長老自他處攜歸者，必玩視再四。迄今追憶，或僅記姓名，而未詳里居；或但見尺幅，而未盡其技；或曾友其人，而彼時不解其畫之工拙。不忍其名姓不登於錄也，謹疏於後，以待識者鑒別焉。

黃仕　字隱侯，里居未詳。工畫花鳥。

陳杲　字明長，里居未詳。畫仙佛，善寫眞，爲先君寫乘槎、煉魔二圖，神氣畢肖。

孫景　字里未詳。畫墨竹。

薛球　字里未詳。畫墨梅。

閔貞　號正齋，有孝子之稱。畫仙佛人物，寫眞逼肖。

姚頌　忘其字，和州諸生。貧而有守，能詩善畫。

林簡生　忘其名，亦和州人。畫竹。

朱九齡　字曲江，和州人。畫花鳥。

林瓏　福建人。畫山水。

陳珠　字秀川，休寧人。畫青綠山水。

程理鵠　號樹亭，休寧人。畫山水。

戴沛　字雨膏，蕪湖人。畫山水。

劉塾、李默、李璣　畫人物；胡鑑、胡紹存、萬鏊、湯廷弼、張在鎬、王宏、程密、周炘畫山水。皆蕪湖人。

釋天曉　興國菴首座。能詩畫梅。

釋碧澄　號荻舟，吉祥寺僧。山水學漸江。

畫友錄終

書評

〔余紹宋書畫書錄解題〕是書據自序，原爲于湖畫友錄，專記于湖畫人。于湖者，當塗縣舊稱也。其後就所見聞，重加編次，以成斯編。所錄凡四十四人，蕪湖人乃居泰半，疑左田居蕪湖較久也。其中不盡爲同時人，自序謂取尙友之意。然既不以地爲限，又不盡屬交遊，而所錄僅此數，正不知其義例安在也。末附二十五人，皆僅記姓名而未詳其居者，謂不忍其姓名不登於錄，以待識者鑒別云。左田長於文詞，所記簡繁有法，間加按語，亦極精當。

朱竹君學士，督學皖江，任滿。余問所得人才，公手書姓名，分爲兩種：樸學數人，才華數人。次日卽率黃秀才名戉（古鉞字），字左君者來見，美少年也。其京邸夜歸云：「入城燈市散，有客正還家。新僕欲通姓，嬌兒不識爺。春光滿茅屋，喜氣上燈花。乍見翻無語，徘徊月正華。」七言如：「小艇自流初住雨，袷衣難受嫩晴風。」殊有風流自賞之意。隨園詩話卷十

當塗黃左田先生鉞，乾隆戊中舉人，庚戌進士。幼孤，寄生外家。補縣學生時，卽爲朱文正公石君所激賞，挈游京師。自是奔走衣食，殆無虛歲。通籍後，觀政戶部。未一年，告歸鄉里，主書院者十年。睿廟特召，乃出以戶部主事，擢贊善，入直南齋。十年之中，官至尙書。晚年乞病歸，人比之董華亭云。先生工書善畫，其生平進御畫幅，久邀睿賞，與富陽相國稱董、黃二家。內府所藏名跡，俱經其鑒定，允爲藝苑總持。士大夫好六法者，多執贄其門。先生嘗爲嘉善顧桐圃畫�庭柯圖，余於陸瑤圃齋中見之。圖仿石谷、南田兩家，意致淸逸，洵爲士夫高格，然猶是先生中年筆墨。晚年則專學麓臺，筆更蒼厚矣。墨香云：「每作叠嶂層巒，使人覽之不盡，深得其鄉蕭尺木遺韻。」並善花卉，尤

長畫梅。著有壹齋集，幷附畫友錄、畫品等書。子初民，拔貢生，亦善花卉。墨林今話卷七

黃左田尙書鉞畫法宗北苑、巨然。曾於友人齋中見之，嘆爲神品。琉璃廠肆每見尙書所作條幅，神氣重滯，皆贋作也。富陽相國董文恭公，畫法得東山尙書之家傳。侍直南書房軍機處，翰墨皆邀宸鑒。琉璃廠所有者，皆是贋品。溪山臥游錄卷三

黃鉞，號左田，蕪湖人。乾隆乙卯進士，今官戶部尙書。山水喜宗北苑，而爲余畫秋林曳杖一幅，又似倪、黃合作。先太安人九十壽誕，尙書爲作金萱圖，直是白陽山人矣。隨筆點染，變化莫測，皆成絕妙。所著有畫品二十四則，仿司空表聖例也。履園畫學

畫友錄校勘記

本書用蕪湖重刊壹齋集本並美術叢書互校

蕭一暘條「一條黃葉路，帶得白雲歸」。本集本黃葉誤作黃雲，按黃葉與白雲係對偶，此從美術叢書本改作葉。

施道光條「戊戌登高合圖」本集本戊誤作戍，此改正。

張敔條「以異籍被劾」本集本劾誤作刻，此從美術叢書本作劾。

履園畫學

一卷

清 錢 泳撰

履園畫學目錄

總論

畫中人：

陸鼎　馬罔千　金鵠泉　胡桂　僧主雲

僧鐵舟　僧懶庵

勾吳錢泳梅溪輯

總論

唐張彥遠名畫記云：「畫者，成教化，助人倫，窮神變，測幽微，與六籍同功，四時並運。發於天然，非由述作。」又曰：「象物必在於形似，形似須全其骨氣。骨氣形似，皆本於立意，而歸於用筆。」此千古不易之論也。故凡古人書畫，俱各寫其本來面目，方入神妙。

董思翁嘗言：「董源寫江南山，米元暉寫南齊山，李唐寫中州山，馬遠、夏珪寫錢塘山，趙吳興寫苕霅山，黃子久寫海虞山是也。」余謂畫美人者亦然。浙人像浙臉，蘇人像蘇粧，或各省畫人物者，亦總是家鄉面貌，雖用意臨寫，神彩不殊。蓋習見熟聞，易入筆端耳。猶之倪雲林是無錫人，所居祇陀里，無有高山大林，曠途絕巘之觀，惟平遠荒山，枯木竹石而已。故品格超絕，全以簡澹勝人。是卽所謂本來面目也。若說病討藥，限韻賦詩，死法矣，安能妙乎？

畫當以山水爲上，人物次之，花卉翎毛又次之。唐宋之法，以刻畫爲工，元明之法，以氣韻爲工。本朝惲南田，則又以姿媚爲工矣。然三者皆所難能也。

畫家有南北宗之分，工南派者，每輕北宗；工北派者，亦笑南宗。余以爲皆非也。無論南北，只要有筆有墨，便是名家。有筆而無墨，非法也；有墨而無筆，亦非法也。又有以國初王秋山、高其佩皆工於指頭畫，自此開端，遂徧天下，然賞鑒家所不取也。又有以指頭書者，又有以箸削尖作字者，謂之借箸書。余謂凡此之類，皆不可以爲訓。書畫二事，以筆寫尚難於工，况以指以箸耶？又如左手書，足寫書，或以口啣筆作書，俱不足爲奇，吾所不取。猶之以鼻吹笙笛，以足打十番，是皆求乞計耳，豈可謂絕技乎？

作僞書畫者，自古有之，如唐之程修己僞王右軍，宋之米元章僞褚河南，不過以此遊戲，未必以此射利也。國初蘇州專諸巷有欽姓者，父子兄弟俱善作僞書畫。近來所傳之宋元人，如宋徽宗、周文矩、李公麟、郭忠恕、董元、李成、郭熙、徐崇嗣、趙令穰、范寬、燕文貴、趙伯駒、趙孟堅、馬和之、蘇漢臣、劉松年、馬遠、夏珪、趙孟頫、錢選、蘇大年、王冕、高克恭、黃公望、王蒙、倪瓚、吳鎭諸家，小條短幅，巨册長卷，大半皆出其手。世謂之「欽家款」。余少時尙見一欽姓者，在虎邱賣書畫，貧苦異常，此其苗裔也。從此遂開風氣，作僞日多，就余所見，若沈氏雙生子老宏、老啓，吳廷立、鄭老會之流，有眞蹟一經其眼，數日後必有一幅，字則雙鈎廓塡，畫則模仿酷肖，雖專門書畫者，一時難能。以此獲鉅利而愚弄人，不三十年，人既絕沒，家資蕩盡。至今子孫不知流落何處，可嘆也！尙書曰：「作德心逸日休，作僞心勞日拙。」此之謂歟！

余生平遊歷不過六七省，見有一才一藝者，無不默識其人，而於書畫一道，尤爲留心。工書者固多，工畫者亦復不少。嘗與友人論及書畫兩事，較時文似易而實難，時文易於中式，書畫難於入彀。試看中舉人進士者，通天下計之，三年內必有一千餘人；工書工畫者，通天下計之，三年內數不出一兩人也。因就平生所見工書者，彙而記之，各爲小傳云。

畫中人

錢載　號籜石，秀水人。乾隆壬申進士，官至禮部侍郎。能詩，工寫生，不甚設色，蘭竹尤妙，書卷之氣溢於紙墨間，直在前明陳道復之上，余少時尙見之。

王元勳　字湘洲，山陰人。少未讀書，而喜於畫，人物尤其所長。嘗爲余臨宋本先武肅王像，出筆如篆，自在遊行，恐吳道子亦不能過之也。年八十餘卒。

王三錫　字懷邦，自號竹嶺，太倉人。王日初弟子也。山水宗大癡，而加之以秀潤，當時與張墨岑齊名。遊歷名山幾遍，天下得其片紙，如獲球璧。余與竹嶺爲忘年交，有膝上鳴秋圖，其所繪也。年八十餘，尙喜遨遊山水。

王宸，號蓬心，爲麓臺司農曾孫。以舉人官內閣中書，出知湖南永州府知府。畫宗家法，多用渴筆，蒼勁中有氣韻，爲海內所稱。太守在京時，有小僕陳桂者，窮甚，夜惟一被，而桂甚孝，嘗以被覆母，而已則和衣以睡。太守憐之，爲作山水小幅，上題云：「刮毛龜背不成氈，破被將來老母眠。戲語山僮休悵望，爲伊十指換青錢。」後題云：「此畫懸之市肆，當有好事者以布衾易之也。」其風趣如此。畢秋帆先生云：「太原子弟，俱能動筆作畫，太守其尤著者也。」

羅聘，號兩峯，江都人。嘗受業於金冬心先生，山水人物俱工，頗有逸趣。其畫梅宗華光長老，喜畫鬼，有鬼趣圖，當代王公大人，騷人墨客，題詩幾遍。余初至京師識其人，往來最密，其妻方白蓮，子允紹、允纘，俱傳其學。

徐堅，字孝先，號友竹，又字�園，吳縣光福人。少貧苦而好學，凡詩文書畫摹印，皆能自闢門徑，追蹤古人。嘗臨董北苑夏山煙靄，江貫道秋山雨霽諸卷，海內名公鉅卿，俱有題贈。余十餘歲時卽識之。年八十八而卒。

余集，號秋室，仁和人。乾隆丙戌進士，官至翰林侍讀學士。工書而喜畫，人物宗陳老蓮，畫美人尤妙，京師人稱之曰「余美人」。年八十餘尙能作蠅頭小楷。

陸燦　號星三，長洲人。工人物花卉，長於寫眞。乾隆庚子，奉旨召寫御容。其弟子尤伯宣，亦吳中傳眞妙手也。

姚仔　號笠山，爲鄒小山宗伯書畫弟子，工於人物。乾隆三十二年，高宗南巡，嘗獻畫册，賞荷包等物。至今錫山工人物者，猶傳其派。

張敔　號雪鴻，江寧人。中山東商籍舉人，任湖北竹山知縣，以冒籍事去官，遂徧游海內。工於寫生，可以突過陳白陽，能左右手書，畫尤奇，雙歌推絳樹二牘有黃華眞，近時罕見者。年七十餘卒。

陶鼎　號笠亭，江都人。工山水花卉，臨模宋元明各家略備，惟少書卷氣。余初至邗上識之。又有虞蟾字步靑者，亦工山水，其學相似。

華冠　號吉崖，無錫人。傳眞妙手，山水樹石亦工。嘗爲質府賓客，官四川司馬，仁宗在潛邸識其人，召寫御容，賞賚甚厚。

史鳴鶴　字松喬，江都人。畫梅宗王元章一派，千枝萬蕊，著手成春，大小幅俱臻絕妙。與山陰童二如截然兩途，童以蒼老勝，史以韻致勝，亦各人出筆也。余嘗有詩贈之云：「仲縑寫得一枝春，玉立冰姿越有神。酒醒夢回明月夜，欲呼『小宋』是前身。」

宋器之有梅花喜神譜，自稱曰『小宋』。」嘗介余刻梅譜一卷，旋爲祖龍取去。

張賜寧 號桂巖，直隸滄洲人。爲南通州判官。山水宗石田翁，或似文待詔粗豪之筆，花卉人物，雖不甚工，而落筆有奇氣。乾隆壬子歲余入都，見憫忠寺方丈畫濟顚一幅，頗得吳道子法，因識其人，遂成莫逆。其子百祿，傳父學，亦官江南，稍勝乃翁矣。

莘開 號芹圃，烏程人。與同邑陸梅圃學畫於沈芥舟，山水人物花卉俱妙。芹圃沒後，其夫人徐氏，號湘生，亦能畫。尤善傳眞。然僅畫婦人。至今猶在，年近八十矣。

陸楷 號梅圃，其學與芹圃略相似。與余同館吳門春暉堂陸氏者三年。後梅圃無所遇，坎坷以終。

秦儀 號梧園，無錫人。工山水，宗趙大年，入王石谷一派。畫楊柳尤工，人稱曰「秦楊柳」。

黃震 號竹廬，鎭洋人。山水宗太原，尤工人物。畫古聖賢像，翎毛花卉，亦其所長。與余同寓畢秋帆尙書家。

金鐸 字亦山，本太湖廳人，流寓于蕪湖者四十餘年。山水在石田、衡山之間，亦工花卉。

方　薰　號蘭坻，石門人。能詩，工山水，淹潤如南田翁。又工花卉，近白陽山人，與奚鐵生齊名。寓桐鄉金比部德輿家最久，余嘗訪之，爲余作「前舟網網張空水，後有簑翁獨坐看」詩意。

奚　岡　號鐵生，錢塘人。工山水，筆墨蒼秀，得思翁、南田兩家法。老年入李檀園一派，爲浙中畫家巨擘。近日杭人言書法者，必宗山舟；言畫學者，必宗鐵生，此亦一時好尙。鐵生嘗爲余作養竹山房圖，又似雲林生，蓋其天分極高，無一點塵俗也。

王學浩　號椒畦，崑山人，乾隆丙午舉人。工山水，亂頭粗服，殊有理趣，晚年入沈石田之室。近吳中畫學，咸推椒畦爲第一云。

朱　本　號素人，江都人。工山水，筆端頗橫，不受羈束。北遊京師，與陽湖朱昂之靑笠，泰州朱鶴年野雲齊名，號爲三朱。

黃　易　號小松，錢塘人。松石先生子。官山東濟寧運河同知。工漢隸書，尤邃于金石文字。偶畫山水，入李檀園、查梅壑一派，可稱逸品。

周　左　號漁石，鄞縣人。工人物，爲余臨上官周鹿門偕隱圖，見者無不稱賞。

汪炳文　號星庵，江寧人。工山水人物，秀韻莫比。中舉人後，會試十試不第，余在京師識之，官桃源教諭。

宋葆醇　號芝山，山西安邑人。舉人。不甚畫山水，畫則必宗北宋，精于賞鑒。流寓揚州，爲廣陵書院山長，沒時年近八十矣。

周瓚　號采巖，吳縣橫塘人。工山水人物，細逾毛髮，用唐宋人法，識者謂自仇十洲後無此種筆墨矣。阮雲臺宮保爲浙江巡撫時，常在幕府，然吳門士大夫鮮有知其人者。

古煌　號鏡水，鄞縣人。工人物界劃，妙絕一世，今之仇實父也。嘗贈余試茶圖一幅，見者莫不歎賞。

張應均　號東畬，長洲人。以明經官四川知縣。山水宗北苑，嘗爲富陽相國代筆，與董耕雲椿同在相府，後來者爲太倉李大令祥鳳也。

馬履泰　號秋藥，錢塘人。乾隆丁未進士，官至太常寺卿。能詩工畫，筆下頗有奇氣，近金壽門。

胡鏜　號蘭川，江寧人。乾隆丁酉舉人，官雲南澂江府知府。工山水，書法亦精，篆隸正草，各體俱備。

孫銓　號少迂，崑山舉人，以南匯教諭保舉，官山東惠民知縣。工于山水，蒼秀有法，書宗趙董。爲諸王記室最久。

李榮　號散木，錢塘人。少未讀書，好學不厭，能詩工書，尤愛六法，俱臻妙境。山水初宗石谷，後入思翁、南田一派，又工蘭竹花卉。嘗爲諸幕府書記，有名公卿間，歿于粤東，可惜也！

張莘　號秋穀，工山水花卉，能詩，與余同寓虎邱。秋穀嘗作畫百幅，乘海舶散布海東諸國，夷人有得之者，珍爲至寶，亦以海物爲潤筆。余贈其楹帖云：「筆底煙花傳海國，袖中詩句落吳船。」

吳文澂　號南薌，歙縣人，流寓山左。能詩，尤工書畫，凡篆隸眞草，山水人物，花卉翎毛，以及刻碑模印諸事，莫不通而習之。嘉慶十八年，以布衣詣闕上書，奉旨回籍，不加罪也。晚年嘗寓吳門，行醫自食，可稱奇士。

潘恭壽　字愼夫，自號蓮巢，丹徒人。山水人物，花卉翎毛，無所不工。又能模印。嘗時與王夢樓太守常到吳門，人有得其片紙者，如獲至寶。余嘗乞其畫佛像一幅，絕似丁南羽，近時鮮有其比。

錢琦 字鹿泉，其先本山陰籍，遊幕蜀中，遂爲成都人。自號梅花和尙，不削髮，不披緇，狀貌雄傑，修髯過腹。爲人豁達不羈，而豪于飲，喜吟咏，善顚草，畫梅尤入妙品。醉後落筆，逸趣橫生，自謂醒時不及也。嘗愛虎邱之勝，築生壙于後山，左右俱植梅花，自題其墓柱曰：「槐夢醒時成大覺，梅花香裏證無生。」以嘉慶戊寅年卒于吳門，其故人周勗齋太守葬之，成其志也。

侯雲松 號靑甫，江寧舉人。工花卉，淹雅可愛，書法亦精。嘗畫松竹圖壽余六十，較張雪鴻大令，別出機杼。

汪梅鼎 號澣雲，休寧人，中乾隆癸丑進士。山水花卉，皆臻絕妙。其出筆之雅，似不食人間煙火者，咸謂之南田後身。嘗與王鐵夫同寓揚州廣儲門之樗園，余過訪之，相得甚歡。

錢楷 號裴山，嘉興人。中乾隆己酉會試第一，入翰林，官至安徽巡撫。巍科碩望，政事明能，爲海內稱重，而不知其詩之精，畫之妙也。余嘗得中丞山水小幅，其法在思翁、煙客之間，上題小詩云：「萬壑千巖夢乍回，還教弱翰寫蒼苔。莫嫌下筆多凝滯，瘴海寒雲撥不開。」此幀蓋在粵西提督學政時所作也。

錢維喬　號竹初，陽湖舉人，稼軒司寇之弟，官鄞縣知縣。山水用家法，稍遜于司寇。嘗爲余作寫經樓圖，氣韻頗似元人。

黃鉞　號左田，蕪湖人。乾隆乙卯進士，今官戶部尚書。山水喜宗北苑，而爲余畫秋林曳杖一幅，又似倪黃合作。先太安人九十壽誕，尚書爲作金萱圖，直是白陽山人矣。隨筆點染，變化莫測，皆成絕妙。所著有畫品二十四則，仿司空表聖例也。其弟子王子卿太守澤，中嘉慶辛酉進士。亦工山水，嘗畫梅花溪上圖爲贈，知其學有淵源。

萬承紀　號廉山，江西南昌人。以明經補授江蘇知縣，三仕三已，擢海防司馬。山水宗吳仲圭，亦工蘭竹，篆書尤其所長。在江南二十年，名聲籍甚。

裘世璘　號守齋，儀徵人。以貲爲郎，歷任浙江知縣，捐陞道員，署江西驛鹽道。能詩，工花卉，宗虞山蔣相國一派。

程壽齡　號漱泉，甘泉人。中嘉慶壬戌進士，入翰林，擢右春坊庶子。工篆隸眞草，山水人物，花卉白描俱備。爲人孤峭，寡言語，不輕與人交接，而聰明絕世。至于詞曲及笙笛簫管之屬，咸能通習。與同邑諸生王古靈應祥齊名。

姚元之　字伯昂，桐城人。中嘉慶乙丑進士，授翰林編修，陞侍講。工于花果翎毛，落筆蒼秀如石田翁，亦畫山水，近華秋岳，寥寥數筆，精妙入神。

改琦　號七薌，其祖本北直隸人。官松江遊擊，遂占籍華亭。工山水人物，有聲蘇松間。小楷亦精，天然豐秀。

王霖　號春波，江寧人，官福建鹽場大使。工山水人物，爲余作「只恨年年壓金線，爲他人作嫁衣裳」詩意一幅，殊妙。

盛惇大　號甫山，陽湖人，官內閣侍讀。工山水，近黃大癡。

屠倬　字琴隖，錢塘人。嘉慶丁卯進士，入翰林，出知儀徵縣，有政聲。工書，山水宗北苑，而喜用側筆，又近雲林。

顧洛　號西梅，錢塘人。工花卉人物，而尤以美人得名。筆下有書卷氣，嘗見其爲阮雲臺宮保畫花影吹笙圖，又有曉粧圖扇頭，俱妙絕一時，恐六如十洲無此韻致。

徐鉽　號西澗，錢塘人。諸生，能詩，工山水，嘗乞奚鐵生指授，中年頗近大癡。

陳鴻壽　號曼生，錢塘人。以選拔得縣令，官至海防司馬，引疾歸。花卉宗王酉室，山水近李檀園。嘗官宜興，用時大彬法，自製砂壺百枚，各題銘款，人稱之曰「曼壺」。于是競相效法，幾徧海內。余謂曼生詩文書畫印章，無所不精，不意竟傳于「曼壺」，亦奇事也。

丁以誠　號義門，丹陽人。工于傳眞，中年補山水花卉，皆成絕妙。

陸　鼎　號鐵簫，吳縣人。工山水人物。兩耳俱聾，終身不娶，以筆墨自給，若有所甚適焉者。嘗有句云：「買山無計憑人笑，却寫青山賣與人。」爲一時傳誦。

馬岡千　陝西乾州人。能傳眞，工于界劃，適畢秋帆先生爲陝西巡撫，撰刻關中勝蹟圖志，延岡千入署繪圖，時董耕雲、黃竹廬諸君皆在幕府，爲指示之。又命臨模宋元明各家，畫學自此大進，爲畢公作行樂圖二十四幅，無不稱賞焉。

金鶴泉　吳縣香雪海人。少爲木工，喜于畫。嘗寓吳門繆松心進士家，松心精于賞鑒，家藏李營丘江南半幅，及諸元明人畫極多，皆命臨摹，咄咄逼人，亦奇士也。

胡　桂　號月香，吳人。少時爲梨園子弟，在景山最久，而工于山水，酷似南田。高宗愛其筆墨，嘗召入內府，呼之曰「桂花」。嘉慶四年三月，仍命供奉內廷，年已五十餘矣。凡內府所有賞賜諸王公貴人畫扇，皆其筆也。余于戊午冬入京，識其人謹飭謙雅，澹于榮祿，外人鮮有知者。其子九思，號默軒，亦工畫山水，無有乃翁之秀色矣。

僧主雲　吳興人。爲西湖淨慈方丈。工山水，能書，俱宗華亭尙書，今之巨然也。余每至湖上，主雲必攀留坐談，終日不倦，年七十餘，尙能作書畫。

僧鐵舟　湖北武昌人。工蘭竹，能詩，天姿清妙，有名江淮間。畫當勝于鄭板橋，亦貫休、齊己一流人也。歿葬虎邱後山，余爲題其墓。

僧懶庵　俗姓沈，長洲人。爲畫禪寺方丈。工山水，能詩，今退院住善慶菴，築精舍數間，種竹澆花，有蕭然自得之致。

履園畫學終

作者事略

金匱錢梅溪泳，遷吾邑之翁莊。工於八法，尤精隸古，晚歲以八分寫十三經。擬復鴻都舊觀，工力甚鉅，刻石未半而止。平生所摹唐碑，及秦漢金石斷簡，不下數十百種，俱已行世。餘事作詩，兼工畫法，所寫水村小景，疎古澹遠，非丹青家可及。墨林今話卷九

錫山錢秀才泳，字立羣，居梅里。丙午臘月七日，張止原居士招遊靈巖，與秀才兩宿舟中，談古文金石之學，極淵博。遊西湖云：「十年不識錢唐路，今到翻疑是夢中。巒翠難分南北寺，舟輕易颺往來風。數灣碧水通仙宅，一帶蒼煙沒宋宮。何處吾家表忠觀，幾回搔首問漁翁。」「躍馬登山松四圍，梵王宮殿鬱崔巍。老僧迎客來幽徑，少女焚香上翠微。鷲嶺樓高滄海闊，冷泉水急濕雲飛。何當端坐三生石，說破遊人去路非。」隨園詩話卷十四

履園畫學校勘記

本書用履園叢話本與美術叢書本互校

一頁　總論「與書籍同功」同字誤作六，此依名畫記改同字。

七頁　王學浩號蕉畦，按各本均作椒，此改椒。

谿山臥游錄 四卷

清 盛大士撰

序

伸紙一幅，其猶古者太素之象乎。倏焉而層巒疊嶂，平疇綠野，喬柯千章，歧路四達，村郭橋梁，漁莊蟹舍，樵牧之逕，仙隱之廬，呀者，歊者，岐者，繚以曲窈而深者，尺幅繪千里之景，寸楮作尋丈之勢。古人所謂宗師造化，收萬物於筆端，掃萬趣於指下者，畫之爲義大矣哉。學者以畫求畫，則刻劃之跡重；不以畫求畫，則筆墨之道乖。非傷於巧，卽失之俗；不鄰於滯，或失之野。終其身於畫中，而卒莫知其所由來，此俗工之所以不足與言畫也。善畫者能與古人合，復能與古人離，會而通之。春秋冬夏，皆畫景也；晦明風雨，皆畫意也；煙斜霧橫，皆畫態也；名山佳水，皆畫本也。抑且謝華啓秀，通之於詩文；篆籀分隸，通之於書法；實處皆空，空處皆實，通之於禪理；而又讀萬卷，走萬里，宕軼其氣，縱橫其才，擴充其見聞，寬博其意趣，然後煙雲邱壑，坌湧而出，就其性情品概，師承家法，各於近者而有得焉。得其工者至能品，得其化者至神品，得其超者至逸品。後之人往往贗前人作，其畫可贗，其至處不可贗也。吾友婁東盛君子履，邃於學，工於詩，好山水遠遊，並通之於畫。其揉皴運筆如百鍊鋼，揮灑一氣，不規模古人，而獨具古人之神髓。年來秉鐸山陽，其地濱淮負海，有水無山，彌望葭菼，閒以髧柳，勝情勝具，無可適者，一氈蕭然，日以詩畫自娛。曾慕宗少文澄懷觀道，乃著谿山臥遊錄，裒輯曩聞，參以己意並時賢議論，與素所識善畫者悉載焉，而以余名殿其後，且屬作序言。余雖好之而不足以知之，即知之而不足以及之，今以余所知者，質之於子履。其言或與是書相發明，固不妨並存；抑其理通於是書之外，亦可備一說。或其識見未逮，而子履有以進之，余更轉益多師，故不敢以不文辭，是爲序。道光二年歲在壬午十月，陽湖惲秉怡。

序

余不解作畫而性喜讀畫，憶昔侍先慈，偕潔士舅氏品評畫家，舅氏謂：「國初以婁東三王爲最，其能傳衣鉢繼美宗風者，近惟盛廣文子履而已。」余心焉誌之，而未識先生之面與先生之畫也。比及癸未，奉檄新安，路經淮浦，過舅氏寓齋，得見先生之畫，蒼秀渾成，蓋純以氣韻勝者。越十年癸巳，持節南河，始得見先生之面，吐屬風雅，神志超曠，其視富貴功名，眞如浮雲過眼，故能寄情六法，與山水結世外緣也。今春出是編見示，余受而讀之，知先生亦習聞先慈名，深以不獲見筆墨爲恨，因出家藏畫册奉質，並贅數語，以誌景仰。道光乙未花朝前三日，長白麟慶題於水木淸華之館。

題跋

觸熱作襬襶子，不如谿山之在几案間也；逃暑爲河朔飲，不如臥游之訂翰墨緣也。朗抱若月，淸思湧泉，結構邱壑，吐吸雲烟，若子履者，其詩仙耶？其畫禪耶？其磅礴萬有，博綜諸家而神明於宋元者耶？僕非子美，君是鄭虔，能無對淸尊而賞玩，而贈君以簷花細雨之篇。嘉慶戊寅長夏，同里汪彥博題於宣南寓舍。

子履先生，襟抱冲和，天機淸妙，夙世詞客，旣下筆如有神；前身畫師，更超心而鍊冶。所撰谿山臥游錄，藝林祕笈，畫苑通津。窮殊相於雲煙，中經三折；覽名流於湖海，旁貫百家。洵足開萬古之心胸，總六法之關鍵。言皆有物，盡度金針，傳之其人，共欽鴻寶。嘉慶己卯閏月朔日，借讀於都門虎坊橋旅次，敬題數語還之。粵嶽山人黃培芳。

嘉慶己卯初夏，病起，訪子履於古籐書屋，出臥游錄見示。余愧未諳畫理，不能强作解事，然觀其辨別流派，上訴眞宰，雲思霞想，望之如神仙中人，眞足樹畫苑之先聲，增藝林之聲價者矣。時子履將束裝南歸，離緒黯然，率題數語，異日續有增補，當不吝郵筒之惠寄也。吳縣吳慈鶴。

十數年來朋舊凋謝，其存者亦蹤跡闊疏，惟子履會合淮浦，往來談藝，富有篇什。嘗爲余畫靈芬館第九圖，極幽敻深邃之致。又贈余衆山一覽圖卷，尤蒼潤有古大家氣骨。是編以無聲詩寫有聲畫，揮塵淸談，皆詩人吐屬，非模山範水作畫師習見語，若僅泥六法以求之，猶不足以盡作者之妙也。道光戊子孟陬，吳江郭麐。

題辭

一代高名盛孝章，風流亦似米襄陽；臥游祇有谿山好，五月風泉作意涼。

我亦谿山愛臥游，冷烟疏樹畫屏秋；年來最憶西泠事，一抹残霞水北樓。

畫林精舍小華胥，新詠分明重石渠；經歲征鴻八千里，有人曾寄海東書。（朝鮮駙馬洪海居讀余畫林新詠，以畫幅詩集見寄）

冷署春盤苜蓿紅，遠勞河上寄郵筒；一編便是游仙枕，蓬島樓臺在此中。

道光乙未二月杪，年愚弟錢唐陳文述題於秦郵雲影湘波舟次。

自序

余性嗜泉石，情眈翰素，六法之學，二十載於茲。筆鈍若椎，心頑肖鐵，意惛偶託，鍥弗舍寘，沿討所悉，略可贅陳。粤自兩晉，暨乎六朝，三祖之稱，四聖之目，敻乎尙已。摩詰畫師，將軍小李，南北別其派，唐宋衍其支。逮自元明，迄於聖代，名家林立，鴻製贍列。後進之士，追繼典型，通厥流貫，師承授受，蓋可得而稽焉。夫層臺雲構，祇一簣之所基；滄溟水深，乃百川之統匯，彼陟岡者中道而止，問津者自崖而返，卽此藝成而下，曷以技進乎神。末學膚約，詣力單弱，慠屣而棄荊關，望洋而詫范李，習率易爲高雅，矜詭放爲離奇。以空諸所有，爲士人家風；以自我作古，爲才人能事。不知精能之至，乃顯神通；絢爛之極，方歸平澹。昔者華亭擊節於吳興，石師服膺於墨井，營邱之千巖積雪，忠恕之一角遠嵐，不以疎密分高下也。石翁之氣格渾成，六如之風流蘊藉，不以濃澹區優劣也。今欲不遵矩矱，別擅心裁，盡棄筌蹄，獨誇妙悟，不學無術，貽舛滋多。更有剽竊墨稿，鉤摹粉本，鏤碧裁紅，模山範水，岡巒拱揖之法，徑路遠近之形，竹樹偃仰之容，屋宇向背之勢，雀燕銖兩，不譬乎定式；鳶魚飛躍，頓失其靈機，欲步北苑之後塵，直比南宮於優孟。虬鱗之松纍纍，居然黃鶴山樵；鼠足之點蕭疎，自詡梅華庵主。此又成規是襲，眞趣無存，詩書之氣積之也不深，磊落之懷發之也不暢，方斯之技，奚足多焉。下析流弊，上究指歸，資深逢原，博綜約守，功候所臻，匪伊朝夕，一隅鮮覿，寸管是窺，聊爾箸錄，有慚證辨。狹見疏漏，諒不足識，續有見聞，重爲綴輯云爾。道光壬午孟冬十日，鎭洋盛大士子履甫譔。

谿山臥游錄目錄

孫義鋆　畢簡　陳鴻壽　陳詩庭　張彥曾
程方濟　邱叔倫　孫銓　李曉江　顧容堂
朱昂之　惲潔士　錢杜　朱鶴年　黃鉞
董誥　朱本　成僊　周汝璠　鄭爲章
朱潤南　李少白　李啓山　齊學裘　戴嘉德
達麟　雷良弼　守箴

卷四

王守曾　李長蘅　程孟陽　婁子柔　唐叔達
陸學欽　黃玉衡　張維屏　黃香石　張如芝
謝蘭生　許玉年　劉庚　顧蒓　李汝枚
黃媛介　張問陶　孫源湘　譚天成　張家駒
張霞房　張家駿　王功後　張百祿　儀克中
孔憲彝　司馬鍾　司馬夢素　李賡颺

谿山臥游錄卷一

鎮洋　盛大士　子履　撰

士大夫之畫，所以異於畫工者，全在氣韻間求之而已。歷觀古名家，每有亂頭粗服，不屑求工，而神致雋逸，落落自喜。令人坐對移晷，頓消塵想，此爲最上一乘。昔人云：畫秋景惟楚客宋玉最佳，「寥慄兮若在遠行，登山臨水兮送將歸」，無一語及秋，而難狀之景，自在言外，卽此可以窺畫家不傳之祕。若刻意求工，遺神襲貌，匠門習氣，易於沾染，愼之愼之。

書畫本出一源，昔聖人觀河洛圖書之象，始作八卦；有虞氏作繪作繡，以五彩彰施於五色，日月星辰、山龍華蟲之屬，稽其體制，多取象形，書畫源流，分而仍合。唐人王右丞之畫，猶書中之有分隸也；小李將軍之畫，猶書中之有眞楷也；宋人米氏父子之畫，猶書中之有行草也；元人王叔明、黃子久之畫，猶書中之有蝌蚪篆籀也。夫書至蘇、黃、米、蔡，縱橫揮霍，變化淋漓，而於晉人之餘風，則漸遠焉；畫至倪、黃、吳、王，千態萬狀，陽開陰合，而於唐人之餘風，則漸遠焉。近日俗書，專尙匀淨，配搭字畫，大小疎密，悉中款式。書非不工也，而其俗在骨，不可復與之論書矣。近日俗畫，專尙形模，如小女子描鈎花樣，一筆不苟。畫非不工也，而生氣全無，不可復與之論畫矣。故初學畫者，先觀其有生氣否。

畫有七忌：用筆忌滑、忌軟、忌硬、忌重而滯、忌率而溷、忌明淨而膩、忌叢密而亂。又不可有意着好筆，有意去累筆，從容不迫，由澹入濃，磊落者存之，甜熟者删之，纖弱者足之，板重者破之，則觚稜轉折，自能以心運筆，不使筆不從心。

畫有三到：理也，氣也，趣也。非是三者，不能入精妙神逸之品，故必於平中求奇，純緜裹鐵，虚實相生。學者入門，務要竿頭更進，能人之所不能，不能人之所能，方得宋元三昧，不可少自足也。此係吾鄉王司農論畫祕訣，學者當熟玩之。

畫有六長：所謂氣骨古雅，神韻秀逸，使筆無痕，用墨精彩，布局變化，設色高華是也。六者一有未備，終不得爲高手。

畫有四難：筆少畫多，一難也；境顯意深，二難也；險不入怪，平不類弱，三難也；經營慘澹，結構自然，四難也。

畫家各種皴法，以披麻、小斧劈爲正宗。畫固不可無皴，皴亦不可太多，留得空際，正以顯出皴法之妙。

畫樹法，四筆卽成樹身，而四筆之曲直，全視乎一筆之曲直。樹至四五株卽成一林，參差交互，若相爭又若相讓，然須有相爭之勢，不可露出相讓之迹。

畫樹葉法，起手先須緊貼在樹身上，由內而外，由澹而濃，由淺而深，由疎而密。

畫石法，先分三面，兼方圓而參之以扁，大小相間，左右聯絡，去其稜角而轉折自然，方爲妙手。

畫山，或石戴土，或土戴石，須相輔而行。若巉巖峻嶺，壁立萬仞，固須石骨聳拔；然其岡巒邐迤處，仍須用土坡以疏通其氣脈。蓋有骨必有肉，有實必有虛，否則崢嶸而近於險惡，無縹緲空靈之勢矣。

畫泉，須來源緜遠，曲折赴壑。惟於山坳將成未成時，視其空白可置泉者，先引以澹墨山坡，漸濃則泉自夾出。若有意爲畫泉地步，恐畫成終欠自然也。泉不可無來源，亦不可無去路，或屋宇鱗次，而其上乃有飛泉沖激；或懸崖瀑布，而其下又無澗壑可歸，此皆畫家所忌。

畫平沙遠水，須意到筆不到。且漁莊蟹舍，白蘋紅蓼，映帶生情，或臥柳於橋邊，或停橈於渡口，或蘆花之點點，或蓮葉之田田，皆不可少之點綴也。若必細鉤水紋，卽非大方家數。

畫雲，有大鈎雲、小鈎雲法。凡疊巘重岡，深林杳靄，必有雲氣往來。畫山頭半截，中斷處卽雲氣也。又恐過於空廓，故隨其斷處，略鈎數筆，以見神采，此卽工緻畫亦不可過於細鈎，若倣米家父子及高房山，則尤要活潑潑地。每見近人於山腰樹杪，突起白雲，重重鈎勒似花朵者，望而知為俗手。

畫屋宇，或招遠景，或工近游，或琳宮梵宇，意取清幽；或鏤檻雕甍，體宜宏敞；郵亭候館，羈旅之所往來；月榭風臺，名流之所觴詠；雲扃岫幌，隱者之所盤桓；茅舍枳籬，野人之所憩息。須一一配合，不可移置他處，而屋之正側轉遞、左右迴環、高下縈繞，尤當運以匠心。

畫橋，有高橋、石橋、小橋、板橋之異。高橋、石橋，須有橋欄；小橋、板橋，不必着欄也，亦視乎邱壑之所宜。

畫江海大船，須有風檣奔駛之勢；若溪邊垂釣，一葉扁舟，只以一二筆了之；至於載酒嬉春，攜琴放鶴，夕陽簫鼓，明月笙歌，皆宜鈎摹工細，不可草草。

畫帆影須隨風色，葭蒲楊柳，落雁飛凫，皆風帆之襯筆也。若帆向東，而草樹沙鳥皆向西，是自相矛盾矣。以上數條，爲初入門第一要義，神而明之，用法而能得法外意，陽施陰設，雖奇變幻，非可以一格論也。

唐人畫，鈎勒工細，非旦夕可以告成，故杜陵云：「五日畫一水，十日畫一石，能事不受相促迫，王宰始肯留眞蹟。」自元四大家出，而氣局爲之一變。學者宜成竹在胸，了無拘滯，若斷斷續續，枝枝節節而爲之，神氣必不貫注矣。譬之左太沖三都賦，必俟十年而成；若庾子山之賦江南，則不可以此爲例。

東坡詩云：「論畫以形似，見與兒童鄰；作詩必此詩，定知非詩人。」不知此旨者，雖窮年皓首，罕有進步。又坡翁題吳道子、王維畫云：「吳生雖妙絕，猶以畫工論，摩詰得之於象外，有如仙翮謝籠樊，吾觀二子俱神俊，又於維也歛衽無間言。」此詩極寫道子之雄放，「當其下手風雨快，筆所未到氣已呑」，是何等境界？乃至摩詰，祇寫其詩境之超，畫在不言之表，而其服膺無間者，在此不在彼，此眞善於論畫者也。

凡學畫者，得名家眞本，須息心靜氣，再四翫索，然後濡豪伸紙，略取大意。興之所到，卽彼疎我密，彼密我疎，彼濬我濃，彼濃我濬，皆無不可，不必規規於淺深遠近，長短闊狹間也。久而領其旨趣，吸其元神，自然生面頓開。學者見古人名蹟，或過眼卽棄，或依樣鈎摹，胥失之矣。

國初畫家，首推四王，吾婁得其三，虞山居其一。耕烟散人少受業於染香庵主，又習聞烟翁緒論，則虞山宗派，原不離婁東一瓣香也。耕烟資性超俊，學力深邃，能合南北畫宗爲一手，後人不善學步，僅求之於烘染鈎勒處而失其天然宕逸之致，遂落甜熟一派。憶余初弄筆，亦從耕烟入手，虞山吳竹橋儀部蔚光謂余曰：「耕烟派斷不可學，近日流弊更甚，子其戒之。」余初不以爲然，數年來探討畫理，乃知此言不謬。不學耕烟，固無以盡畫中之奧窔，若初學，先須放空眼界，導引靈機，不宜專向耕烟尋蹊覓徑，同於東施之效顰。

麓臺司農論畫云：「明末畫中有習氣，以浙派爲最，至吳門、雲間，大家如文沈，宗匠如董，贋本混淆，竟成流弊。」近日虞山、婁東，亦有蹊徑爲學人採取，此亦流弊之漸也。司農又云：「意在筆先，爲畫中要訣。作畫者於畫時要安閒恬適，掃盡俗腸。次布疏密，次別濃澹，轉換敲擊，東呼西應，自然水到渠成，天然湊泊。若毫無定見，布樹列石，逐塊堆砌，扭捏滿紙，意味索然，便爲俗筆矣。今人不諳畫理，但取形似，墨肥筆濃者謂之渾厚，筆瘦墨澹者謂之高逸，色豔筆嫩者謂之明秀，皆非也。總之，古人位置緊而筆墨鬆，今人位置僻而筆墨結，以此留心，則甜邪俗賴不去而自去矣。」

又云：「設色者，所以補筆墨之不足，顯筆墨之妙處。今人不解此意，色自為色，筆墨自為筆墨，不合山水之勢，不入絹素之骨，但見紅綠火氣，可憎可厭而已。惟不重取色，專重取氣，於陰陽向背處逐漸醒出，則色由氣發，不浮不滯，自然成文。至於陰晴顯晦，朝光暮靄，嵐容樹色，須於平時留意，濃妝濃抹，觸處相宜，是在心得，非成法之可定也。」

司農畫法，吾鄉後進，皆步武前型。然不善領會，則重滯窒塞，亦所不免。蓋無鍊金成液之功，則必有劍拔弩張之象，無包舉渾淪之氣，則必有繁複瑣碎之形。司農出入百家，成此絕詣，今人專學司農，不復沿討其源流，是以形體具而神氣耗也。天下幾人學杜甫，誰得其神與其骨？夫杜陵所以推為詩聖者，上至三百篇，下至漢、魏、六朝，無所不學，然後有此神骨，作畫亦然，先於神骨處求之，則學司農者，不可不兼綜諸家，以觀其會通矣。

詩畫均有江山之助，若局促里門，蹤跡不出百里外，天下名山大川之奇勝未經寓目，胸襟何由而開拓？

畫有士人之畫，有作家之畫。士人之畫，妙而不必求工；作家之畫，工而未必盡妙，故與其工而不妙，不若妙而不工。雲間雙鶴老人沈師峯宗敬，筆意超古，不入時目。然蒼而彌秀，枯而彌腴，南宗一大家也。嘗言：「畫有以邱壑勝者，有以筆墨勝者，勝於邱壑爲作家，勝於筆墨爲士氣。然邱壑停當而無筆墨，總不足貴，故得筆墨之機者，隨意揮灑，不乏天趣。」元倪雲林、王叔明、吳仲圭、黃子久四家皆出於董巨，董巨在宋時已脫去刻劃之習，爲元人先路之導。趙吳興集唐宋之成，開明人之徑，雙鶴老人謂其工細蒼秀，兼擅其長，然未易學也。明人喜學松雪，而得其神髓者惟六如居士耳。國初多宗雲林、大癡，名流蔚起，承學之士，得其一鱗片爪，亦覺書味盎然。

雙鶴老人云：「文沈唐仇，爲明四大家：仇畫極工細，直接小李將軍及北宋諸子，而用筆有致，非描摹時手可以亂眞，然予不願爲也；石田筆墨蒼古，幼嘗臨仿六如兼宋元法，而筆意秀逸，超宋格而參元意，予竊慕焉；若文待詔則非三子可比。至於董文敏則又自出機杼，幾欲目無前人，若平心而論，不及古人處正多，但用筆有超乎古人之妙者，乃其天資獨異耳。」

又云：「雲林、伯虎，筆情墨趣，皆師荊關而能變化之，故雲林有北苑之氣韻，伯虎參松雪之清華，其皴法雖似北宗，實得南宗之神髓者也。」

石門方蘭士薰山靜居畫論云：「國朝畫法，廉州、石谷爲一宗，奉常祖孫爲一宗。廉州匠心渲染，格無不備，奉常祖孫，獨以大癡一派爲法。兩家設教宇內，法嗣蕃衍，至今不變宗風。」「廉州追摹古法，具有神理，石谷實得其衣鉢，故工力精深，法度周密。時輩僅以寸縑尺楮爭勝，至屏山巨幛尋丈計者，石谷揮灑自如，他人皆避舍矣。」「西廬、麓臺，皆瓣香子久，各有所得。西廬刻意追摹，一渲一染，皆不妄設，應手之作，實欲肖眞。麓臺壯歲參以己意，乾墨重筆，皴擦以博渾淪氣象。嘗自誇筆端有金剛杵，其蒼蒼莽莽，長於用拙，是此老過人處。」

江上外史笪重光畫筌一書，得六法祕訣，摘錄數語，以爲宗法：「山川氣象，以渾爲宗；林巒交割，以淸爲法。」「主山正者客山低，主山側者客山遠。」「樹中有屋，屋後有山，山色時多沈靄；石旁有沙，沙邊有水，水光自愛空濛。」「山從斷處而雲氣生，山到交時而水口出。」「江湖以沙岸蘆汀、帆檣鳧雁、剎竿樓櫓、戍壘魚罾爲映帶；村野以田廬籬徑、菰渚柳堤、茅店板橋、烟墟渡艇爲鋪陳。」「石之立勢正，走勢則斜；坪之正面平，旁面則仄。」「半山交夾，石爲齒牙；平壘逶迤，石爲膝趾。山實，虛之以烟靄；山虛，實之以亭臺。」「山外有山，雖斷而不斷；樹外有樹，似連而非連。」「坡間之樹扶疎，石上之枝偃蹇。」「一木之穿插掩映，還如一林；一林之倚讓乘除，宛同一木。」「烟中之榦如影，月下之枝無色。」「樹惟巧於分根，卽數株而地隔；石若妙於劈面，雖百笏而景殊。」「石有剝蘚之色，土有膏澤之容。」「山隔兩崖，樹欹斜而援引；水分雙岸，橋蜿蜒以交通。」「尺幅小，山水宜寬；尺幅寬，邱壑宜緊。」「眼中景現，要用急追；筆底意窮，須從別引。」「峯巒雄秀，林木不合蕭疏；島嶼孤淸，室宇豈宜叢雜。」「前人有題後畫，當未盡而意完；今人有畫無題，卽强題而意索。」「雲擁樹而村稀，風懸帆而岸遠。」「人不厭拙，只貴神淸；景不嫌奇，必求境實。」「山下宛似經過，卽爲實境；林間如可步入，始足怡情。」「墨帶燥而蒼，皴兼於擦；筆濡水而潤，渲間以烘。」「丹靑競勝，反失山水之眞容；筆墨貪奇，多造林邱之惡境。」「怪僻之形易作，作者一覽無餘；尋常之景難工，工者頻觀不厭。」「輕拂軼於濃纖，有渾化脫化之妙；獵色難於水墨，有藏靑藏綠之名。蓋靑綠之色本厚，而過用則皴筆全無；赭黛之色雖輕，而濫設則墨光盡掩。」

吾鄉王東莊居士昱六法心傳云：「士人作畫，第一要平等心，弗因識者而加意揣摩，弗因不知者而隨手敷衍。」又云：「氣骨古雅，神韻俊逸，使筆無痕，用墨精彩，布局變化，設色高華。明此六者，昔人千言萬語，盡在是矣。」又云：「麓臺夫子嘗論設色畫云：『色不礙墨，墨不礙色，又須色中有墨，墨中有色。』余起而對曰：『作水墨畫，墨不礙墨；作沒骨法，色不礙色。自然色中有色，墨中有墨。』夫子曰：『如是如是。』」

司農有倣古畫册，名曰液萃。其陽開陰闔，沈鬱蒼莽之氣，如神龍變化，莫可尋其端倪。丙子初夏，余客吳門慕氏，司農後人王丈健齋攜此幀來訪，余得而飽觀焉。每幅皆司農自爲題跋，余旣臨摹一徧，復錄其跋語，以誌緒論於勿忘，且深以得見爲幸也。吾鄉陸聽松山人所見書畫錄中亦載之。

第一幅倣董北苑：六法中氣韻生動，至北苑而神逸兼到，體裁渾厚，波瀾老成，開以後諸家法門，學者罕覩其涯際。余所見半幅董源及萬壑松風、夏景山口待渡卷，皆畫中金針也。學不師古，如夜行無火，未見者無論，幸而得見，不求意而求迹，余以爲未必然。

余奉勅作董源設色大幅，未敢成稿，先以此試筆，並識之，麓臺祁。

第二幅倣黃大癡：張伯雨題大癡畫云：「峯巒渾厚，草木華滋，以畫法論，大癡非癡，豈精進頭陀，而以釋巨然爲師者耶？」余倣其意，並錄數語。

第三幅倣趙松雪：「桃源處處是仙蹤，雲外樓臺倚碧松，惟有吳興老承旨，毫端湧出翠芙蓉。」趙松雪畫爲元季諸家之冠，尤長於青綠山水，然妙處不在工而在逸，余雨窗漫筆論設色不取色而取氣，亦此意也，知此可以觀鵲華秋色卷矣。

第四幅倣梅道人：「梅華庵主墨精神，七十年來用未眞，」此石田句也。石田學巨然，得梅道人衣鉢，欲發現生平得力處，故有此語，然猶遜謝若此，余方望涯涉津，欲希蹤古人，其可得耶。

第五幅倣高房山：董宗伯評房山畫，稱其平澹近於董米，余亦學步久而未成，方信古今人不相及也。

第六幅倣黃鶴山樵：叔明少學右丞，後酷似吳興，得董巨墨法，方變化本家體，瑣細處有淋漓，蒼莽中有嫵媚，所謂奇而一歸於正者。雲林贈以詩云：「王侯筆力能扛鼎，五百年來無此人。」不虛也。

第七幅倣一峯老人：大癡畫，經營位置，可學而至；其荒率蒼莽，不可學而至。若平林層岡，沙水容與，尤出人意表，妙在着意不着意間，如姚江曉色、沙磧圖是也。若不會本源，臆見揣摩，疲精竭力以學之，未免刻舟求劍矣。

第八幅倣巨然：巨然在北苑之後，取其氣勢，而觚稜轉折，融和澹蕩，脫盡力量之迹，元季大癡、梅道人，皆得其神髓者也。此圖取溪山行旅、烟浮遠岫意，而運氣未能舒展，若云紙澀拒筆，則自諉矣。

第九幅倣雲林設色：雲林畫法，一樹一石，皆從學問性情流出，不當作畫觀，至其設色，尤借意也。董宗伯試一作之，能得其髓，先奉常倣作秋山，最爲得意，謹識於後。

第十幅倣黃大癡：「大癡元人筆，畫法得宋派；筆花墨瀋間，眼光窮天界。陸壑密林圖，可解不可解；一望皆篆籀，下士嘆而怪。尋繹有其人，食之足沆瀣。」余倣大癡，題此質之識者。

第十一幅倣黃大癡：「荊關遺意，大癡則之，容與渾厚，自見嶔崎。刻劃圭角，纖巧韋脂，以言斯道，皆非所宜。學人須愼，毫釐有差，天池石壁，粉本吾師。」大癡天池石壁有專圖，浮巒暖翠中亦用此景，皆傳作也。誤用者每蹈習氣，故作箴語。

第十二幅倣倪高士：董宗伯題雲林畫云：「江南士大夫，以有無爲清俗。」卷帙中不可少此筆也。今眞虎難遘，欲摹其筆，輒百不得一，此亦清潤可喜。

總跋　匡吉甥篤學嗜古，從余學畫有年，筆力清剛，知見甚正。楷摹董巨倪黃正宗，屬余倣八家，名曰液萃。余信手塗抹，稍有形似者，弁之曰倣某氏，如癡人說夢，夏蟲語冰，不足道矣。耳目心思，何所不到，出入諸賢三昧，闢盡蠶叢，頓開生面，良工苦心，端有厚望，不必問途於老馬也。康熙乙酉重陽日，王原祁題於穀詒堂。（按匡吉姓李氏，名爲憲初，號匡吉，後改匡生，崑山人，司農之甥。善畫山水，司農代筆，多出匡吉之手。後以畫得官）

余於鹿城郎芝田茂才際昌齋中，見王石谷手札與其友人字元章者，見昔人有得意著作，愼重愛惜，性命與俱，雖誘以甘言，啖以厚利，俱不足動其心也。芝田云：「元章姓顧氏，名卓，崑山人，亦善畫。此札得之於廢簏中。」其略云：「壬子秋與正叔同館宜興潘元白家，盤桓三月，日以翰墨爲樂。行篋中偶攜大卷，主人嘆賞不置，屬陳其年先生持三十金求易，爾時卽堅執不允。拙筆固不足重，蓋念諸名公題跋實難購求，且費三十年精力心血，出入相隨，一遇能詩善文者，卽叩首下拜，並饋禮物求之，一時好名之過。曾與其年云：『此非利可以動我心者，若再益之，仍不肯割愛也。』曩在玉峯，求盛珍翁題詠，因其無暇，暫留案頭，不過半月十日之留，並非弟有求售之念，何至久假不歸？一水之隔，渺若河漢。昔在京師，再四相訂，蒙許回崑卽還，弟念吾兄眞意相待，無容置喙。今屈指已十八年，而不發一語，料吾兄必寤寐難安者。弟老頹朽質，素性窒而不化，一經發覺，勢不能遏。兒輩雖屬不肖，夙知此卷非可易得，斷不忍坐視輕擲也。弟與仁兄爲道義交，從未有開罪處，未審何故將此卷勒住不還？望乞示期，以便趨領，立候好音。弟雖耳聾目瞶，然事理覷破，必不聽吾兄播弄也。豈造此浮浪之言，算作完事耶？尤爲可怪！特此代面，惟裁之。八月十四日，弟輩頓首，元章道社兄足下。」

谿山臥游錄卷第一　　邑後學繆朝荃重校刊

谿山臥游錄卷二

鎭洋　盛大士　子履　撰

畫家惟眼前好景不可錯過，蓋舊人稿本，皆是板法，惟自然之景，活潑潑地。故昔人登山臨水，每於皮袋中置描筆在內，或於好景處，見樹有怪異，便當模寫記之，分外有發生之意。登樓遠眺，於空闊處看雲采，古人所謂天開圖畫者是已。夫作詩必藉佳山水，而已被前人說去，則後人無取贅說；若夫林巒之濃澹淺深，烟雲之滅沒變幻，有詩不能傳，而獨傳之於畫者，且條忽隱現，並無人先摹稿子，而惟我遇之，遂爲獨得之祕，豈可覿面失之乎？若一時未得紙筆，亦須以指畫肚，務得其意之所在。

作畫用墨最難，但先用淡墨積，至可觀處，然後用焦墨濃墨分出遠近，故紙上有許多滋潤，李成惜墨如金是也。

用墨須有乾有濕，有濃有澹；近人作畫，有濕有濃有澹而無乾，所以神采不能浮動也。

古大家荒率蒼莽之氣，皆從乾筆皴擦中得來，不可不知。

作畫蒼莽難，荒率更難，惟荒率乃益見蒼莽。所謂荒率者，非專以枯澹取勝也。鈎勒皴擦，皆隨手變化而不見痕迹，大巧若拙，能到荒率地步，方是畫家眞本領。余論畫詩有云：「粉本倪黃下筆初，先教烟火氣全除；荒寒石髮千絲亂，絕似周秦篆籀書。」頗能道出此中勝境。

畫以墨爲主，以色爲輔，色之不可奪墨，猶賓之不可溷主也。故善畫者，青綠斑爛，而愈見墨采之騰發。

作畫忌用礬紙，要取生紙之舊而細緻者爲第一。若紙質粗鬆，灰澀拒筆，皆不可用，然比礬紙，則猶爲彼善於此。蓋慣畫灰澀粗鬆之紙，一遇佳紙，更見出色，若慣用礬紙，則生紙上不能動筆矣。

作詩須有寄託，作畫亦然：旅雁孤飛，喻獨客之飄零無定也；閒鷗戲水，喻隱者之徜徉肆志也；松樹不見根，喻君子之在野也；雜樹崢嶸，喻小人之暱比也；江岸積雨而征帆不歸，刺時人之馳逐名利也；春雪甫霽而林花乍開，美賢人之乘時奮興也。

山靜居畫論云：「畫稿謂粉本者，古人於墨稿上加描粉筆，用時撲入縑素，依粉痕落墨，故名之也。今畫手多不知此義，惟女紅刺繡上樣尚用此法，不知是古畫法也。」今人作畫，用柳木炭起稿，謂之朽筆。古有九朽一罷之法，蓋用土筆爲之。以白色土淘澄之，裹作筆頭，用時可便改易，數至九而朽定；乃以濃墨就痕描出，拂去土跡，故曰一罷。」

「朽筆古人有用有不用，大約工緻者宜用之，寫意者可不用。今人每以不用朽筆爲能事，其實畫之工拙，豈在朽不朽乎。」

虞山畫派，以耕烟爲宗，楊西亭親受業於耕烟，可謂得其具體。墨井道人吳歷，筆墨之妙，戛然異人。余於張氏春林仙館中見其霜林紅樹圖，亂點丹砂，燦若火齊，色艷而氣冷，非紅塵所有之境界。虞山人多學耕烟，而墨井無人問津，蓋耕烟之筆易摹，墨井之神難肖，耕烟易悅時目，墨井難遇賞音也。王司農嘗評墨井之畫太生，耕烟之畫太熟，又云：「近代作者，惟有墨井一人，然則學耕烟不成，流爲甜熟；學墨井不成，猶不失爲高品也。」墨井道人字漁山，亦廉州之高弟。

耕烟集宋元之大成，合南北爲一宗，法律則精深靜細，氣韻則疎宕散逸。其在明四大家，則惟六如居士相與頡頏，石田則遜其秀逸，十洲則讓其超脫，衡山更退避三舍矣。今之學耕烟者，僅求之一邱一壑間，而失其天生之氣骨，此如西子工顰，出於無意，不能禁人之不效，又烏能教人之盡如其工哉？

江左畫家擅門業者，吾鄉王氏外，惟毘陵惲氏爲極盛。香山老人，蒼渾古秀，出董巨而入倪黃；南田翁花卉寫生，空前絕後，然其山水飄飄有淩雲氣，眞天仙化人也。後人世其家學者，指不勝屈。又有女史名冰，字清於，與懷娥、懷英，先後擅美。近聞完顏夫人，字珍浦，博雅工詩文，兼長繪事，余友潔士徵君秉怡之妹也。余恨不獲親見其筆墨，然惲氏一門才俊，東南竹箭，靈秀所鍾，其信然矣。

畫固首取氣韻，然位置邱壑，亦何可不講。譬如人家屋宇堂奧，前後顚倒，雖文榱雕甍，庸足道乎？故江上外史云：「畫工有其形，而氣韻不生；士夫得其意，而位置不穩。前輩脫作家習，得意忘象；時流託士夫氣，藏拙欺人，惟神明於規矩者，自能變而通之。」故又云：「善師者師化工，不善師者摹縑素。拘法者守家數，不拘法者變門庭。」

畫中詩詞題跋，雖無容刻意求工，然須以清雅之筆，寫山林之氣。若抗塵走俗，則一展覽而庸惡之狀不可嚮邇，溪山雖好，清興蕩然矣。石田畫最多題跋，寫作俱佳；十洲畫惟署實父仇英製，或祇用十洲印記而不署名。且古人名畫往往有不署姓氏者，不似今人之屑屑焉欲見知於人也。人各有能有不能，或長於畫而短於詩，或優於詩詞而絀於書法，祇可用其所已能，不可强其所未能。果有妙畫，卽絕無題跋，何患不傳。若其題畫行款，須整整斜斜，疎疎密密，眞書不可失之板滯，行草又不可過於詭怪，總在相山水之布置而安放之，不相觸礙而若相映帶，此爲行款之最佳者也。

山靜居畫論云：「款題圖畫，始自蘇米，至元明而遂多以題語位置畫境者。畫亦由題益妙，高情逸思，畫之不足，題以發之，後世乃爲濫觴。」「古畫不名款，有款者亦於樹腔石角題名而已；後世多款題。然款題甚不易也，一圖必有一款題處，題是其處則稱，題非其處則不稱，故有由題而妙，亦有由題而壞者，此又畫後之經營也。」

余題畫詩多不存稿，卽存者亦不盡愜意，偶錄截句數首，以博覽者之一哂云。「翠微橫臥屋西東，隔斷莓牆路未通；莫訝山深蹊徑絕，恐勞屐齒到山中。」「雨後雲成縹緲山，虎兒筆妙絕人寰；何當東海披烟霧，散髮扁舟任往還。」「漁莊蟹舍蓼花洲，小景溪山九月秋；何處亭皋人忽去，晚風吹雨過西樓。」「山村小築水邊臺，薄薄霜封淺淺苔；紅到門前烏桕樹，江干應有客歸來。」

戊子秋，余自白門買舟爲皖江之遊，有舟中雜詠，非爲題畫作也，然頗與畫意相近，有句云：「兩澗平分水數灣，東西村舍路迴環；斜陽欲落仍留住，楓葉中間一點山。」又與友人游萬松山，眺龍山、百子諸勝五古一首中，有云：「烟生衲子頭，雲過樵者足；鐘聲響崖路，人語答林谷；爪磴平亦頗，重岡起仍伏。」其於黃鶴山樵畫意，庶幾近之。

圖章必期精雅，印色務取鮮潔，畫非藉是增重，而一有不精，俱足爲白璧之瑕。歷觀名家書畫中圖印，皆分外出色。彼之傳世久遠，固不在是，而終不肯稍留遺憾者，亦可以見古人之用心矣。按陶南村輟耕錄載印章制度極詳，凡名印不可妄寫，或姓名相合，或加印章等字，或兼用印章字，曰姓某印章，不若只用印字最爲正也。二名者可回文寫姓下，着印字在右，二名在左是也。單名者曰姓某之印，却不可回文寫名。印內不得着氏，表德可加氏字，宜審之。表字印只用二字，此爲正式，近人或並姓氏於其上，曰某氏某，若作姓某甫，古雖有此稱，係他人美己，却不可入印。漢人三字印，非複姓及無印字者皆非名印，蓋字印不當用印字以亂名也。此雖不可拘泥，然亦何可不知其大略乎。

各種顏色，惟靑綠金碧畫中須用石靑、硃砂、泥金、鉛粉；至水墨設色畫，則以花靑、赭石、藤黃爲主，而輔之以胭脂、石綠，此外皆不必用矣。花靑須擇靛花之靑翠中有紅頭泛出者爲第一，淘汰淨盡，乳鉢椎細，以無聲爲度，加膠入巨盞內澄之，取其輕淸上浮者，置烈日中晒乾，不可隔宿。近日吳門有賣製成花靑，頗可用，然而庋久則色終黯也。赭石亦有製成者，却未必佳，宜取赭石中堅細而色麗者，兩石相摩，臨畫臨用，略加膠水，則色澤鮮潤而靈活。藤黃宜用圓而長者，俗名圈黃，芥子園譜所謂筆管黃也。藤黃有毒，不可入口。法製石綠，先要研細，亦以無聲爲度，總之愈細愈妙，臨畫則入膠，畫畢則出膠，出膠不淸，綠色卽黯矣。胭脂須澄出棉花之細渣滓，以淸水絞出濃汁，臨畫時淺深濃瀒，斟酌用之。以花靑和藤黃卽成草綠色，花靑重者爲老綠，花靑輕者爲嫩綠。藤黃中加以赭石，謂之赭黃，亦可加以胭脂，以之畫霜林紅葉，最得蕭疏冷豔之致。胭脂中加以花靑，卽成紺紫，夾葉雜樹，亦可點綴也。石綠惟山坡及夾葉或點苔用之，却不可多用。雪景可用鉛粉，然不善用之，頓成匠氣。

黃鶴山樵於明洪武初爲泰安知州，泰安廳事後有樓三間，山樵日夕登眺其上，因張絹素於壁，畫泰山之勝，每興至輒一舉筆，凡三年而畫成。時陳惟允爲濟南經歷，與山樵皆妙於畫，且相契厚。一日會晤，値大雪，山景愈妙，山樵謂惟允曰：「改此圖爲雪景可乎？」惟允曰：「如傅色何？」山樵曰：「我姑試之。」以筆塗粉，色殊不活。惟允沈思良久曰：「我得之矣。」爲小弓夾粉，張滿彈之，粉落絹上，儼然飛舞之勢，皆相顧以爲神奇。山樵題其上曰：「岱宗密雪圖」，自誇以爲無一俗筆。惟允固欲得之，山樵因輟以贈。惟允嘗謂人曰：「予昔親登泰山者屢矣，是以知此圖之妙，諸君未嘗盡登，不能盡知妙處也。」

近人寫雪景，鈎勒處多用濃墨，墨濃則空白顯露，而積雪自厚也。然不善用墨而專尙刻露，未有不失之板滯者。明九龍山人王孟端紱云：「李營邱畫，精到造化，嘗見其畫雪景，峯巒林屋，皆以淡墨爲之，而水天空闊，全用粉塡，洵是奇絕。」九龍山人云：「畫樹之竅，只在多曲，雖一枝一節，無有可直者，其向背俯仰，全於曲中取之。或曰：『然則不有直樹乎？』曰：樹雖直，而生枝發節處必不多直也。董北苑樹法作勁挺之狀，特曲處簡耳；若李營邱則千曲萬曲，不下一直筆也。」大癡評畫，先要去邪甜俗賴四字，九龍山人云：「有一等人，事不師古，我行我法，信手塗澤，謂符天趣；其下者筆端錯雜，妄生枝節，不理陰陽，不辨清濁，皆得以邪概之。有一等人，結構粗安，生趣不足，功愈到而格愈卑，是失之甜。惟神明煥發，意態超越，乃能一洗萬古甜濁耳。俗之一字，不僅丹華誇目，一流俗則不韻。山谷老人言書畫皆當觀韻，李伯時作李廣奪馬南騁狀，引滿以擬追騎，箭鋒所值，人馬應弦，使俗手爲之，當作中箭追騎矣，此意最宜領會。賴者藉也，是暗中依賴也。臨摹法家，不廢倚靠，才子弗爲。昌黎得文法於檀弓，后山得文法於伯夷傳，愜心處正不在多。人亦無從摸着，何必拘拘焉傍人門戶爲哉！」近人寫雨景，多仿米氏父子及高尚書法，往往淋漓濡染，墨有餘而筆不足。不知元章畫法，出自北苑，淸刻透露，筆筆見骨。性嗜奇石，每得佳者，曲意臨摹，惟恐不肖。鑒別畫理，纖細不遺，今古推爲第一。元暉早得家學，其山水淸致可掬，略變乃翁所爲，成一家法，意在筆先，神超象外。房山書畫宗董巨，中年專師二米，損益別自成家，評者至有眞逸品之目。嘗爲李公略作夜山圖，覽之者眞覺重山岑寂，萬籟無聲，龍漏將殘，兔魄欲沈時也。然則此數公者，精意深造，夫豈僅以濡染爲能事乎。方元暉未遇時，士大夫易得其筆墨，及其旣貴，深自祕重，非奉睿旨，概不染翰。朝士作詩嘲之曰：「解畫無根樹，能爲濛澒雲；如今供御也，不肯爲閒人。」此特因其不妄應酬而譏笑之耳。今之學米者，則全是無根樹、濛澒雲而已。

嚴滄浪以禪喩詩，標舉興趣，歸於妙悟，其言適足爲空疎者藉口。古人讀破萬卷，下筆有神，謂之詩有別腸，非關學問可乎？若夫揮毫弄墨，霞想雲思，興會標舉，眞宰上訴，則似有妙悟焉。然其所以悟者，亦由書卷之味，沈浸於胸，偶一操翰，汩乎其來，沛然而莫可禦，不論詩文書畫，望而知爲讀書人手筆。若胸無根柢，而徒得其迹象，雖悟而猶未悟也。

米之顚，倪之迂，黃之癡，此畫家之眞性情也。凡人多熟一分世故，卽多生一分機智；

多一分機智，卽少却一分高雅。故顚而迂且癡者，其性情於畫最近。利名心急者，其畫必不工，雖工必不能雅也。古人著作，藏諸名山，傳之其人，曷嘗有世俗之見存乎。

郎芝田云：「畫中邱壑位置，俱要從肺腑中自然流出，則筆墨間自有神味也。若從應酬起見，終日搦管，但求蹊徑，而不參以心思，不過是土木形骸耳。從來畫家不免此病，此迂、癡、梅、鶴所以不可及也。」

又云：「藍田叔、戴文進，畫家之功力盡矣；李檀園、程孟陽，畫家之風致盡矣。四者合而爲一，其神味當又何如耶？」

又云，「古人以烟雲二字稱山水，原以一鈎一點中自有烟雲，非筆墨之外別有烟雲也。若僅將潑墨設色，烘染而成，便是畫工俗套。」

凡刻期索畫，必是天下第一俗人；若如期作畫，又是畫師中第一賤工。予畫甚不工，然終不肯爲人服役。客有索畫者，閱數日而催促之，則滿擬今日卽畫，而必遲之數日矣。且敗興之後，必無佳筆，故雖遲久，而終不動筆也。不但畫也，卽求詩文者，亦斷無刻期促迫之理。

凡作詩畫，俱不可有名利之見，然名利二字，亦自有辨：「山中何所有？嶺上多白雲；

只可自怡悅，不堪持贈君。」自是第一流人物。若夫刻意求工以成其名者，此皆有志於古人者也。近世士人，沈溺於利欲之場，其作詩不過欲干求卿相，結交貴游，弋取貨利，以肥其身家耳。作畫亦然，初下筆時，胸中先有成算，某幅贈某達官，必不虛發；某幅贈某富翁，必得厚惠。是其卑鄙陋劣之見已不可嚮邇，無論其必不工也，即工亦不過詩畫之蠹耳。

畫中之山水，猶文中之散體也；畫中之花卉翎毛人物，猶文中之駢體也。駢體之文，烹鍊精熟，大非易事，然自有蹊徑可尋。猶之花卉翎毛人物，自有一定之粉本，即白描高手，亦不能盡脫其程矱。若倪黃吳王諸大家山水，此即韓蘇之文，如潮如海，惟神而明之，則其中淺深布置，先後層次，得心應手，自與古合。使僅執一筆二筆以求之，失之遠矣。

作畫起手須寬以起勢，與奕棋同，若局於一角，則占實無生路矣。然又不可雜湊也，峯巒拱抱，樹木向背，先於布局時安置妥貼，如善奕者，落落數子，已定通盤之局；然後逐漸烘染，由澹入濃，由淺入深，自然結構完密。每見今人作畫，有不用輪廓而專以水墨烘染者，畫成後，但見烟霧低迷，無奇矯聳拔之氣，此之謂有墨無筆，畫中之下乘也。

耕烟畫設色纖膩，司農畫神氣重滯者，皆爲贋品。或題款與印章皆逼眞，而其畫則贋者，乃是門下士代作。如楊西亭、王東莊、李匡吉諸家是也，較之近人贋作則迥勝矣。且有款印皆眞，畫未盡出色，而游行自在，兼有意趣者，特當時不經意之作，其風骨與人迥不同耳。

京師琉璃廠肆所見古名家畫，大半皆贋品，然亦有絕妙之作。曾見黃鶴山樵雪景紙本立軸，長三尺許，闊一尺五寸，款用隸書，畫筆遒古靜穆，斷非近人所能學步。索價甚昂，余斷不能購，細玩竟日，歸而夜不能寐。明日晨起覓之，則已爲有力者攜去矣。

吾州賞鑒家向推陸聽松山人時化，畢竹癡老人瀧，兩家書畫，甲於吳郡，惜余不及見其美富也。虞山收藏，莫富於板橋張氏，余客張氏凡七年，所見古大家名家，目不給賞，而大癡之春林遠岫圖巨幛尤卓絕千古。友柏主人題其齋曰：春林仙館，余坐臥其中，徧覽眞蹟，日夕臨摹，楮墨間若有所得。館傍有古柏一株，聳幹千尋，屈曲盤鬱，主人笑謂余曰：「此黃鶴山樵筆意也。」既而主人歸道山，其家中落，畫遂失散，春林巨幛聞以八百金售歸他氏矣。迴憶向之剪燈溫酒，評畫談詩，不數年間，人琴俱亡，風流頓盡，言之慨然！主人名大鑑，字鏡之，友柏其自號也。博雅工詩，爲學官弟子有聲，以明經貢成均，不得志而終。

聽松山人書畫說鈴云：「國朝畫手如王奉常時敏、王廉州鑑、王司農原祁、王山人翬、惲布衣格（後改壽平）、吳處士歷，較之宋元大家，有過之無不及，眞而佳者，今已罕見。」

又云：「凡名蹟，卽信而有徵，於眞之中辨其着意不着意，是臨摹舊本，抑自出心裁。有着意而精者，心思到而師法古也；有着意而反不佳者，過於矜持而執滯也；有不着意而不佳者，草草也；有不着意而精者，神化也；有臨摹而妙者，若合符節也；有臨摹而拙者，畫虎不成也；有自出心裁而工者，機趣發而興會佳也；有自出心裁而無可取者，作意經營而涉杜撰也。此中意味，慧心人愈引愈長；與年俱進；扞格者畢世模糊，用心亦無益也。」

又云：「書畫無款非病也，宋人無款而且無印者甚多。凡院本而應制者，皆無印款，如馬夏諸公，或於下角，偶於樹石之無皴處以小楷書名。李龍眠能書而不喜書款，今人得眞蹟，而必於角上添龍眠李公麟五字，罪大惡極。」

又云：「書畫不遇名手裝池，雖破爛不堪，且包好藏之匣中，不可壓以他物。不可性急而

付拙工，性急而付拙工，是滅其蹟也，拙工謂之殺畫劊子。今吳中張玉瑞之治破紙本，
沈迎文之治破絹本，實超前絕後之技，爲名賢之功臣。」

谿山臥游錄卷第三

鎭洋　盛大士　子履　撰

吾州向推畫家淵藪，自廉州太守、烟客奉常後，繼之以麓臺司農，海內論六法者，必翕然稱婁東。其親受司農之枕祕者，東莊居士也；其淵源家學，克紹宗風者，蓬心太守暨小蓬貳尹也；其私淑司農者，則有毛宿亭主事暨其子雙橋上舍。顧容堂農部瓣香麓臺，筆意凝重有氣骨；陸子若孝廉溪山小景，其秀在骨，不食人間烟火；李曉江明府宗法旣正，而筆隨心轉，動合自然，卓然名家風範。

吳梅村先主詩名甲於海內，畫亦不愧大家。余見其條幅扇册諸作，擬之畫中九友，當在思翁、烟老之間，李長衡、程松圓尙有避舍處，何況餘子。

梅村有題志衍畫山水詩，志衍姓吳氏，名繼善，官成都太守，梅村族兄，死於獻賊之難。其做董巨山水，直追古人。

畢竹癡老人畫竹木樹石，神似古人；陸息游居士畫山水，生氣勃發，迥殊近習。二君皆賞鑒家而工於畫者。

王香祖浩，畫法原本家傳，能以高簡取勝，畫中之逸品也。家貧，旅食吳門。有海門陳氏，客居滄浪亭之南，主人性愛客，招香祖至家作畫，資以修脯，衣食粗給。旋不永年，惜夫！

王子若茂才應綬，麓臺司農之裔孫也。詩文淵雅，精通金石文字，勝游湖海，早著才名。山水恪守家風，氣骨渾厚。余昔邂逅袁浦，贈之以詩，報余以畫，客中得此故人，實爲至樂。今則渡江南下，久不至浦矣。

胡與眞居士琳，亦吾邑人。二十年前見其所作，已入耕烟勝境。自余遊浙中二年，客都門三年，羇縻淮壖者十有餘年，眷念桑梓，渺若山河。異日重盟息壤，白髮淸尊，重評畫學，何樂如之。

少居里門，與二三舊雨，評審畫理，如陸君子若、陸君小史、俞君殷六，余皆親聞其議論，惜過眼雲烟，不能盡憶。及浪遊南北，與鄉里闊疎，後起之秀，不乏其人，老眼摩挲，飽觀羣玉，願以俟諸異日。

近日江左畫家，各有好尚：吾婁學司農，吳下學文沈，海虞學耕烟。鹿城王椒畦孝廉學浩，脫胎司農，而變化成轍，上追董巨諸大家。郎芝田茂才，雅秀蒼潤，兼司農、耕烟兩家之妙。椒畦以天分勝，而學力足以副之；芝田以學力勝，而益顯其天分之高。故有崑山兩大家之目。

椒畦負海內重名，而芝田之名，人有不盡知者，非畫之有優劣也。其性懶散，又兼口吃，見達官貴游，必遠避之，閉門掃軌，以翰墨自娛，不求人知，故知之者亦少。平心而論，芝田之精到處、宕逸處，椒畦容有不及；若椒畦之蒼堅渾厚，芝田終未肯多讓也。

丙子夏，椒畦招余同郎澹翁集學圃，爲余作扇頭澹墨山水。余觀其皴擦烘染，由淺入深，彌深彌遠。所謂墨具五色，椒畦深得不傳之祕矣。

辛未秋，芝田爲余寫秋山圖絹本大軸，擬黃大癡淺絳法，於蒼渾中見腴潤，於宕逸中見清遒，余題詩云：「畫山山從天外落，畫水水自雲中來。五百年間推巨手，一峯老人安在哉？國初畫法元人肖，太倉司農擅神妙。誰尋其委窮其源？鹿城近得郎士元。橫皴側點作劈斧，意趣無窮出奇古。丹青繪就懸虛堂，往往蛟龍吼風雨。虛堂風雨詫通靈，聽之無聲似有聲。眞想自在筆墨外，烟嵐杳杳雲冥冥。贈我霜綃一丈許，碧山紅樹芙蓉渚；有人開徑招仙羣，鎭日看雲兩無語。我欲乘風學冲舉，咫尺千山萬山阻；安得買藥逢壺公，跳身入此圖畫中。烟霞氣味細領略，開我抑塞之心胸。重呼癡仙作仙友，醉倒瓊蘇百斛酒；從此六法窺祕傳，解衣磅礴揮長箋。隨君高馳出塵表，蓬萊絕頂崑崙顚；空青落手屏障濕，寥天萬里驅雲烟。」

味霞山人李世則，虞山語溪人。工琴能詩，精岐黃術，尤長於繪事，長卷巨幅，布置邱壑，具有法度，雖醉後揮毫，亦必心古人而追之。余初搦管，卽師事之，時時以甜邪俗賴爲戒，一邱一壑，一樹一石，皆山人所指授者也。既而陸君子若又授余以變化之法，又得王君椒畦、郎君芝田切磋而磨礪之，轉益多師，稍有進步，而橐筆遠游，不得與諸君追隨几案間，所以迄無成就也。

山人之子馨，字小霞，年十餘歲卽能揮洒大幅。後從椒畦孝廉游，其學益大進。

屈竹田別駕保鈞，胸有畫癖，鑑賞極精。張氏之春林仙館、屈氏之溪山無盡樓，皆海虞珍藏書畫之淵藪也。余客張氏，距竹田居僅里許，兩家珍祕，得以縱觀。竹田子頌滿，字宙甫，余於乙丑歲晤見時年僅十三，畫法宗北苑、大癡，生氣滿紙，一時有神童之目。後數年，余游浙中歸，聞宙甫遽赴玉樓，不勝悼悒。

吳門王竹嶺善寫山水，兼有耕烟、石師筆意，鹿城郎芝田從而受業焉。竹嶺負重名，吳中學丹青者爭集其門，或重幣邀之，不當意輒辭去。芝田之尊人澹翁聞其名，扁舟往訪，邀至家，客數月，而芝田之學大進。今其齋中所藏竹嶺畫頗多，大約明秀而不入甜俗，深厚而不流板滯，其標格無愧名家。竹嶺名三錫，字邦懷，吳郡人。或云卽東莊之從子，蓋自婁遷吳者也。畫法淸澂出衆，嘗有人負錢數緡索畫，却之曰：「古人諛墓得金，書碑酬絹，顧余豈賣畫行同市儈耶？」人咸服其高致。見長洲彭朗峯蘊璨畫史彙傳。

吳中明經蔣三島步瀛，工詩文，書法學董文敏，寫山水姸秀飄逸。丙子夏日，晤於郎芝田齋中。三島疎懶性成，與人交不作世故，惟率眞而已。

穹窿道士李補樵德，善山水，幼時與郎芝田同學畫於王竹嶺。其畫近荊關一派，刻劃中仍有灑脫之致。小樓一間，面對太湖，揮毫落紙，筆意翛然絕俗。

邵仲游藝聖，虞山人。耽於六法，至老不倦，其生平得力處在董思翁。余每見其所作，雅秀恬逸之致，流溢絹素間。昔在虞山，時相過從，仲游年已七十矣。

蔣有筠處士寶齡，亦虞山人。余於庚午辛未間見其所畫山水，澹遠有不盡之致。丙子夏，有筠訪余於吳門，竟日論畫無倦容。其論用筆專尙生趣，用墨無取癡肥，要於渾厚中見骨采。嘗爲友人作澹墨橫幅，意致深遠，精味靜逸，直入古人之室。此幅歸於寶山黃平泉家。

黃韻山大令泰，一峯老人後裔，世居虞山北郭。解組歸田，酷嗜書畫，余過其家，左圖右史，古香襲人。畫法稍變宗風，不染近人習氣。

家少巖以淸，虞山人，乙卯登京兆賢書。其畫宗法耕烟，經營布置，具有苦功。

姚春帆居士鍾德，虞山人。少習繪事，及遊楚南，學畫於蓬心太守，丙寅丁卯間，與余同客春林仙館，促坐搦毫，互相砥礪。其功夫極沈着，無輕浮淺率之筆，而年甫五十，窮愁抑鬱，客死他鄉，惜夫！

嚴香府少尹鈺，嘉定人，以太學生獻畫册邀睿賞。曾遊虞山，館於春林仙館，時年已六十餘矣。春林館藏其畫甚多，有春水滿泗澤、夏雲多奇峯、秋月揚明輝、冬嶺秀孤松四軸，皆濬宕出俗。嘉慶乙丑，余館張氏，見之深爲欣賞，然未晤其人也。丁丑游都下，乃與香府晤，觀其近製，較前所見者更淋漓變化，爲之叫絕。時年已七十有六，精能之至，與年俱進。所著詩亦流利渾成。官居縣尉，而意致瀟灑，談吐雋雅。其自壽詩有云：「虎頭漫擬癡三絕，牛後依然拙一官；欲覓丹砂乞句漏，還擕烟笠釣滄溟。」其風致可想已。

香府客京師，顏其寓齋曰：「人海行窩，」余晨夕聚晤甚樂。嘗有某太史遣人持巨幅紙索畫，香府語之曰：「要嚴香府畫，惟扇頭或可應酬，若立軸則可遇而不可求也。」竟還其紙。其人固請，香府曰：「姑留此，爲我作包裹雜件可耳。」

墨香居畫識，南匯馮廣文金伯冶堂氏所撰，詳載近代畫家，搜羅既富，採擇亦精。余嘗於郎芝田齋中見冶堂畫册，有元人遺意。芝田云：「冶堂家居寒素，而性喜推解，朋舊中貧乏者，苟告情於冶堂，無不爲之籌畫也。」

近時浙西山水，首推奚鐵生岡，鐵生新安人，杭之寓公也。筆意超絕，余於李虎觀司馬邦燮齋中見其倣董思翁頑仙廬圖，尤爲神品。畫史彙傳云：「鐵生字純章，蝶野子、蒙泉外史、鶴渚生、散木居士，皆別字也。山水瀟灑清潤，花卉有惲南田氣韻，名聞海外，遠在日本、琉球間。所著有冬花庵燼餘稿。」

吳門李布衣邦熾，字珊洲，虎觀司馬之從弟，少孤，酷貧，自幼廢書。及依虎觀家中，見虎觀書法，頗嗜臨池，行楷皆秀潤有致。又從余學畫，性極穎悟，進境甚速，不數年遂大成。既而虎觀遠宦滇中，珊洲無所歸，客洛陽，抱病旋里，卒於舟次。

李曉潭宗墉，虎觀司馬之子。司馬有子三人：長湘芷，博雅能文；次靜野，亦有文望，赴京兆試，卒於旅次；曉潭才名與伯兄埒，寫山水神韻超邁，惜亦不克永其年。曉潭之姊氏曰生香，吳中才媛也。適武林何氏，旋以病夭。生香善塡詞，工寫生，余有蝶戀花一闋題生香詞稿，並柬湘芷昆季云：「幾日尋春春欲暮，懶去尋山，却爲尋詩住。消得一番春意緒，鶯聲三月紅闌雨。道韞清才工咏絮，羣季分箋，聽擊花前鼓。只剩金爐香半縷，新詩我欲明朝補。」

胡東園騏，一字淞漁，寶山人。庚午應京兆試，登賢書。東園少遊京師，賃廡於琉璃廠橋之東，破屋數椽，與賈人雜處，而吟哦之聲，常出金石，寫山水得二米房山遺意。余自戊辰己巳間，客中無事，惟與東園朝夕染翰以爲樂。及庚午北闈，東園獲雋，余已南歸。越三年癸酉秋，東園喪其愛子，又年荒乏治生策，狼狽出門，之山右，卒於途。余甲戌至京，東園已下世，天之困阨斯人，一至於此。其筆墨流傳絕少，後世誰復知有胡東園其人乎？噫！

黃明經培芳，字子實，一字香石，廣東香山人。與陽春譚農部敬昭、番禺張司馬維屏以詩名於嶺海，大興翁覃溪先生定爲粵東三子。香石曾爲其友人林辛山大令畫當游羅浮圖水墨絹本，極烟雲杳靄之致：兩崖之間，飛瀑奔注。叢樹之內，古寺參差。坐對怡情，頓忘塵想。題云：「白雲山爲羅浮之門戶，濂泉、蒲澗，小有羅浮之勝，雲泉山館在焉。甲戌初秋，與辛山年丈往遊，辛山謂未得到羅浮，即此可當遊矣，屬寫此圖。粵嶽山人培芳並記。」

近日浙西畫家，自奚鐵翁外，如馬秋藥太常履泰、屠琴隖太守倬、徐西澗茂才鉞，皆上追曩賢，升堂入奥者也。三君之畫，余所見惟秋藥最多，琴隖次之，而皆無藏本。西澗於丙子冬一晤於杭州旅舍，後數年介其友人黃君蓮泉贈余扇頭小景仿大癡設色，生趣勃然，有神無迹。曩在袁浦汪已山部曹敬齋中見西澗所畫屏四幅，皆力追古人，而得其神髓者。黃蓮泉名繩，與西澗同里，亦工山水，兼善花卉寫生。

秋藥先生畫，以逸品而入神品，其贈湖洲太守趙季由學轍設色立軸，尤爲傑構。其用筆如魯公書，力透紙背，而神采煥發，一氣渾成，具見作家本領。余嘗投詩於先生，有論畫一首，敍述浙西畫家，及於先生，先生評其旁云：「僕於此道，愧未夢見。」又可想見其虛懷矣。

琴隖山水，其不經意處，蒼茫入古，渾灝流轉。「獨得雄直氣，發爲古文章」，琴隖之畫近之矣。

琴隖爲其友人王海村騎尉斯年畫湖樓秋思圖長卷，意到興到之作也。王君海寧人，僑寓錢塘，圖寓悼亡之意。余亦有設色長卷，並題截句云：「湘簾風動細生波，寂歷粧䑓點翠螺；一樣西湖好明月，秋來詩思此樓多。」

改七薌山人琦，松江人。工塡詞，畫花卉神似南田，山水學十洲、六如，其妙處直入北宋人之室。余所見工細山水多矣，求其吐棄凡近，未有過於七薌者。其爲吳江郭頻伽明經𪟝作老復丁庵圖，及爲余作橫舍課經圖，如香霧滿身，萬花齊發，而古色黝然，迴非俗豔。七薌於余畫有嗜痂之癖，然余直粗枝大葉，信手塗抹耳，若早遇七薌數年，得其指授，或者稍有寸進乎？七薌之同里雷君存齋瑩，一字次廬，與余同官淮上。工行草，亦耽畫學。余因雷君得交於七薌，又同客袁浦汪氏歐齋中，極觴詠之樂。別後郵筒往還，幾無虛日，余有懷歐齋諸子詩，七薌其一也。旣而頻伽、七薌及巳山主人先後歸道山，撫今感昔，此樂不可復得矣。

汪小迂鴻，蕪湖人。畫工細山水，兼善翎毛花卉，亦寓歐齋。每歲人日，余偕諸同人分韻賦詩，小迂有人日題詩圖。摶沙聚散，每一展玩，感慨係之矣。

畫之巧拙易辨也，其神骨氣韻，則惟善讀書人，方能會心於筆墨之外。郭頻伽與錢唐江聽香靑，皆不作畫而深諳畫理。頻伽云：「畫論雅俗，不論巧拙；神氣不淸，雖雅亦俗；痕迹未化，雖巧亦拙。」聽香云：「虛空粉碎，匠心非有成心；塗抹胭脂，有畫卽同無畫。」
歐齋主人汪已山，工詩，精書法，性愛客，吳越諸名流下榻其齋，極東南賓主之美。然待俗客頗峻，非風雅士，卽踵門投刺，謝弗納也。家藏字畫，皆精絕無贋品。主人本具鑒賞，又經諸名流所審定者，如唐六如之枯樹圖立軸，蕭尺木之設色山水長卷，皆清超雋妙。至米虎兒海嶽圖卷，疑是名家臨本，未敢信爲眞米，然神妙獨絕。余有詩云：「畫家墨法具五色，今觀此畫方通神；不知是烟還是墨，落紙盡化空山雲。山中雲氣互明滅，摩盪千山萬山色；海水直下天風迴，一綫空靑變昏黑。昔聞吳道子，名擅開元朝；摩詰翩其舉仙翮，神俊本是詩中豪；後來丹靑推二李，未許俗手輕鈎描；米家父子變成法，小米意匠尤淸超。袖中東游蛟龍吼，七百年來落君手；座間狂客兩三人，願變春濤作春酒。君言翰墨人間傳，過眼何處尋雲烟；若登蓬山采靈藥，與子同拍洪厓肩。」
郭琴材桐，吳江人，名父之子，翩翩佳士。余曾於頻翁齋中見其設色山水，宗法文衡山、王石谷，而不襲前人窠臼。余贈以詩有云：「畫家無常師，面目妙能改；筆所不到處，無窮出精采。」蓋紀實也。
頻翁有靈芬館第九圖，余所畫也。其第八圖係仁和蔣君敬所作，景色蕭疎，老樹一株，天嬌簷際；沙痕塔影，冥濛在望；老屋數椽，闃其無人。其命意之妙，用筆之古，眞非俗士所能夢見。余題詩云：「平林映帶屋數間，畫中意致淸而閒；天寒無人倚修竹，庭戶寂歷門常關。老梅一株幹如鐵，片片飛花豔於雪，寥天月落望參橫，何處歌聲訴淸切。自來佳士妙寫眞，能以虛際傳精神；亦如詩中有眞我，離貌取神無不可。覽者毋乃心忡忡，白眉未識神仙容（頻伽一眉瑩然，人呼之爲郭白眉）；庸知此圖有深意，匪以翰墨爲游戲。一代爭傳著作才，半生未遂田園計；下牀動足便天涯，（頻伽移居詩句）別後寒梅着花未？少陵野老諸侯客，秋風茅屋吹蕭瑟；年年旅食瀼西雲，身世飄蓬鬢毛白。先生何時歸去來？溪流迴綠柴門開；鄰翁對飲日之暮，日日閒鷗此中住。補屋牽蘿事苦辛，知君亦是倦游人；他年竹樹橫斜外，添得林宗一角巾。」按蔣君字敬之，自號採芝生。

萬廉山司馬承紀，江西南昌人，歷宰劇縣，有政聲，治南河屢著功績。爲文章長於奏議，詩宗東坡、劍南，工六書，山水愛學米南宮。屠琴隖嘗云：「此數十大墨點，學之二十年不能到，廉山何竟得此祕也。」然廉翁之畫，不專學米，其渾厚深細處，兼有董巨之長。丙戌、丁亥間，余往來袁浦，與廉翁時常評畫，故知之獨深。今其行狀中僅云：「善學米顚。」殊未足以盡廉翁之畫境也。時吳門孫子和上舍義鋆客袁浦，與廉翁爲文字交，亦工山水，余於張芥翁河帥井齋中見其設色條幅，有西亭風致。畢仲白簡，陽湖人，客遊袁浦。辛卯秋，與余同寓淮海沈敍軒觀察惇彝署中，時子和亦在署，三人評畫，至夜深不倦。仲白之畫，縱橫揮灑，尤長於巨幅。陳曼生大令鴻壽，錢唐人。書畫皆精絕，兼長鐵筆。余神交二十年，比與袁浦諸君交，則曼生已下世矣。有龍池紀游圖設色長卷，爲已山作，飄飄有淩雲之氣。

練川之畫，檀園居士、松園老人，各以瀟洒宕逸，擅絕後代。百餘年來，名流繼起，其爲余所交接者，嚴香府外，有陳進士詩庭，字令華，一字妙士，嘉慶丙辰從王少司寇述庵先生來游吾婁。其畫蒼潤高秀，直入司農之室。又有張明經彥曾，字農聞；程孝廉方濟，字玉樵；邱茂才叔倫，字易齋；皆工畫。若論老輩中，自當以香府、妙士爲最也。

孫鑑堂銓，一字小迂，崑山人，乾隆庚子孝廉，司鐸南匯。墨竹宗夏仲昭，山水宗黃鶴山樵，寫生得白陽筆意，亦兼南田法，爲成邸所賞。余在京師，於張鹿樵舍人大鏞齋中見水墨掛屏四軸：一爲孫小迂，一爲王椒畦，一爲李曉江，一爲顧容堂。四者之中，小迂爲最。

容堂農部之畫，或有過於重滯，痕跡未化者。曾於屠南塘茂才處見水墨扇頭，淸超絕俗，脫盡恆蹊，始知其能事不可及也。南塘云：「此幅雜於廢紙中，後檢出重付裝池。」嗟乎！吾人之筆墨，其傳與不傳，蓋亦有幸不幸焉。彼將棄而復存者，夫獨非厚幸乎？抑亦筆墨有神，不可磨滅也。

朱靑立昂之，武進人，僑居吳中。父文嶸，字峻三，號酉巖，乾隆己亥孝廉，司鐸興化，素工六法。靑立濡染家學，尤得力於惲王諸家。余所見扇頭小景，筆墨超妙，似董宗伯。

惲潔士徵君以畫竹著名，然山水極淸超。客游淮陰，櫻鞵桐帽，時相過從。一日以畫稿十餘幅示余，余盡索取之，徵君絕無難色，余亦自笑其過貪也。徵君工文章，喜吟詠，世其家學，一鈎一點，皆讀書人手筆。余獨居悶損，忽徵君叩門，足音跫然，則諧笑之聲達於鄰屋，不復知日之早暮矣。

徵君有游天台圖小幅，長五寸許，極千巖萬壑之觀。仙人游戲，絕大神通，擬之國初諸老，則惟香山有此魄力耳。

徵君云：「古人胸列五嶽，故靈氣奔赴於腕下；今人墨守成規，所畫山水樹石，皆如木刻泥塑，愈細密，愈窒滯矣。」又云：「近日江左畫家多崇尚南宗；若能於北宗中尋討源流，亦足以別開生面。」余曰：「南宗固吾人之衣鉢，然須用過北宗之功，乃能成南北之大家。」

徵君笑而語余曰：「知言哉！」

徵君客淮安，課讀於王大令、趙守戎家，皆余所薦也。兩家皆藏余畫幅，俱不經意之作。徵君謂余曰：「此雖非君出色之筆，然卽此山頭焦墨數大點，已在六法中喫過多少苦功矣。」歲暮假館歸陽湖，余贈以詩云：「暫時分手卽消魂，風起平沙暮色昏；話別慚無新釀酌，衝寒幸有敝裘存。依人心事憐彈鋏，何日溪山穩閉門？春水毘陵催客棹，遲君重把舊詩論。」又有高陽臺一闋，懷合肥學博陸祁生繼輅，兼柬徵君云：「淝水三竿，淮雲千里，蕭然兩片寒氈。兒女零丁，病魔共此沈綿。平安問訊，匆匆報，不分明，事有難言。嘆空梁燕壘，歲歲年年。別無吟嘯登臨地，只雲尖釣者，小住湖邊（徵君自稱白雲尖釣徒）。相見雖稀，浹旬來往差便。聞渠近得君消息，把君詩共展燈前。黯銷魂，風也堪憐，雨也堪憐。」

平生所遇畫家甚多，然晨夕講貫，得師友之益者，於徵君外，落落數人而已。友人以山水見贈，余所尤心愛者必有題詠。曾題椒畦所贈畫册，有祝英臺近一闋云：「遠山青，深樹碧，雲氣盪虛白。竹石坡邊，突兀一亭出。正當暑雨初收，庭陰落翠，忽添得一天寒色。問平昔，除是梅鶴迂癡，同君許分席。鑿險穿幽，不到謝公屐。一片水色天光，迷離莫辨，只滿紙莽蒼荒率。」又前調題芝田贈册云：「米南宮、董北苑，神似貌能變。粉碎虛空，獨自闢生面。怪君臥病荒江，癯顏鶴立，偏落筆這般遒健。好東絹，寫出如此溪山，披圖令人羨。猿鳥烟蘿，孤負十年願。倘許置我圖中，結廬小住，請補寫板扉雙扇。」

錢叔美杜，號松壺小隱，錢唐人。山水花卉皆瀟灑拔俗，對之如見黃叔度，令人鄙吝盡消。嘗爲芥航河帥畫太華聞鐘圖，是時河帥解組歸秦中，圖寓贈別之意，渲染水墨，迷離隱約，有黯然消魂之致。題欵及詩，寫作俱妙，余亦題其後云：「關雲罨靄霜華重，華頂鐘聲入詩夢，最高寒處悄無人，鏗爾鈞璈引丹鳳。仙人攜帚掃莓苔，我公翩然歸去來；鯨魚發響翠微合，嶽雲應爲昌黎開。綠野堂中聚朋盍，詩聲鐘聲互相答；青山舊雨暢襟靈，漱玉飛泉聽鏜鎝。蓮華青杳翳層陰，我欲從之烟水深，偶撫焦桐按弦索，爲公手譜還山吟。」

曩在都門所見朱野雲居士鶴年山水，清刻峭拔，以能品而兼逸品者也。黃左田尚書鉞，畫法宗北苑、巨然，曾於友人齋中見之，嘆爲神品。琉璃廠肆每見尚書所作條幅，神氣重滯，皆贋作也。富陽相國董文恭公，畫法得東山尚書之家傳，侍直南書房軍機處，翰墨皆邀宸鑒。琉璃廠所有者，皆是贋品。

朱素人本，字濈夫，揚州人。善寫花卉人物，兼工山水。名與野雲相埒，京師有二朱之目。

成鹽蓀儁，通州人。山水以烘染見長，惟少枯筆皴擦，然其佳處頗近文待詔、董宗伯。鹽蓀來淮，客陸春堂從星家。春堂與李少白續香同居，少白曁其弟芷江友香皆工詩，春堂、鹽蓀，迭相唱和，每遇文酒游醼，鹽蓀必繪圖紀之。

周曉峯汝璠、鄭一峯爲章，俱淮郡畫家也。曉峯設色小景規摹文待詔，意致娟秀；一峯縱橫揮霍，見眞實力量，尤長於巨幅。二君皆深於六法者，吳門所刻畫史彙傳，搜羅極富，余亦濫厠卷中，而二君闕如，不能無遺珠之憾也。又如虞山李小霞已見卷中，而其父味霞山人，未見輯錄，其實小霞之畫，乃原本家法者也。余已裒錄數人，郵寄吳中，屬朗峯彭君補刻矣。海內畫家甚多，珊瑚鐵網，惜未能遍收掌握耳。

一峯有贈朱潤南紵設色山水立軸，淋漓蒼莽，一氣渾淪，筆意絕似沈石田。

朱潤南字亦僑，自號南郭老農。先是淮安有熊鶴亭怡，善畫牛，潤南得其師法，水村山郭，或寢或訛，點綴生動，野趣橫溢，特不肯輕以與人。嘗有某氏持扇求畫，漫應之，翌日持名柬來促，乃大怒曰：「而亦知朱亦僑平日不肯爲汝輩作畫乎？」擲扇還之，其人喪氣而去。然潤南極謙雅眞率，少時爲諸生，中年後久棄舉子業。余晤見時年已七十餘，猶執弟子禮。家無擔石，口不言貧，蔬食布衣晏如也。

李少白茂才，工詩古文詞，見余畫，心愛之，願受學焉。余云：「學畫年過四十，恐失之晚。」少白志益堅，請益力，乃出其稿相示，雖亂頭粗服，然不是全無邱壑者。因以焦墨竄改數處，較之原作，頓見精采。文人心思，何所不至，苟鍥而不舍，安知異日不卓然成家也。

子淦茂才啓山，少白之兒子也。英年嗜學，工古今體詩，所著有扶疏閣集。執經於余者數年矣，近亦受畫學，位置淸楚，無冗雜之病，異日可許成家。凡作畫先講邱壑，亦猶作文之先講篇段也，邱壑分明，則篇段成就矣，卽宜進之以烘染。而氣韻之生動，骨采之蒼秀，則全從乾筆皴擦中得來。善用乾筆，則畫之能事，思過半矣。

齊子冶學裘，婺源人，梅麓太守之子。詩學東坡，書法宗歐虞，畫亦力追元人。嘗贈余扇頭設色小景，蒼秀有氣骨，英年得此詣力，未易量其所到。

余門弟子受畫學者，如戴孝廉嘉德，字立齋，江西大庾人；達孝廉麟，字厚庵，內府正白旗人，此二子天分皆極高。一別數年，今歲俱從京師南下，順道過淮，見訪學舍，匆匆即別，惜未叩其所學也。

雷菱舟騎尉良弼，存齋之令嗣也。花卉翎毛，妙得南田風致。其夫人靜莊女史，名守箴，亦工寫生。余嘗見其扇頭作穿花蛺蝶，活色生香，栩栩然如欲飛去。而傲霜秋豔圖絹本立軸，尤爲絕妙之作，冷豔瀞冶，脫盡脂粉習，擬之惲清於，眞未肯多讓也。

菱舟好蓄古錢，論畫之暇，嘗出所藏以相賞玩，余已錄數種，採入泉史。嘗言於役津門，道經山左，所見頗多異品。余屬其廣爲搜訪，以補泉史之闕軼。果有所得，當作山水巨幛以報之云。

畫雖小技，然亦須屛除他好，如養木雞，苦心孤詣，上追古人。積至十數年，無間寒暑，方有進境。若銳意作畫，不及數月，功已間斷，畏難而憚苦，不能於苦中求甘，難中求易，堂堂白日去如馳，不亦大可惜乎。作畫且然，何況文章，學問斷無不勞而獲之理。虛衷集益，勿坐井而觀天，資深逢源，毋臨渴而掘井。余屢向諸同人苦口勸學，輒曰：「某爲塵事所累。」或曰：「某爲境遇所迫。」此皆自暴自棄耳。如果立志旣定，則貧病憂患，無適而非學之時也；井竈市廛，無適而非學之地也。敢書此以爲諸同人勸。

谿山臥游錄卷第三　　邑後學繆朝荃重校刊

谿山臥游錄卷第四

鎭洋　盛大士　子履　撰

余友王少尹守曾，字建仁，號蒨石，司農之五世孫也。客游淮上，訪余於射陽學舍，剪燈對酒，詳敍先澤。其行篋中有司農題畫存稿，攜以相示，亟錄數條，見司農所以出入百家，獨成大作手者，天資學力，皆臻絕頂，非淺學之士所能輕爲學步也。倣黃子久爲曹廉讓作，題云：「筆墨余性所躭習，每遇知音，不敢輕試，輒作常至經年累月，稍得妥適，終未得希蹤古人。此圖爲廉讓年兄所作，長夏公餘，勉爲點筆，淸況索米，時復攖心，澀滯從氣韻中不覺現出，何以副知音之請乎？書以誌愧。」倣大癡爲毘陵唐益公作，題云：「要倣元筆，須透宋法，宋人之法一分不透，則元筆之趣一分不出，毫釐千里之辨在此，子久三昧也。益老年世翁兄，文章政事之餘，旁及藝事，筆墨一道，亦從家學得之，都門論心，深爲契合。今將製錦南行矣，寫此奉贈請正。」倣大癡秋山，題云：「大癡愛佳山水，至虞山見其頗似富春，遂僑寓一二十年，湖橋酒瓶，至今猶傳勝事。吾谷楓林爲秋山之勝，癡翁一生筆墨最得意處，所謂峯巒渾厚，草木華滋，於此可見古人之匠心矣。余侍直辦公之暇，偶作此圖，有客從虞山來，遂以持贈，質之巨眼，有少分相合否？」倣大癡爲儲又陸作，題云：「余少年筆墨，以習帖括未能竟學，自出於陽羡儲夫子之門後，方得專心從事。又四十餘年矣，余猶憶三十年前爲先師作一小幛，亦倣大癡，爾時腸肥腦滿，信手塗抹，不知作何境界也。近與又陸二世兄聚首都門，歷敘夙昔，未免有交密跡疎之嘆。又兄欲得拙筆弆之行囊中，以當時時晤言，並與前畫一較優劣，是必有以教我矣，作此圖以請正。」倣淡墨雲林，題云：「仿雲林筆，最忌有傖父氣，作意生淡，又失之偏枯，俱非佳境。立稿時從大意看出，皴染時從眼光得來，庶幾於古人氣機，不相逕庭矣。」倣趙大年，題云：「惠崇江南春，寫田家山家之景，大年畫法，悉本此意，而纖妍瀞冶中，更開跌宕超逸之致。學者須味其筆墨，勿但於柳暗花明中求之也。」倣范華原，題云：「范中立溪山行旅，取正面雄偉，見其巖巖氣象；玆取側勢，亦是一法。」倣董巨合筆，題云：「畫中董巨，猶吾儒之有孔顏也。余少侍先奉常，並私淑思翁，近始略得津涯，方知初起處，從無畫看出有畫，卽從有畫看到無畫，爲成性存存之宗旨。董巨得其全，四家具體，故亦稱大家。」仿老米筆，題云：「襄陽筆法，得董北苑墨妙，而縱橫排宕，自成一家，其入細處，有極深研幾之妙。得其迹併得其神，則於諸家畫法，無微不入矣。康熙己丑，自春徂夏，供奉之暇，仿北宋四家鍊筆，因少陵有示阿段詩，卽以付范侍者。石師道人又題。」倣小米筆，題云：「山水蒼茫之變化，取其神與意。元章峯巒，以墨運點，積點成文，呼吸濃淡之間，進退厚薄之際，無一非法，無一執法。觀米家畫者，止知其融成一片，而不知其條分縷晰中，在在皆靈機也。米友仁稱爲小米，最得家傳，結構比老米稍可摹擬，而古秀另有風韻，猶書中羲獻也。宋大宰爲收藏名家，聞有米畫，余未之見，爾載年世兄以同里得觀，囑筆亦倣米意，余未經寓目，古人神髓，豈能夢見，以意爲之，聊博噴飯可爾。」倣梅道人，題云：「筆不用煩，要取煩中之簡；墨須用淡，要取淡中之濃，能於位置間架處步步中肯，方得元人三昧。如命意不高，眼光不到，雖渲染周緻，終屬隔膜。梅道人潑墨，學者頗多，皆粗服亂頭，揮灑淋漓，以自鳴其得意，於節節肯綮處，全未夢見，無怪乎有墨豬之誚也。己丑中秋，乍霽新涼，興會頗適，因作是圖，並書以弁其首。」倣董思翁設色，題云：「思翁畫於董巨荆關、黃趙倪高諸家，悉皆入室。瀟洒中有精神，黯澹中有明秀，皆其得力處也。予家舊藏有江上垂綸圖，係平遠設色，用筆純是古法。余變爲高遠，摹倣其筆意亦近之，但未能脫化耳。時己丑九秋九日。」倣王叔明，題云：「山樵酷似其舅，筆能扛鼎，晚年更師巨然，一變本家體，可稱冰寒於水矣。」仿北苑筆爲匡吉作，題云：「匡吉學畫於余，已二十年，古人成法，皆能辨其源流。今人學力，皆能別其緇素。惟用筆處爲窠臼所拘，終未能掉臂游行，余願其爲透網之金鱗也。前莅任學博時，余贈一册，名曰六法金鍼。別七八年，名已大成。近奏最而來，以筆墨見示，六法能事，已綱舉目張，若動合機宜，平淡天眞，別有一種生趣，似與宋元諸家，尙隔一塵。今花封又在中州，舍此而去，定然飛騰變化。余尙慮其爲筆墨之障也，特再作北苑一圖，匡吉果能於意氣機之中，意氣機之外，精神貫注，提撕不忘，余雖老鈍不足引道，然於此中不無些子相合。試於繁劇之際，流連展玩，一曠胸襟，則得一可以悟百，定智過其師矣，勉旃！」大横披倣設色大癡，爲明凱功作，題云：「余於筆墨一道，少成若天性也，本無師承。誦讀之暇，日侍先大父贈公，得聞緒論。久之，於宋元傳授貫穿處，胸中知有所據，發之以學文，推之以觀物，皆因此理。每至無可用心處，間一揮灑，成片幅便面，無求知於人之心，人亦不我知也。甲午秋間，奉命入直，以草野之筆，達於至尊之前，殊出意外。生平毫無寸長，稍解筆墨，皇上天縱神靈，鑒賞於牝牡驪黃之外，反復益增惶悚，謹遵先賢遺意，吾斯之未能信而已。都門風雅宗匠所集，間有知我者，余不敢自諉，亦不敢自棄，竭其薄技，歸之淸祕，以供捧腹，不敢以此求名邀譽也。」以上數條，皆司農隨筆偶書，然紀平生之功力，開後學之津梁，嘉惠藝林，厥功甚鉅。題贈匡吉一條中云一册名六法金鍼者，卽仿古畫册，名液萃者是也。此册卷面題「六法金鍼」四字，係司農之叔撰，字巽公，其題籤云八十四叟隨菴撰書。是册本贈匡吉，不知何時，又歸入司農家，今爲蕉石所藏。余向有摹本，攜至浙東，爲友人竊去，至今以爲恨事。

李長蘅、程孟陽畫，余在虞山張氏、屈氏見之最多。長蘅、孟陽俱以植品積學重於時，與婁子柔、唐叔達稱嘉定四先生。其畫皆逸品，非塵中人所能夢見也。

長蘅與孟陽皆工畫，長蘅嘗語子柔云：「精舍輕舟，晴窗淨几，看孟陽吟詩作畫，此吾生平第一快事。」子柔笑曰：「吾却有二快，兼看兄與孟陽耳。」在都門孫伯觀雞樹館，遇曲中一姬度曲，心賞之，作一畫相贈。姬攜囘張室中，海內文人游都門者，無不往觀，姬遂成名。王西樵題長蘅小幅云：「壓雲突兀一峯蒼，石路寒松共渺茫；莫怪丹青足詩意，詞人解識李流芳。」長蘅僅一北上，遂成名士，往來湖山，謂可終老，不意遽返道山，每遘遺墨，想見其爲人。此條見周櫟園讀畫錄。

陸子若學欽，余之同里故人，同登鄉薦，若論畫則余之師也。余少受業於虞山李味霞山人，而拘守蹊徑處，子若一一駁正之。嘗云：「學近人畫，不如多玩古人畫耳。」子若宗法奉常、司農，胸有萬卷，落筆皆卷軸膏腴。澹於榮利，無仕宦心，中鄉舉不赴公車。琴學虞山正派，書法蘇米，古今體詩出入三唐兩宋間。年甫四十，遽返道山。其品格之高峻，性情之恬逸，余擬之以李長蘅，眞如出一轍也。

子若有落梅畫册，爲悼亡作也。其自題云：「余臥室前綠蕚梅一株花，時常與內子徘徊其下。今年二月六日，晨起盥潄後，小立花陰，見殘英滿地，棖觸悲懷，愴然賦之，聊成四韻，用寫九愁云爾。「恨煞金鈴少護持，哀音無那笛中吹；因緣易醒羅浮夢，天地難留冰雪姿。瘦影本來空俗豔，暗香從此費相思；穠華讓與閒桃李，若問東皇也自疑。」「竹外豐標迥出塵，無端萎謝向芳晨；舊時流水空留影，以後繁華不是春。直遣罡風成小刼，可應明月認前身；拖泥帶水堪憐汝，誰伴孤山處士貧？」「怪來粉墜更香飄，悽斷芳魂不可招；若有人兮風策策，最無聊處雨瀟瀟。蘚階狼籍愁難拾，紙帳清寒夢自撩；悟得瓊姿原幻相，漫拈麝墨寫生綃。」「孤懷未肯爲花忙，獨對殘英意倍傷；雪魄不禁春晼晚，縞衣猶記澹梳妝。昏黃院落悲清角，寂歷園林弔夕陽；任爾廣平心似鐵，賦成容易斷人腸。」」

吾鄉距吳門、虞山、鹿城、婁城，皆百里而近，舊家所藏名畫甚多，明季迄國初諸小名家，各有流傳手蹟，而賞鑒家皆能別其眞贋。余自至淮上，則所見絕少，淮郡人豔稱鹺商多藏古畫，今已散佚，卽其所存者，亦多假托宋元題欵，而實贋品也。名畫藏者少，識者亦少，一江之隔，所見所聞已若此，甚矣畫學之難言也。

奚鐵生性孤介，其所作畫，必視其人之可與乃與之。曾有貴官慕其名，延請數四，不得已而往，則貴官猶高臥未起，閽人不肯通報，鐵生已心鄙之。及相見，命家人持絹，限以時日，鐵生大怒，嫚罵之。貴官亦怒，以鐵生訴於令。令謂鐵生宜稍貶往謝，鐵生堅不肯往。令素聞鐵生名，曰：「吾豈以貴官辱高士哉。」執轡愈恭，卒盡賓主之禮而去。嗟呼！此令之賢，過於貴官遠矣。

粵東文士，能詩者兼工畫，黃小舟侍御玉衡、張南山司馬維屏，及黃香石明經，皆深於畫學者。小舟寫梅，得王元章遺意；香石著述甚富，曾讀其浮山小志，如置身於烟霞泉石間，噓吸吐納，俱有仙氣，古藤書屋中餞余南歸，作天際歸舟圖，筆意曠逸。南山畫余未之見，然人皆言其所作與時派不同。性酷好松，嘗云：「畫松要於不經意中，見極經意處。」

香石過余宜南寓齋，見臥游錄，袖之而歸。翼日以書來云：「臥游錄簡括精超之作，培芳獲濫廁其間，何幸如之。燈下卒業，勉題數語，未足闡萬一耳。吾粵近來工此事者頗多，卽如順德一邑，斐然成章者指不勝屈，如二樵、藥房、虛舟諸君，已往者不計，今則如順德之張如芝孝廉、南海之謝蘭生庶常，皆遠出弟之上，弟於此事則眞未夢見也。知足下物色人才，故略言之。西冷許玉年茂才，筆亦蒼秀，所撰畫品，係其弟余門人乃普手書，附呈二紙備覽。今日率作送行圖，殊不佳，以足下嗜痂，自忘其醜；分韻詩亦並上，不足當大雅一粲。順候不具。培芳頓首。」

天津劉少白庚，以拔萃科貢成均，工楷法，得晉人風致，一日作數千字，姸媚工整，絕不錯誤。客京師數載，曾爲李香雨職方涵作設色畫屏甚妙。鎭平黃香鐵孝廉釗題截句云：「懸崖飛瀉百重泉，紙上濛濛欲化烟；莫怪出山流太急，决渠須灌十洲田。」「桐木十圍棲鳳侶，茅屋三間來鶴羣；呼僮掃逕露初滴，滿地水痕浮綠雲。」「綠楊深處隱棲鴉，水榭風亭日未斜；曾向苑家橋畔見，一羣蘆鴨唼荷花。」「歸雁殘霞落暮砧，江頭寒色最蕭森；橫江一艇渡邊泊，坐看霜烟生夕林。」

己卯初春，天氣寒甚，都下燈市，人蹤寂寥，雪花如掌，余日在嘉善黃霽青太史安濤寓齋，圍爐賦詩。及南歸時，霽青太史倩余作山水，今已不甚記憶矣。燈下偶檢霽青手牘，不勝天末懷人之感。其一函云：「子履足下，春闈竣後，得意可知，卽擬過候，緣小事牽率，當探明足下不出門時，再行奉詣，快讀高文耳。弟大約外典不遠，久企妙墨，特具絹本一，紙本一，乞點染兩圖，他日衙齋坐對，如見故人，幸甚。惟足下正寫萬言策時，乃遽爲此請，殊有能事迫促之懼，未識可以金壺餘瀋，一爲揮灑否？外具作圖景色一紙，乞下筆時裁之。」又一函云：「從者啓行，初七之期定否？送行詩急就章，不佳奈何。話雪圖已裝好，其圖之右方，乞書五古十韻原作，留左方弟當自書和作也。賓主前後，幸勿以撝謙倒置。晚間可否得閒？望過我話別何如？此問行佳。安濤白。」顧南雅學士蒓，爲人倫師表，翰墨亦弁冕名流。善畫蘭，余嘗作畫蘭歌書於扇頭，並寫山水贈之。南雅答書云：「承贈便面，妙擅三絕，然弟又有請者，暇時希將詩意畫一橫幅，並將此詩錄於圖後，以爲蕭齋珍玩。可裝作手卷，乞諸同人題詠，不識有此興否？此復並謝。蒓頓首。」展玩此書，忽忽數年，久負良友之請，爲歉然也。己卯秋，余自都門歸，渡江南下，篷牕對酒，作南徐山色圖，倣董華亭設色法。淮關榷使長白達公見而愛之，索去借觀，未幾榷使移節粵海，索之竟不見還。此卷別無佳處，惟有同人題詠，一朝失去，甚可惜也。猶憶王椒畦題云：「曾經十度過淮南，樹色重重暗碧嵐；今日披圖一相憶，羨君禿筆老猶堪。」蔣三島題云：「雲影松陰翠欲遮，石梁山徑有人家；清輝似入天台路，盡日看飛水碧花。」烟澪雲嶠圖，作於丙子夏日吳門客館中，淑畦、芝田、頻伽諸君，皆有題詠。是卷屢易稿，卒不工，然至今猶鍥不舍置者，亦以題跋多故人手蹟也。

大庾戴可亭相國海淀園居，舊爲富陽董文恭公別業，有林泉之勝。余於己卯初春，移榻寓此，雪橋公子屬作園居雪霽圖倣李營邱筆絹本長卷，用筆頗合深淺之法，惟廊廡亭榭，未能工細。曾有底稿藏諸篋衍，南歸時已失去矣。

淮關文津書院，林木秀美，環繞清漣，天長程禹山虞卿主講二十餘年，極幽棲之樂。禹翁素工詩，性愛客，余嘗作文津雅集圖，並繫以詩。講堂中有權使李公汝枚所作水墨巨幛，濡染淋漓，神完氣足，眞傑作也。

石谷嘗自題其畫云：「子久之蒼渾，雲林之澹寂，仲圭之淵勁，叔明之深秀：雖同趨北苑，而變化懸殊，此所以爲百世之宗而無弊也。及乎近世，風趨益下，習俗愈卑，而支派之說起。文進、小仙以來，而浙派不可易矣；文沈而後，吳門之派興焉；董文敏起一代之衰，抉董巨之精，後學風靡，妄以雲間爲口實；瑯琊、太原兩王先生，源本宋元，媲美前哲，遠邇爭相倣效，而婁東之派又開。其他傍流緒沫，人自爲家者，未易指數，要之承訛藉舛，風流都盡。輩自髫時搦管，矻矻窮年，爲世俗流派拘牽，無由自拔。大抵右雲間者，深譏浙派；祖婁東者，輒詆吳門；臨穎茫然，識微難洞。已從師得指法，復於東南收藏好事家縱覽右丞、思訓、荆、董勝國諸賢，上下千餘年，名蹟數十百種，然後知畫理之精微，畫學之博大如此，而非區區一家一派之所能盡也。」按石谷此論，是康熙初年間風氣耳。近日文進、小仙，無人願學；董與文沈，法嗣繁衍；瑯琊、太原，江浙皆奉爲正宗，學者之趨向不謬矣。而筆墨遠不逮前人者，總以所見名蹟不多，故取材未能宏富耳。

余在里門，偶見裝潢家有殘畫一束，中有黃皆令設色山水扇頭，姸妙絕倫。余問肯售否？答云：「本係託銷之物。」余適有虞山之行，不及還値，且扇頭單欵，只署皆令二字。賈人亦並不知其爲何許人也，意此畫未必遽有識者，終落余手耳。往虞山不數日卽歸，急覓之，則有客從吳門來，見之卽重價購去矣。妙畫不易得，交臂失之，是天下第一恨事。皆令名媛介，嘉興才女，詩文書畫皆佳絕。其夫楊世功，未有文名，有天壤王郎之感。皆令以筆墨供薪水，轉徙吳門，食貧自給。虞山錢牧翁邀至絳雲樓，留件柳夫人，教授詩學。吳梅村祭酒有鴛湖閨詠詩四律，皆令亦有和作，附見程迓亭梅村詩箋中。詩箋未有刊本，余嘗於友人齋中見之，今不能記憶矣。梅村詩云：「石州螺黛點新粧，小拂烏絲字幾行？粉本留香泥蛺蝶，錦囊添線繡鴛鴦。秋風搗素描長卷，春日鳴箏製短章；江夏只今標藝苑，無雙才子掃眉娘。」「休言金屋貯神仙，獨掩羅裙淚泫然；栗里縱無歸隱計，鹿門猶有賣文錢。女兒浦口堪同住，新婦磯頭擬種田；夫婿長楊須執戟，不知世有杜樊川。」「絳雲樓閣倣空虛，女伴相依共索居；學士每傳青鳥使，蕭娘同步紫鸞車。新詞折柳還應就，舊事焚魚總不如，記向馬融譚漢史，江南淪落老尙書。」「誰吟紈扇繼詞壇？白下相逢吳綵鸞；才比左芬年更少，壻求韓重遇應難。玉顏屢見驚花度，翠袖須愁烟雨寒；往事只看予薄命，致書知已到長干。」

近日名家畫，流傳淮上者頗少。憶數年前有賈人携鐵生設色山水一軸，亦並不知畫家爲何許人也。因其署名奚岡二字，故於軸上貼簽云：「奚岡先生山水。」余閱之不禁大笑，詭應之曰：「此是近時人筆墨耳，」還價甚少。賈人去，疑其必復來也，閱數日蹤跡之，已爲人購去矣。此與黃皆令扇頭同失之於交臂，至今悵快。

張船山太守問陶，四川遂寧人。詩名重於海內，畫特其餘事也。然山水深得古法，折枝鷹鳥，蒼秀得神；余於虎觀齋中見其所畫奇石，獨開生面。
孫子瀟庶常源湘，常熟人。余在海虞之語溪，偕味霞山人冒雨扁舟訪之，子瀟欣然，留宿數日，口占一詩見贈云：「船到柴門老樹迎，一身秋雨帶詩情；山經我住雲俱懶，琴喜君來壁自鳴；舊識兒童顏盡熟，暫遊城市路偏生；年荒酒味淸於水，愁對簷花且共傾。」余亦和韻，因率意之作，故不存稿。子瀟畫梅，得楊補之筆意。
譚韶九明經天成，一字石舲，虞山人，余之門下士也。爲學官弟子，負重名，屢赴省試，不得志而終。古今體詩，神似高靑邱，畫墨蘭墨竹皆工絕。
張恂哉家駒，弟霞房紫琳，皆吳中諸生。先世吾邑人，父廉夫，自婁東遷吳，因占籍焉。余與恂哉昆季，敍戚誼爲丈人行，每過吳門，必留宿其家。所畫山水，皆飽觀焉，用筆得元人風格。霞房弟家駿，字坰元，工人物。
王復齋功後，山東諸城人。山水能用乾筆，爲竇松軒司馬汝鉤畫桃源護城圖，因河隄漫口，司馬督兵搶護，丁夫各持畚鍤，司馬東西指揮，與男婦奔走驚惶之狀，歷歷在目，可以繼鄭俠流民圖矣。
張傳山百祿，直隸滄州人。善山水，兼工花卉，余於淮上曾見數幅，皆生峭。

儀墨農克中，山西平陽人，諸生。僑寓嶺南，工詩文。時黃霽青爲潮州太守，以國士目之。赴京兆試，路出淮壖，持霽青書見訪，索余畫山水小册，並贈以詩。然未知其工於畫也，畫史彙傳中載其畫法宗耕煙散人云。

余爲淮上友人作畫，少愜意者，惟贈趙君瑞卿瑄立軸四幅，爲經營慘淡之作，然亦祇春景、秋景二幅爲愜意耳。余素嗜古泉，瑞卿贈我若干種，皆余未及收藏者。平生於金石之學，俱未拏玩，惟於古泉幣有癖好焉，果有瓊玖之投，必不吝木李之報也。瑞卿篤於友誼，性不妄交，有古君子風。

余好讀乙部書，門弟子中惟山陽郝茂才其燮史學甚深，同郡人罕有及者。余所著宋書補表、南北史正例，皆郝君所商訂者也。嘗索余畫深山論史圖，有設色團扇頗佳，並擬作條幅贈之，惜塵事刺促，至今未就耳。

凡贈人之畫，其題跋皆須親切，不泛作渲染煙墨語。其題人之畫亦然，若詩詞雖佳，而與其人不相合，則不如不作，卽畫亦不能增重也。頻伽題余煙濤雲嶠圖，獎許太過，所不克承，然中有云：「千秋豈與汝曹爭，一藝亦必古人友，」是何等兀奡？其題奚鐵生雪泉卷云：「元詩有清閟，眞若冰雪淨；惟其詩格高，畫手亦相稱。天眞見荒率，孤抱此幽夐，偶作雪泉詩，定籟滿淸聽。吾友奚蒙泉，風骨老益勁，坎壈纏終身，但博虛名盛。詩篇或遜之，畫乃幾季孟，點筆爲此圖，兼以一詩媵。流傳歸鶩農，得之動色慶；大弓已失楚，玉環非取鄭（圖爲曹氏作，今藏景氏）。摩挲感雲烟，先後富題詠；老我閱世久，萬事等墮甑，祇餘文字交，宿昔同性命。展卷盪心魂，恍如玉山映，題詩苦筆弱，著語不能硬。」

余爲頻伽作衆山一覽圖水墨手卷：層巒疊巘，頻伽高坐於山頂，蓋以喻其嶔奇磊落，不可一世也。題云：「天風起閶闔，吹來此狂客。眼因齊魯青，頭爲江湖白。雖同萬物遊，而視塵境窄。茲圖劇蒼莽，隱現羣眞宅。虹梁落彩雙，雲橫去天尺。身曳青霞被，手弄明月魄。諸峯皆兒孫，何處躡其跡？但望最高頂，蒼然古松柏。」

頻伽不工畫，而詩深得畫理，如「七分柳色三分雨，一月行人過秀州」，「明燈綠酒春如海，細柳紅闌水是羅」，「連朝小雨不成雪，一樹野梅初着花」，「偶逢舊雨能無酒？暫放新晴定爲花」，皆絕妙設色小景也。至「天外星光如替月，廊邊屧響未霑泥」，「前夜月明今夜雨，南山有鳥北山羅」，「六街車走如雷響，三里花深奈霧何」，「風澹澹時春在水，綠愔愔處客思家」，「柳意困如人乍起，梅痕澹似酒全消」，則畫所不到矣。

孔俊峯大令昭杰，山東曲阜人，初名昭辰，後改今名。砥行力學，粹然有古儒者風，至聖七十一代裔孫也。官鹽城，有惠政，去官之日，邑中人士餞送者絡繹道左，賦詩贈行，積有卷帙，其瓢城送別圖，余所畫也。子三：長星盧憲階，次繡山憲彝，次經之憲緯，皆工詩。繡山爲余之門下士，隨其尊人旅寓淮郡，兄弟聯牀，拈韻唱酬。余爲作淮陰話雨圖水墨册子，係初冬景色，木葉已脫，城堞隱現，望郭外帆檣，在荒煙苦霧中，頗有意致，繡山之夫人葆瑛女史，朱氏，名璵，一字小莶，嘉興海鹽人，虹舫宗伯之女，朵山殿撰之從妹也。工隸書，揚州焦君仲梅春爲寫學隸圖，係青綠宮體。余擬作水墨寫意法，天寒硯凍，尙未成也。

繡山耆畫梅，於蕭疎古澹中，別有生動之致。嘗爲余作一小幅，古幹橫斜，萬花攢簇，蕭然坐對，如聞玉眞峯頂啁啾翠羽之聲。

司馬繡谷少尉鍾，江寧人。工翎毛花卉，寫山水亦磊落有奇氣。余見其飛瀑各圖册子，石法能用枯筆，飛泉奔注，聽之有聲，知其於此中能事三折肱矣。繡谷之妹夢素女史，善寫沒骨花卉，曾繪百蝶圖。用筆超妙，着紙欲飛，閨閣中擅此絕藝，尤不易得。飛瓊仙馭，遽返瑤池，惜夫！

青浦陸萊藏我嵩，余二十年前舊雨也。以進士起家，官閩中，屢著政績，由大令荐擢郡守。今春入都，訪余於淮上，贈余詩，有「斷縑詩畫十三秋」之句，蓋紀壬午六月，道經淮壖，余以詩畫贈行事也。事隔十有三年，余不復記憶，而故人之心，惓惓若此，殊爲可感。

張介純大令用熙，桐城人。余在都門，曾訂文字交，今官山陽，相聚三載，氣誼更洽。余嘗贈以畫屏四幀，其春林曉黛圖，尤爲愜意之作。

凡索畫者必以巨幅，此最不解事，而復紙質粗惡，屢憎於人，殊屬可笑。近日扇面，迴不逮前人，惟浙產尙佳，吳下次之，白門則斷不可畫矣。淮上扇舖，乃金陵市肆中之尤劣者。友人索寫山水，又不能不强爲應酬，此眞畫家之厄也。芥航河帥每索余畫，必云：「淮上無佳紙，請君自擇略可下筆者，爲我一揮，不計時日，且不必限以尺寸也。」自非深知畫學之甘苦者，何能作此語。芥翁有願游圖二十四幀，其峨嵋積雪圖，余所畫也，頗蒙賞鑑云。

李小洲通守賡颺，河南鄭州人。曩嘗執經於余，爲諸生，屢試高等，未得一第，乃循例貢成均，遂登仕版。小洲善花卉寫生，精於鑒賞，少嘗意者，獨於余畫有嗜痂之癖。年來遠宦西江，音書遲滯，余所作偶有愜意者，亦無從賞析，不勝故人天末之思。

是編始於嘉慶丙子冬，余在西泠寓齋，偶爾輯錄。明年丁丑入都，添綴若干條。嶺南黄香石見而愛之，辱爲弁語。己卯南歸，庋藏篋衍，未暇增改。羈宦射陽，忽忽三載，曩昔交游，星離雨散，而文章翰墨，彌戀舊緣，煙雲供養，更多新侶。陽湖惲徵君，夙工家學，激賞是編，頗以元晏自居。余乃復取友人評論與聞見所及者，並著於篇。道光壬午十月，鎭洋盛大士識。

余年六十餘，詩文皆懶不多作，惟於畫學，嗜之益篤。偶檢篋中，有舊輯溪山臥游錄，始於嘉慶丙子，成於道光壬午，自壬午距今，又十寒暑矣。曩者持論，猶未盡允洽，所遇畫家，亦宜增補，因復删潤一過，釐爲四卷。嗣後纂述，當爲續編。癸巳嘉平十有二日，大士呵凍又識。

後序

婁東向推畫藪，子履先生熟聞鄉前輩之緒論，故其用筆蒼古秀逸，出入宋元諸大家。所著谿山臥游錄，裒輯曩聞，獨攄心得，闡前賢之理趣，導後學之津梁；兼以舊雨題襟，新朋翕羽，縞帶紵衣之會，琴歌酒賦之間；寄逸思於霜毫，託遙情於烟墨，神仙游戲，咳唾雲霞。竊謂先生此書，度畫家以金針，與詩話相表裏，作者既寓意於山水翰墨之中，覽者可會心於絹素丹青之外也。彝自隨宦瓢城，客游淮郡，與先生爲忘年交。癸巳之秋，家君命彝執贄於門，得受詩文義法，畫學尙未能問業。惟性喜畫梅，於寫生賦色，粗涉津涯，異日倘能屏除塵事，究心六法，循是編以得其用意之所在，而與及門戴李諸君共傳先生之學，則固所願也。道光甲午季春月望日，闕里受業孔憲彝。

辛卯壬辰間，吾師子履先生以史學數種命燮參校，因移榻學舍，樂數晨夕。論史之暇，見先生游戲丹青，濡染翰素，與之所到，尺幅千里。燮於此事，素未究心，惟有望洋驚歎而已。先生等身著作，六法特其餘事，然神明規矩，不肯蹈襲時流蹊徑。此臥游錄，自丙子迄癸巳，閱十有八年，增删易稿，門下士屢勘魯魚，至是始有定本。燮雖不能贊一辭，而尋繹是書所云七忌三到六長四難之說，知畫家宗旨與詩古文詞實無二理。卽以史學而論，年經月緯，屬辭比事，敍述詳析，體例精審，亦猶畫家之淺深遠近，無一繁複，色不礙墨，墨不礙色也。提挈綱領，沿討源流，論世知人，旁通曲暢，亦猶畫家之峯巒拱揖，泉石迴抱，色中有墨，墨中有色也。然則作畫者若欲游乎象外，得其環中，勿泥成法，勿趨時好，則必胸有數萬卷書，方能縱橫揮霍，投之所向，無不如志，而不僅求之於一邱一壑間已。先生蕭然一氈，門無雜客，惟問字者屨滿戶外。而燮執經最早，受知獨深，每有譔述，皆得與讎校之列，故敢忘其檮昧而附綴數語。道光甲午孟夏，山陽受業郝其燮。

書評

〔余紹宋書畫書錄解題〕是編一二兩卷，多論畫法，或雜鈔前人論畫語。大致服膺麓臺，而以虞山派爲不甚可法。言畫法中亦有可采者。三四兩卷記其同時畫人與所交游，兼及題贈諸事，亦嘉道間畫史資料也。其無一定體例，蓋本爲隨筆劄記，後始輯以成編者，墨林今話謂其類周櫟園讀畫錄，不盡然。

鎮洋盛學博大士，字子履，號逸雲，又號蘭簃外史，嘉慶庚申舉人，司鐸山陽。生平博覽羣籍，學問淹雅，尤肆力於詩。嘗與其鄉王雲門大令並客吾邑，往還倡酬，多奇麗之作，同輩莫不推服。近更淳古雄厚，深造自然，著有蘊愫閣集。君夙好六法，壯歲始習皴染，大約以奉常司農爲宗，而加脫略，落落有大家風格。曩於吳門出觀所作烟濤雲嶠圖卷，蒼莽深秀，已心折之；既於魏塘又見其爲頻伽寫靈芬館圖，尤極蕭疎幽曠，擅元人之長。婁江畫學，得君復振，世必有貴重之者。學博之任山陽，有吏隱之樂，潛心著錄，既刻淮上倡酬集，復纂溪山臥遊錄，紀其平生所見古今妙蹟及前人題跋、諸家論畫，以迄近日士夫筆墨，綴以評語，類周櫟園讀畫錄，曾於漱石山房獲見一卷。余別學博已久，浮湛江湖，音問間闊，因送王參軍之淮上，爲寄一絕云：「西風江上一帆移，秋老淮南草未衰；十載冷官猶不返，因君問訊盛蘭簃。」墨林今話卷十三。

谿山臥游錄校勘記

本書用道光原刻本，光緒東倉書庫重刻本，北京圖書館藏鈔本，並美術叢書本互校訂補。

自序　第四行「層臺雲構」重刻本層誤作曾，從美術叢書本改層。

卷一　十頁　行十三末「墨光盡掩」重刻本盡字誤作善，此從畫筌原文改正。

卷二　十八頁　行十一「古人於墨稿上加描粉筆」重刻本筆字誤作本，此從方氏原文改正。

二十二頁　行十「淘汰淨盡」重刻本淘字誤作陶，此改淘。

同頁　行十一「近日吳門有賣製成花靑」賣字重刻本誤作買，此改賣。

卷三　三十三頁　行九「太倉司農擅神妙」重刻本太倉作太原，按太原應爲太倉，此改原爲倉。

三十五頁　行三「顧余豈賣畫行同市儈耶！」重刻本賣字仍誤作買，此改賣。

卷四　五十七頁　行六「以鐵生訴於令」重刻本訴字誤作塑，美術叢書本作愬，此改訴。

六十一頁　行二「矻矻窮年」重刻本作仡仡，仡仡無辛勤意，此改矻矻。

六十四頁　行五「瑞卿贈我若干種」各本若作如，此改若。

六十五頁　行十三「六街車走如雷響」重刻本街誤作萌，此從美術叢書本改街。

六十六頁　行十一司馬繡谷一條，字「余見其」以下脫「飛瀑各圖册子，石法能用枯筆，飛泉奔注，聽之有聲」二十字，此依原刻本及北平圖書館鈔本補入。

人名索引

畫史叢書人名索引例言

一、各作家排列次第，以姓氏筆畫多少爲先後。筆畫同者則以大姓列前，小姓次後。同一姓中，一般以名字上一字筆畫多少爲先後，至上一字亦同，則以下一字爲標準。

二、所注各書，爲簡便起見，酌取一字作代表。卷數亦用一二數字或原書上中下字樣注明：

歷代名畫記（記）	圖畫見聞誌（誌）
畫繼（繼）	宣和畫譜（譜）
圖繪寶鑑（鑑）	無聲詩史（史）
明畫錄（錄）	國朝畫徵錄（徵）
益州名畫錄（益）	吳郡丹青志（丹）
海虞畫苑略（海）	越畫見聞（越）
南宋院畫錄（南）	國朝院畫錄（國）
玉臺畫史（玉）	畫禪（禪）
竹派（竹）	墨梅人名錄（梅）

讀書錄（讀）　畫友錄（友）

履園畫學（履）　谿山臥游錄（谿）

各書中有補編（如圖繪寶鑑）、別錄（如玉臺畫史）或續編者（如國朝畫徵續錄）加補字、別字或續字於簡名之下。有書僅一卷者，只注一字，如竹、梅、履、友是。

三、本叢書因時歷數朝，人逾四千，其中頗有同姓名者，如：四個張遠，三個王鼎，凡此之類，各注其郡邑於每名之下，以示區別。

四、各書紀載，常有名字互用者，如：陳洪綬，無聲詩史與明畫錄皆作陳洪綬，讀畫錄作陳章侯；吳偉業，畫徵錄作吳偉業，讀畫錄作吳梅村，凡此之類，皆酌取其一，注其他名字於下。

五、各書紀載各作家姓名，有文字互異者，如：阮知晦，圖畫見聞誌卷二作晦，益州名畫錄卷中作誨，此從見聞誌作晦，而注誨於名畫錄下。又如潘璿，無聲詩史卷七作璿，明畫錄卷八作濬。按其字在衡，應爲璿，此從無聲詩史。

六、各書有因編撰疏漏，一人重見者，如：劉文惠，一見於圖繪寶鑑卷三，又見於卷四，實係一人，而編者不察。又薛穆，一見於明畫錄卷七，又見於卷八，亦係一人。凡此未便竟删，附記疑意於各名之下。

七、僧侶向無姓氏，只用法名，上冠釋、僧、宗師、禪師、頭陀、沙門各字，以表緇流。此仍沿舊例，獨爲一類，省去以上各字，取便尋檢。又各書所載無名作家，只記綽號或筆名：如三朵花，池州匠，鑑湖惰民等，雖無姓氏，仍取上一字列於各畫之後。又歷代帝王，舊日避諱甚嚴，此一律用其姓名，次於各姓氏中，並注明其帝號於下。

八、各書紀載畫蹟中，作家姓名，雖無條目作專門記述，仍收入索引內，以資參考。

姓氏目次

（十三畫）楊董葉鄒賈虞葛萬雷靳解詹溫雍楚路鄔經裘甄廉敬睢頓睞達愛

（十四畫）趙福裴翟蒲管齊聞暢熊寧榮蒯緒赫圖臺蒙綱翠嫘臧

（十五畫）劉蔣鄭蔡閻潘衛魯諸黎樊鄧談滕厲樓樂儀閭緣遲寫

（十六畫）錢盧鮑燕歐駱霍穆戰

（十七畫）謝韓戴薛魏鍾龍濮隱繆檀璩糜儲

（十八畫）蕭邊歸藍瞿顏豐聶簡闕薩

（十九畫）羅譚關麴瓊龐

（二十畫）蘇嚴竇蘧鐔

（二十一畫）顧

（二十二畫）龔鑑

（二十八畫）豔

僧侶

畫史叢書人名索引

字部	人名	書名・巻數・頁	數
丁			
	二畫		
	丁二陳	鑑續三・六八 越下・六四	928 1584
	丁元公	鑑續二・一六 徵上・三	876 1251
	丁文暹	鑑六・一六〇 錄六・七六 史六・九三	832 1051 1194
	丁玉川	鑑六・一六二 錄一・八 史六・九六	834 1054 1126
	丁以誠	履・一三	2141
	丁光	記七・八七	91
	丁完淑	鑑續三・七三 越下・六五	933 1585
	丁克揆	越中・三五	1555
	丁清溪	鑑五・一三九	811
	丁晞顏	鑑三・八九	761
	丁野夫	鑑五・一三八	810

字部	人名	書名・巻數・頁	數
	丁野堂	鑑四・九八	770
	丁野梅	梅・八	2012
	丁敍之	鑑續二・二二	882
	丁晛	誌四・六一 鑑三・五七 譜十八・二三三	207 607 729
	丁雲鵬	鑑續一・四 錄一・四 史四・六七	864 1025 1122
	丁遠	記五・七三	77
	丁瑜	徵續下・一一六 玉三・五七	1364 1935
	丁寬	記七・八七	91
	丁樞	鑑續二・五三 越中・四三	913 1563
	丁謙	誌二・三一 鑑二・三七 譜廿・二五七	177 631 709
	丁權	鑑四・九六 越上・六	968 1526
	丁觀鵬	國上・一一	1807

丁	丁觀鶴	國上・一五	1811
八	八大山人	徵上・一	1249
卜	卜舜年	徵上・一三（附顧樵等後）	1261
	卜醞藎	玉三・四五	1923
刁	刁光胤	誌二・一九 鑑二・二三 譜十五・一六七 益中・一八	165 659 541 1396
三畫			
于	于氏	繼六・四四 鑑三・八〇	314 752
	于宋	徵續下・一一二	1360
	于邵	鑑補・一四五	817
	于兢	誌二・二〇 鑑二・三七	166 709
	于蒨	史七・一三二	1090
	于錫	記十・一二二 鑑二・二三 譜十五・一六七	126 541 695
干	干溥	鑑續二・五六	916
	干旄	鑑續二・五七	917
上	上官伯達	鑑六・一五九 錄一・四 史六・九一	831 1049 1122
	上官周	徵下・六七	1315
三	三朵花	繼五・三四 鑑三・七七	304 749
大	大簡之	鑑四・一二三	795
四畫			
王	王一鵬	鑑續一・一 錄三・三五 史二・二四	861 982 1153
	王入佐	鑑續一・一一 梅・一九	871 2023
	王三錫	履・三	2131
	王子元	鑑續二・四五（附陸鴻後）	905
	王子新	錄三・四一 錄八・一〇九（同書一作逢元實係一人）史三・五〇	1008 1159 1227
	王子寧	鑑續二・四四	904
	王士元	誌三・三六 鑑三・五〇 譜十一・一二六	182 500 722
	王士昌	錄四・五五	1173
	王士熙	鑑五・一三三	805

人名	出處	編號
王功後	谿四・六三	2215
王世昌	鑑六・一六八 史七・一二六 錄三・三四	840 1074 1152
王世英	鑑四・一一五 竹・三	787 1991
王可訓	繼六・四七 鑑三・八一	317 753
王用之	鑑四・一一二 南八・一七七（附王輝後）	784 1781
王弘	鑑二・三〇	702
王田	鑑六・一六五 史六・一〇一 錄三・三一	837 1059 1149
王由	記八・九五 鑑補・一四三	99 815
王奴	記七・八六	90
王永高	越下・四九	1569
王幼學	國上・二四	1820
王主簿	繼四・二四、鑑三・七三（鄢陵）	294 745
王仲元	鑑五・一三〇	802
王仲玉	錄八・一〇八	1226
王仲舒	記八・一〇一	105
王式	鑑續二・四八 錄八・一一〇 徵中・四〇	908 1228 1288
王有年	鑑續二・五九 徵上・二一（附馮源濟等後）	919 1269
王行	錄二・二〇	1138
王自越	越中・三一	1551
王安道	鑑四・一一九	791
王守曾	谿四・五一	2203
王竹嶺	谿三・三四	2186
王廷策	史四・六八 越上・一七	1026 1537
王伯臣	海・七	1469
王伯姬	玉三・四二	1920
王伯敬	梅・一三	2017
王杓	梅・三	2007
王佐才	鑑三・八〇	752

王

王朏	記十・一二三 鑑二・一八 譜六・六二	127 436 690
王柏	鑑四・九七	769
王英孫	鑑五・一二八 越上・八	800 1528
王玨	鑑補・一四九	821
王思任	鑑續一・九 越上・二一 史四・七七	869 1035 1541
王昱	徵下・五二（附王原祁後） 越下・五五	1300 1575
王建極	史七・一二二 錄五・六一	1080 1179
王俊	海補・三三	1495
王彥	鑑六・一六八 840 史六・一一三 1071 錄七・一〇一 1219 越中・四〇 1560 梅・一八 2022	
王奐	錄五・六三（附藍瑛後） 越中・三一	1181 1551
王洪	鑑四・一一八	790
王美人	玉二・一〇	1888
王泰之	鑑五・一三〇（附王鼎後）	802
王宰	記十・一二〇 益下・四〇 鑑二・二四	124 696 1418

王洽	譜十・一〇四 鑑二・二〇	478 692
王浹	誌二・二〇 鑑二・二六	166 698
王殷	誌二・二二 鑑二・三八	168 710
王秉濟	誌三・四四 鑑三・六一	190 733
王晟	鑑三・八九	761
王訓成	鑑四・一〇三	775
王庭筠	鑑四・一二一	793
王振鵬	鑑五・一二六	798
王畊	鑑補・一四六	818
王時敏	鑑續二・一七 錄五・六七 史四・七三 徵上・二	877 1031 1185 1250
王恭	錄三・三一	1149
王挹眞	錄三・三九	1157
王原祁	徵下・五一	1299
王珪	海・一	1463

王

王烈	海・一九	1481
王恩浦	海補・三四	1496
王徐錫	越中・四一	1561
王訓成	鑑四・一〇三	775
王致誠	國下・五一	1847
王朗	玉三・三四	1912
王起高	越下・四八	1568
王起宗	鑑五・一三七	809
王宸	履・四 友・八	2112 2132
王國材	鑑續二・一三	873
王峻	海・一九（附王烈後）	1481
王浩	谿三・三一	2183
王國夋	讀四・五九 越中・三六	1556 2093
王國則	鑑續二・一三	873
王紹宗	記九・一一四 鑑二・二四	118 696
王偉	誌二・二五 鑑二・三九	171 711
王商	譜三・二五 鑑二・三一	399 703
王曼慶	鑑四・一二一	793
王清叔	鑑四・九三	765
王梅夫	梅・一九	2023
王華	鑑四・一二〇 南八・一七五	792 1779
王紱	鑑六・一五八 錄七・九二 史一・九	830 967 1210
王崇	鑑補・一四八	820
王崇節	鑑續二・二八	888
王崇簡	鑑續二・三三 徵上・二一	893 1269
王問	史三・三九 錄六・八三	997 1201
王乾	史六・一〇四 錄六・八二	1062 1200
王基永	鑑續二・五三 越中・四三	913 1563

王顯道	王顯	王瓛	王巘	王鐘	王鑑	王譽昌	王繼宗	王鐸	王醴	王競	王寵	王獻之	王藻
鑑繼三·五·七七	錄三·三五	誌三·三六○ 鑑三·三九	徵中·四八	徵中·四七	鑑續二·六·一九 錄五·六八 徵上四·二七○ 史四·七四	海·一六	錄二·二二	鑑續二·二·三三 徵上·二·○ 史四·七二	鑑續一·一一	鑑四·一二三	鑑四·一二二	記上·五·一六七 越 史二·三二	鑑三·八八
304 749	1153	185 732	1296	1295	879 1032 1186 1268	1478	1140	893 1030 1268	871	794	990	71 1521	760

方

方宗	方叔毅	方孝孺	方百里	方兆曾	方以智	方夫人	方夫人	方氏	方方壺	方大猷	方士庶	王靄	王麟
錄八·一一二	錄一·一一	錄七·九二	鑑續二·二五	友·四	史七·一三○	玉三·四一(皖城人)	玉三·四一(漢上人)	玉二·一七 梅·九(作桐廬方氏) 鑑三·八○	鑑五·一三九	徵上·二一	徵續下·一○一	誌三·三六○ 鑑三·三九	越上·一○
1230	1129	1210	885	2108	1088	1919	1919	752 2013	811	1269	1349	185 732	1530

二一一

毛惠遠	記七・八七 鑑補・一四三	91 815
毛嵩	記九・一一二	116
毛遠公	鑑續二・四〇 越中・三九	900 1559
毛稜	記七・八八（附毛惠遠後）	92
毛際可	鑑續二・三二	892
文		
文氏	繼五・四一（張昌嗣母） 竹・二	311 1990
文同	誌三・三六 鑑三・五九 譜二十・二五三	182 627 731
文伯仁	鑑續一・一 錄三・四〇 史二・二八 丹・二（附文徵明後）	861 986 1158 1438
文定	徵續上・八四	1332
文命時	徵續上・八八	1336
文英	海・二六	1488
文淑	鑑續三・七三 史五・八五 錄六・八九（作俶） 玉三・二九 徵續下・一一四（作俶）	933 1043 1207 1362 1907
文柟	徵續上・八四	1332
文掞	徵續上・八四	1332
文從昌	史二・二九	987
文從簡	史二・二九 徵續上・八四	987 1332
文彭	鑑續一・一 錄七・九五 史二・二八	861 986 1213
文嘉	鑑續一・一 錄三・四〇 丹・三（附文徵明後） 史二・二八	861 986 1158 1439
文徵明	鑑六・一六八 錄三・三九 史二・二七 丹・三	840 985 1157 1439
文震亨	錄五・六一	1179
文勳	繼四・二五 鑑三・七三（作勛）	295 745
文點	徵上・一七	1265
尹		
尹小野	徵中・四五	1293
尹大夫	南三・五五 鑑四・一一五	787 1659
尹白	繼六・五一 鑑三・八三	321 755
尹長生	記六・八一	85
尹耜	海補・三三	1495
尹琳	記九・一一二 鑑二・二七	116 699

左	左全	誌二・一七　益上・八　鑑二・二二五	163 697 1386
	左建	鑑三・一一六	788
	左楨	徵續上・八九	1337
	左禮	誌二・二五　鑑二・三二　譜三・二六	171 400 704
司	司馬承禎	記九・一一四　鑑二・二八	118 700
	司馬寇	繼五・四五　鑑三・八一	315 753
	司馬紹	記五・六五（晉明帝）	69
	司馬鍾	谿四・六六	2218
	司馬靁	越中・四〇	1560
	司馬夢素	谿四・六六	2218
白	白用和	鑑四・一〇五（附白良玉後）　南八・一七四	777 1778
	白旻	記十・一一九　鑑二・二九	123 701
	白昌	鑑補・一五一	823
	白良玉	鑑四・一〇五　南八・一六六	777 1770

	白思恭	鑑補・一四九	821
包	包寀	鑑四・一二〇	792
	包貴	誌四・六三　鑑三・六九	209 741
	包鼎	誌四・六三　鑑三・六九	209 741
	包壯行	鑑續二・四五	905
	包爾庶	鑑續二・四九	909
石	石恪	誌二・四一　鑑三・四五　譜七・七一　益中・二六	187 445 717 1404
	石銳	鑑六・一六二　錄一・一五　史六・九六	834 1133 1054
	石谿	鑑續二・三四　讀二・二三	894 2057
申	申柳南	錄五・六七	1185
	申屠亨	鑑補・一四八	820
	申奇猷	鑑續二・一八	878
	申茗清	鑑續二・四五	905
令	令元素	鑑補・一四四	816

甘		
甘風子	繼五・三三 鑑三・七七	303 749
古		
古煌	履・八	2136
皮		
皮簡	鑑補・一五一	823
六畫		
朱		
朱九齡	友・一六	2120
朱士謙	錄一・九 海・六	1127 1468
朱山	徵續上・九二	1340
朱大洞	鑑補・一四九	821
朱方華	徵續上・九六	1344
朱文奎	錄一・六	1124
朱文豹	史七・一二四	1082
朱之士	錄六・八八	1206
朱之仕	史四・六五（附朱之蕃後）	1023
朱之蕃	史四・六五	1023
朱斗兒	鑑續三・七一 玉五・七一	931 1949
朱孔陽	鑑六・一六七（作孔易） 錄二・二四　史一・一一	839 1142 969
朱氏	鑑補・一四七 玉一・五（明仁懷皇后）	819 1883
朱氏	玉二・一六（常州人）	1894
朱玉	鑑四・一〇九 南八・一七四	781 1778
朱玉耶	錄五・七〇 玉四・六三	1188 1941
朱本	履・七 谿三・四七	2135 2199
朱生	史三・四九　錄三・四二 丹・三	1007 1160 1439
朱先	史七・一三一	1089
朱光普	鑑四・一一〇 南三・五五	782 1659
朱朴	錄四・五七	1175
朱如玉	玉三・五四	1932
朱自方	錄二・二五	1143
朱有燉	錄一・二（明周憲王）	1120

朱有爌	錄一・二（明鎭平恭靖王）	1120
朱多炡	錄四・四九	1167
朱多燅	錄七・九六	1214
朱多爟	錄一・五	1123
朱仲仙	錄一・三（明建安王）	1121
朱邦	錄一・八	1126
朱佐	錄一・九 海・三（附朱琪後）	1127 1465
朱完	錄七・九六	1214
朱近修	讀四・五一	2085
朱見深	鑑六・一五七　史一・一 錄一・一（明憲宗）	829 959 1119
朱臣	鑑續二・五八	918
朱抱一	記九・一二	116
朱宗翼	繼六・四六 鑑三・八一	316 753
朱邱	鑑五・一三七	809
朱芝垝	錄一・二（明三城康穆王）	1120
朱承錫	徵中・四八	1296
朱承爵	史三・五二 錄六・八二	1010 1200
朱昂之	谿三・四四	2196
朱知鄦	讀一・一〇	2044
朱雨花	玉別・四	1964
朱孟約	錄七・九七	1215
朱侃	錄三・三〇 海・三（附朱琪後）	1148 1465
朱芾	錄六・七五	1193
朱治憪	海・二三	1484
朱祁鈺	史一・一（明景宗）	959
朱柏	錄一・二（明湘獻王）	1120
朱佳會	鑑續二・五八	918
朱貞孚	史七・一一五 錄三・四二	1073 1160

朱

朱象先	繼四・二七 鑑三・七四（松陵人）	297 746
朱象先	鑑補・一五四	826
朱統鍡	錄六・八四	1202
朱雲輝	徵續下・一一〇（附朱雲燝後）	1358
朱雲燝	徵續下・一一〇	1358
朱絪	徵上・二四	1272
朱軫	越下・五八	1578
朱棟妻	玉一・七（明郢王妃）	1885
朱遐源	史一・二（明樂安王）	960
朱嵩	越下・五九	1579
朱羲	鑑三・五三	725
朱裕	鑑五・一三四	806
朱僧辯	記六・八三	87
朱祺	錄三・二九 海・三（祺作琪）	1147 1465

朱瑛	鑑續二・二八	888
朱漸	繼六・四六 鑑三・八一	316 753
朱瑤	鑑二・三七 越中・四二	709 1562
朱端	鑑六・一六九 錄三・三九 史一・一一	841 969 1157
朱銓	鑑六・一六九 錄三・三四 史六・一一二	841 1069 1152
朱蒙	錄一・九（附朱佐後） 海・三（附朱琪後）	1127 1465
朱綸	史二・三一	989
朱韶	鑑續二・二三	882
朱實	鑑續一・五	865
朱賓占	徵中・三二	1280
朱審	記十・一二〇 鑑二・二四	124 696
朱銳	鑑四・一〇一 南二・三四	773 1638
朱德潤	鑑五・一三二	804
朱慶棸	史七・一二四 錄四・四九（作聚）	1082 1167

朱			
朱瑩	譜十四・一五九	533	
	鑑三・五三	725	
朱質	錄八・一一二	1230	
朱蔚	鑑續二・二六	886	
朱羲	譜十四・一五八	532	
朱謀卦	錄六・八四	1202	
朱謀鷀	錄四・四九	1167	
朱謀[illegible]	錄四・四九	1167	
朱謀壑	錄六・八四	1202	
朱謀觳	錄六・八四	1202	
朱翰之	讀一・九	2043	
朱彌錦	錄一・二（明唐成王）	1120	
朱澗南	谿三・四七	2199	
朱應祥	鑑六・一六五	837	
	錄七・九五	1063	
	史六・一〇五	1213	
朱簡章	誌二・二三	169	
	鑑二・三八	710	
朱鶴年	谿三・四六	2198	
朱懷瑾	鑑四・一〇六	778	
	南八・一七七		
朱繇	誌二・二五	171	
	鑑二・三二	401	
	譜三・二七	704	
朱橚	錄一・一（明周定王）	1119	
朱雝模	徵續上・九四	1342	
朱瞻基	鑑六・一五七	829	
	錄一・一（明宣宗）	959	
	史一・一	1119	
朱馥	玉五・八〇	1958	
朱權	史一・二（明寧獻王）	960	
朱繡	徵中・四五	1293	
朱鑑	史六・一一一（附朱銓後）	841	
	錄三・三四	1069	
	鑑六・一六九	1152	
朱鷺	史四・七〇	1028	
	錄七・九七	1215	
朱觀熰	錄八・一〇九	1227	
朱觀[illegible]	錄八・一〇九（附朱觀熰後）	1227	
江			
江文斗	錄八・一一二	1230	

姓	姓名	出典	番號
江	江玉	友・一三	2117
	江志	記八・一〇一	105
	江在峽	鑑續二・四六	906
	江思遠	記五・七三	77
	江青	谿三・四〇	2192
	江梅鼎	友・九	2113
	江惟清	鑑補・一四八	820
	江參	繼三・二二 鑑四・九五	292 767
	江僧寶	記七・九二	96
	江遙止	讀四・五二	2086
	江聲	海・一九	1481
任	任生	鑑補・一五〇	822
	任安	繼七・五七 鑑三・八六	327 758
	任貞亮	記九・一一三	117
	任從一	誌四・六四 鑑三・六九	210 741
	任源	繼五・四二 鑑補・一五三（字道源）	312 825
	任源	繼六・五二 鑑三・八四（漢州人）	322 756
	任道遜	鑑六・一六〇〇 錄七・一〇〇 史七・一一七 梅・一七	832 1075 1218 2021
	任詢	鑑四・一二一	793
	任粹	繼四・三一 鑑三・七六	301 748
	任誼	繼三・一八 鑑三・七二	388 744
	任撫幹	鑑補・一四九	821
成	成子	繼四・二九 鑑三・七五	299 747
	成宗道	繼六・四五 鑑三・七七	315 749
	成兗	鑑續二・二〇	880
	成處士	鑑補・一四六	818
	成儁	谿三・四七	2199
米	米友仁	繼三・一九 鑑四・九三	289 765

仰	仰止	鑑續三・五九	919
	仰廷旬	錄四・五五	1173
全	全氏	玉一・六・（宋度宗后）	1884
汝	汝太君	玉三・四二	1920
自	自然老人	鑑五・一三〇	802
危	危道人	鑑補・一五二	824
池	池州匠	繼六・四八 鑑三・八一	318 753
羽	羽孺	鑑續三・七〇	930
	七畫		
李	李八師	誌三・四七 鑑三・六七	193 739
	李士行	鑑五・一二五 竹・四	797 1992
	李士昉	記九・一二五（附李果奴後）	119
	李士雲	繼六・四六 鑑三・八一	316 753
	李士達	史四・六九 錄一・一二	1027 1130
	李士傳	鑑五・一三五	807
	李士實	史六・一一一	1069
	李子安	錄一・九 海・七	1127 1469
	李山	徵續上・九八（附朱倫瀚後）	1346
	李文才	誌三・四〇 益中・二三 鑑二・四一	186 713 1401
	李文奎	錄一・九 海・七（均附李子安後）	1127 1469
	李文靜	鑑續三・七四	934
	李元昌	記九・一〇三（唐漢王） 譜十三・一四四 鑑二・一二	107 518 693
	李元素	鑑四・一一三	795
	李元崇	繼五・四〇 鑑三・七九	310 751
	李元嘉	記九・一〇三（附李元昌後） 鑑二・二六（唐韓王）	107 698
	李元嬰	記九・一〇三（附李元昌後） 譜十五・一六四（唐滕王） 鑑二・一三	107 538 695
	李元濟	誌四・四六 鑑三・六七	192 739
	李公年	譜十三・一三二 鑑三・五一	506 723

李

李正臣	譜十九・二四五 鑑三・五八	619 730
李立志	海補・三七	1499
李玉品	鑑續二・一八	878
李仲永	梅・四	2008
李仲昌	記九・一一二 鑑二・二七	116 699
李仲和	記十・二二四 鑑二・二三 譜十三・一五二	128 526 695
李仲芳	鑑續一・五（附李麟後）	865
李仲宣	譜十九・二四五 鑑三・五八	619 730
李仲略	鑑四・一二三	794
李仲華	鑑四・一二四	796
李成	誌三・三七 鑑三・四八 譜十一・一一三	183 487 720
李安忠	鑑四・一〇一 南二・二九	773 1633
李因	鑑續三・六四 錄六・八九 越下・六三 史五・八六 徵下・七二 玉四・六二	924 1044 1207 1320 1583 1940
李有	鑑五・一二七	799
李早	鑑四・一二三	795
李在	鑑六・一五九 錄二・二五 史二・一三	831 981 1143
李次山	鑑補・一四九	821
李吉	誌四・六〇 鑑三・六八	740
李交	鑑補・一五三	825
李延之	譜二十・二五八 鑑三・六〇	632 732
李沖	鑑五・一三六	808
李希成	繼六・五〇 鑑三・八三	320 755
李希閔	鑑補・一五三	825
李良	鑑續二・五〇（作李良佐） 錄八・一一一	910 1229
李邦熾	谿三・三七	2189
李辰	鑑續一・七（作宸） 錄八・一一一	867 1229
李亨	友・六	2110

李思賢	鑑四・一一二	783
李昭	繼四・二六 鑑四・九四	296 766
李昭道	記九・一一一 鑑二・一九 譜十・一〇一	115 475 691
李洪度	誌二・二〇 益上・七 鑑二・二五	166 697 1385
李枳	鑑二・三六	708
李咸熙	鑑補・一四八	820
李茂	鑑三・六五	737
李相國	記九・一一三	117
李衎	鑑五・一二五 竹・三	797 1991
李春	鑑四・一一二	784
李苑使	鑑四・一一三	785
李⿱日彔	鑑六・一六三 錄七・九四 史六・九九	835 1057 1212
李約	鑑補・一四六	818
李楙	徵中・四三	1291

李爲憲	徵下・五一（附王原祁後）	1299
李貞儷	玉五・八〇	1958
李遜	記十・一一八 鑑二・二九	122 701
李祝	誌二・二五	171
李祐	誌四・六一 鑑三・六九	207 741
李祐之	鑑四・一一六	788
李唐	繼六・五〇 南二・七 鑑四・一〇〇	320 772 1611
李時	錄二・二三	1141
李時敏	譜二十・二五三 鑑三・六〇	627 732
李時雍	譜十二・一三三 鑑三・五一	507 723
李時澤	繼五・三五 鑑三・七八（澤作擇）	305 750
李倜	鑑五・一二八 竹・四	800 1992
李郡	史七・一一六 錄一・一〇	1074 1128
李容瑾	鑑五・一三四	806

李

李

李壽儀	鑑二・四一 益下・三七	713 1415
李端	繼六・五三 南二・三六 鑑四・一〇一	323 773
李察	鑑補・一四五	817
李漢卿	鑑四・一二四	796
李漢舉	鑑三・八〇	752
李賓	錄六・八七	1205
李榮	履・九	2137
李穀	鑑續二・五五	915
李澄	鑑四・一一九	791
李德	谿三・三五	2187
李德柔	繼四・三四 鑑三・四五 譜四・四七（作得柔）	304 717 421
李德茂	鑑四・一〇九 南八・一六九	781 1773
李德豐	錄四・五七	1175
李審	誌二・一二二（附李玄應後）	168
李遵	鑑四・一一二	784
李遵易	繼七・五五 鑑三・八五	325 757
李默	友・一六	2120
李璣	友・一六	2120
李遴	錄八・一一二	1230
李適	鑑四・一一三	794
李澥	鑑四・一一一	793
李興宗	南七・一五八	1762
李曆颷	谿四・六七	2219
李穎	鑑續二・四五	905
李蕃	繼五・四〇 鑑三・八〇	310 752
李馨	谿三・三四	2186
李篔嶠	鑑五・一三三	805
李嶧	越下・五〇	1570

李確	鑑四・一一二	784
李曄	鑑續二・四五	905
李隱	誌四・五三 鑑三・六三	199 735
李懷兗	誌四・五八（作懷袞） 鑑三・六八	204 740
李贊華	譜八・八八 鑑二・三四	462 706
李翽	鑑補・一四四	816
李鏞	徵中・三一	1279
李藩	鑑續二・四五	905
李覺	繼六・五一 鑑三・八四	321 756
李櫟	海・二三	1485
李躍	錄一・九（附李子安後） 海・七（附李子安後）	1469
李權	鑑四・一〇七 南八・一七八	779 1782
李鱓	徵下・六七 國上・七	1315 1803
李鱗	鑑續一・五 錄一・五 史四・六七	865 1025 1123
李靈省	鑑二・二五	697
李靄之	誌二・二二 鑑二・三五 譜十四・一五七	168 531 707
李蠻子	記九・一一三	117
李鬱	鑑補・一五一	823

吳

吳一鱗	海補・三八	1500
吳九州	繼七・五六 鑑三・八六	326 758
吳小坤	越下・六四	1584
吳大素	越上・一〇 梅・一三	1530 2017
吳山	鑑續三・六七 海・二〇	927 1482
吳士冠	史七・一二五 錄八・一二	1083 1230
吳子遠	鑑續二・三五（作期遠） 讀四・五六	895 2090
吳子璘	錄二・二四	1142
吳文英	錄一・八	1126
吳文南	錄四・五七	1175

吳昕	鑑續二・三七	897
吳來玉	鑑續三・六五	925
吳昌	鑑續一・六 史四・六九 錄四・五三（均附吳振後）	866 1027 1171
吳孟琦	越下・四七	1567
吳宗愛	鑑續三・六八	928
吳炳	鑑四・一〇二 南五・九五	774 1699
吳俊臣	鑑四・一一九 南八・一六九	791 1773
吳屋	鑑五・一三五	807
吳秋林	史六・一〇六	1064
吳秋聲	徵續上・八八	1336
吳映瑜	玉別・五	1965
吳拭	海・一二三	1485
吳彥國	鑑續二・一六	876
吳眞	鑑補・一五一	823

吳振	鑑續一・六 史四・六九 錄四・五三	866 1027 1171
吳振武	徵下・六四	1312
吳庭暉	鑑五・一三三	805
吳娟	史五・八四 玉三・四一	1042 1919
吳娟娟	鑑續三・七一	931
吳舫	海補・三四（字蘅皐）	1496
吳舫	鑑續二・五三（字方舟，維揚人）	913
吳晃	錄五・六二	1180
吳純	錄一・一三	1131
吳桂	國上・二五	1821
吳進	誌四・六三 鑑三・六四	209 736
吳規臣	玉別・三	1963
吳梅山	鑑五・一三一	803
吳梅仙	錄八・一一三 玉五・七七	1231 1955

吳

呉隱之	鑑補・一五〇	822
呉豫杰	徵中・四一	1289
呉歴	鑑續二・三一　海・一二　徵中・四六	891 1294 1474
呉穎	徵續上・九〇	1338
呉興老儒女	玉三・三三	1911
呉蕊仙	鑑續三・七六（作祺）　玉三・三四	936 1912
呉孺子	錄六・八三	1201
呉霞所	鑑五・一三九	811
呉應貞	徵下・七三　玉三・五一	1321 1929
呉應棻	徵下・六一	1309
呉諤	徵中・四二	1290
呉鎮	鑑五・一三二　梅・二一	804 2015
呉歸山	錄六・八八	1206
呉懷	誌四・六三　鑑三・六四	209 735
呉鏞	海補・三五	1497
呉瓊仙	玉三・五九	1937
呉鵬	友・八	2112
呉瓌	鑑四・一一九	791
呉麒	錄三・三六（常熟人）	1154
呉麒	鑑續一・七（賓山人）	867
呉繼善	錄五・六六　谿三・三一	1184 2183
呉瓘	鑑五・一三五　梅・一二	807 2016
呉巘	錄七・九三	1211
呉麟	海・六	1468

沈

沈士充	鑑續二・一五　錄四・五三　史四・六九	875 1027 1171
沈士廉	錄七・一〇一　梅・一六	1219 2020
沈月田	鑑五・一三二	804
沈月溪	鑑五・一三六	808

沈彥選	徵下・七三 玉三・四九	1321 1927
沈春澤	錄七・九六 海・八	1214 1470
沈映暉	徵續下・一一 國下・五〇（作映輝）	1359 1846
沈奎	錄六・七九	1197
沈紀	徵上・一六	1264
沈某	海・六	1468
沈峯	海・二一	1483
沈陛	鑑續二・四六	906
沈益	鑑續二・五四	914
沈崙	海・一一	1473
沈寅	錄四・四九	1167
沈雪坡	鑑五・一三〇 梅・一〇 錄七・一〇二	802 1220 2014
沈陶璋	海補・三八	1500
沈煥	國下・六七	1863

沈軫	錄五・六六	1184
沈巽	錄三・三九	1157
沈喩	徵中・三一	1279
沈遇	史一・一二 錄二・二五	970 1143
沈崳	國上・二五	1821
沈嵓	鑑續二・二四	884
沈源	國上・八	1804
沈聖昭	鑑續二・五八	918
沈粲	記七・八七	91
沈瑞鳳	鑑續二・四八	908
沈誠	史七・一一九 錄二・二七	1077 1145
沈韶	鑑續二・三八 徵上・一六	898 1264
沈碩	鑑續一・一 錄五・六四 史三・五六	861 1014 1182
沈鳳	徵下・六六	1314

汪泰來	徵續上・九三	1341
汪荇	海補・四二	1504
汪國士	海補・四〇	1502
汪桂	鑑續二・六一	921
汪梅鼎	履・一〇	2138
汪冥	鑑續二・二一	881
汪淇	海・一五	1477
汪喬	鑑續二・三四	894
汪智	鑑續二・六〇	920
汪溥	徵續下・一一一	1359
汪肇	鑑續一・一〇 錄三・三三 史二・一二三	870 981 1151
汪維	海・一三（附汪儒後）	1475
汪質	鑑六・一六五 錄三・三一 史六・一〇九	837 1057 1149
汪慶	史七・一二一	1079
汪澄	錄八・一一二	1230
汪儒	海・一三	1475
汪樸	徵中・四二	1290
汪鴻	谿三・四〇	2192
汪繩煐	徵下・六七	1315
汪繹辰	徵續上・九三	1341
汪癡	海・一三	1485

宋

宋子房	繼三・一七 鑑三・七一	287 743
宋之望	鑑補・一四五	817
宋天麟	徵中・三五	1283
宋永年	鑑四・一一八 梅・七	790 2011
宋永錫	譜九・九六 鑑三・四七	470 719
宋令文	記九・一一四 鑑二・二八	118 700
宋汝志	鑑五・一三九 南八・一七四	811 1778

宋

姓名	出典	番號
何濂	史七・一二三	1081
何澄	鑑三・八七（長沙人）	759
何澄	鑑六・一六五 錄三・三一（毘陵人） 史一・一三	837 971 1149
何震	錄七・九五	1213
何曇	錄五・七〇	1188
何霸	誌四・六五 鑑三・七〇	211 742
呂		
呂文安	玉別・二	1962
呂元亨	鑑四・一一六	788
呂拙	誌四・六六 鑑三・六六	212 738
呂佐	徵上・二八	1276
呂紀	鑑六・一六六 錄六・七七 史二・一九	838 977 1195
呂梁	海補・四一	1503
呂猶龍	徵下・五六	1304
呂棠	鑑續一・七	867
呂源	鑑四・一一三	785
呂煥成	越中・三三	1553
呂敬甫	錄六・八八	1206
呂端俊	錄七・九七	1215
呂漸	鑑三・八八	760
呂嶤	誌二・一八 益中・二五 鑑二・二五	164 697 1403
呂潛	徵續上・八四	1332
呂學	鑑續二・三八 徵中・四四	898 1292
佘		
佘熙璋	國下・六五	1861
余		
余正元	徵上・一四	1262
余仲揚	錄五・六五	1183
余省	徵續上・九七 國上・一五	1345 1811
余珣	海・一五	1477
余集	履・四	2132

	完顏亮	鑑四・一二一	793
完	完顏璹	鑑四・一二二	793
岑	岑恩	海補・三五	1497
谷	谷蘭芳	鑑續三・七三	933
貝	貝俊	記十・一一九	123
改	改琦	履・二二 谿三・四〇	2140 2192
伯	伯顏不花	鑑五・一三八	810
車	車道政	記十・一一九 鑑二・三一	123 703
東	東章孟	錄一・五	1123
沃	沃叔奕	越中・四五	1565
秀	秀隱君	玉二・一九	1897
延	延平妓	玉五・七〇	1948
赤	赤目張	鑑四・一一三	785
	赤盞君實	鑑五・一三八	810

八畫

周	周子敬	記九・一一三	117
	周士標	徵續上・九八	1346
	周之冕	鑑續一・五 錄六・八四 史三・五六 海・七	865 1014 1202
	周之楨	海・三一	1493
	周之恒	徵中・三九	1287
	周元素	史六・八九	1047
	周太素	記十・一二四 鑑二・三〇	128 702
	周文矩	誌三・四二 鑑三・四五 譜七・六九	188 443 717
	周文靖	鑑六・一五八 錄二・二六 史六・九一	830 1049 1144
	周天球	鑑續一・四 錄六・八一 史七・一一九	864 1077 1199
	周古言	記十・一一八 鑑二・一八 譜五・五八	122 432 690
	周白	鑑四・一一七	789
	周用	錄三・三七	1155

周

人名	出處	號
周世臣	史四・七九	1037
周世沛	鑑續二・一八	878
周左	鑑四・一一九　履・七	2135 791
周汝璠	谿三・四七	2199
周吉言	鑑補・一四九	821
周如齋	鑑五・一三六	808
周全	鑑六・一六五　錄五・七二	837 1190
周行通	誌二・二九　益中・二五　鑑二・四〇	1403 712 175
周助	鑑補・一四四	816
周況	徵中・四六	1294
周位	錄二・一八	1136
周良	友・七	2111
周臣	鑑六・一六七　錄三・四二　史二・二九　丹・四	1440 1160 987 839
周昃	錄七・一〇一	1219
周杲	徵中・三八	1286
周炘	友・一六	2120
周官	史三・四九　丹・三　錄一・一〇	1439 1128 1007
周昉	記十・一二三　鑑二・一八　譜六・五九	690 433 127
周季畹	鑑續二・一三	883
周玫	鑑續二・二五（附周裕度後）	885
周炤	玉三・三六	1914
周珏	鑑四・一一六　越上・七	1527 788
周思兼	錄四・四七	1165
周思濂	徵續下・一〇三	1351
周信	錄四・四八	1166
周度	鑑續二・二四	884
周眉	鑑續二・五五	915
周祚新	史四・七八	1036

周砥	史一・六 錄二・一九	964 1137
周容	徵上・八	1256
周荃	鑑續二・一九 徵續上・八七	879 1335
周秉	徵中・四三	1291
周時臣	史七・一二三	1081
周浦	海補・三八	1500
周烏孫	記九・一〇七	111
周純	繼三・二一 鑑三・七二	291 744
周素	鑑續三・七三	933
周康	錄八・一〇八	1226
周密	鑑五・一二六 梅・一〇	798 2014
周肅	海・三	1465
周教	史七・一二三	1081
周淑祜	鑑續三・六四（作周祜） 史五・八五 玉三・三一	1909 924 1043

周淑禧	鑑續三・六四（作周禧） 錄一・五 史五・八五 玉三・三一	924 1043 1123 1909
周黃霆	海補・三四	1496
周曾	繼七・五八 越中・四二 鑑三・八七	328 759 1562
周堯敏	鑑五・一三〇 竹・四	802 1992
周冕	梅・一六	2020
周弼	鑑補・一五二	824
周復	鑑續二・二四	884
周道	鑑續二・五七	917
周照	繼七・五六 鑑三・八六	326 758
周詢	鑑四・一一〇	782
周滉	譜十五・一六八 鑑二・二三	542 695
周鼎臣	鑑四・一〇九	781
周愷	鑑續二・四九 錄八・一一二 海・一五	909 1230 1477
周頌	錄六・七九	1197

林文貞	鑑續三・六八	928
林奴兒	史五・八二 玉五・七〇	1040 1948
林生	繼三・二〇 鑑三・七二(杭人)	290 744
林旭	史七・一二一 錄一・一一	1079 1129
林有麟	史七・一二六	1084
林伯英	鑑五・一三六 錄六・八五	808 1203
林良	鑑六・一六二 錄六・七七 史二一・一九	834 977 1195
林宏顯	梅・一六	2020
林金蘭	錄五・七一	1189
林泳	鑑四・九六	768
林彥祥	鑑四・一一九	791
林俊民	鑑四・一一七 南三・五五 越上・七	789 1527 1659
林垍	錄七・九七	1215
林時詹	錄三・三〇	1148
林雪	鑑續三・七二 錄五・七〇(作林天素) 史五・八三 玉五・七七	744 1041 1188 1955
林景時	錄三・三九	1157
林森	錄八・一一〇	1228
林媛	玉三・三六	1914
林椿	鑑四・一〇二 南四・七一	774 1675
林廣	鑑六・一六四 錄二・二七 史六・一〇〇	836 1058 1145
林維新	海補・四〇	1502
林霖	越下・五〇	1570
林簡生	友・一六	2120
林瓏	友・一六	2120
林靈素	鑑三・八七	759

金

金士珊	玉別・一	1879
金文鼎	鑑六・一六〇 史六・九二	832 1050
金文璡	錄七・九三	1211

金

邵

金銳	鑑六・一六〇（附金文鼎後） 錄二・二八	832 1146
金質	徵下・五六	1304
金輝	友・一四	2118
金璜	越下・五五	1575
金曉珠	徵續下・一一五	1363
金應桂	鑑五・一二六	798
金瑢	史二・二一 錄三・四一	979 1159
金學堅	徵中・四七	1295
金聲遠	錄七・九八	1216
金璐	鑑續二・五七	917
金黼	錄二・二三 海・三	1141 1465
金鵠泉	履・一三	2141
金鐸	履・六	2134
邵士昆	友・一〇	2114

邵士鈐	友・一〇	2114
邵士燮	友・一〇	2114
邵士鎧	友・一〇	2114
邵少徵	繼五・四〇 鑑三・七九	310 751
邵方	徵上・二一（附馮源濟等後）	1269
邵孜	梅・一五（附邵誼後）	2019
邵南	錄三・三二	1150
邵高	史七・一二九	1087
邵逸	海補・三一	1493
邵華	越中・四四	1564
邵堅	史七・一二九 錄八・一一一	1087 1229
邵斌	鑑補・一五二	824
邵誼	梅・一五	2019
邵錫榮	鑑續二・三二	892

	孟顯	誌三・四四 鑑三・六一	190 733
季	季如太	錄六・八五	1203
	季開生	鑑續二・三九 徵上・二二（附馮源濟等後）	899 1269
	季皓	鑑三・七六	748
	季賓	越上・一七	1537
	季寓庸	鑑續二・三二 史四・七八	892 1036
來	來子章	鑑四・一一五	787
	來呂謙	越中・三九	1559
	來恩錫	越下・六一	1581
	來復	錄四・五六	1174
	來學棠	越下・六二	1582
竺	竺元標	記九・一一二	116
祁	祁序	誌四・五七 譜十四・一五九	203 533
	祁豸佳	鑑續二・四三 越上・一三 錄五・六八 讀一・一五（作止祥）	903 1186 1542 2049
	祁岳	鑑補・一四五	817
	祁修嫣	越下・六三	1583
屈	屈礿	史一・一〇（附夏㬎後） 錄七・九三（作約）	968 1211
	屈宙甫	谿三・三四	2186
	屈保鈞	谿三・三四	2186
	屈處誠	鑑六・一六一	833
	屈鼎	誌四・五三 鑑三・五〇 譜十一・一二五	199 499 722
岳	岳正	史二・一八 錄七・一〇四	976 1222
	岳岱	錄四・四八	1166
	岳閣黎	誌二・三二（附僧偉古後）	178
宗	宗炳	記六・七八 鑑補・一四三（作少文）	82 815
	宗開先	讀三・四〇	2074
	宗測	記七・八五 鑑補・一四三	89 815
姒	姒頤眞	鑑三・八七	759

九畫

胡士昆	鑑續二・三〇（附胡玉昆後） 錄五・六〇（附宗智後）	890 1278
胡元素	錄五・六四	1282
胡元潤	鑑續二・三〇（作玉昆） 讀二・二〇	890 2054
胡夫人	鑑四・一一四 梅・九（黃由妻） 玉二・一六	786 2013
胡玉昆	鑑續二・三〇 錄五・六〇（附胡宗智後）	890 1178
胡石公	讀三・四五 徵上・一一（作胡造 鑑續二・二九（作慥）	889 1259 2079
胡竹君	徵下・五六（附楊晉後）	1304
胡汝嘉	錄三・四一	1159
胡仲厚	錄一・九 錄三・三五	1127 1153
胡先生	鑑四・一二四	796
胡良史	鑑補・一五〇	822
胡志霖	友・一四	2118
胡宗仁	史三・五六 錄五・六〇	1014 1178
胡宗信	史三・五六（附胡宗仁後） 錄五・六〇	1014 1178

胡宗智	史三・五六（附胡宗仁後） 錄五・六〇	1014 1178
胡旻	錄一・七	1125
胡昊	錄一・七（附胡旻後）	1125
胡奇	繼六・五三 鑑三・八五	323 757
胡昂	錄一・七（附胡旻後）	1125
胡長白	讀二・一九	2053
胡昱	錄一・七（附胡旻後）	1125
胡昺	錄一・七（附胡旻後）	1125
胡彥龍	鑑四・一〇七 南八・一六七	779
胡茂生	玉五・八〇	1958
胡昭	海補・三八	1500
胡貞開	鑑續二・三〇 徵中・三五（附賈鉝後）	890 1283
胡奕灴	徵續下・一一一	1359
胡起昆	錄五・六〇（附胡宗仁後）	1178

姚天虬	越下・五六	1576
姚文瀚	國上・二五	1821
姚元之	履・一一	2139
姚允在	鑑續一・六 史七・一二七 錄五・六三 越中・二九 讀二・一七（作簡叔）	866 1085 1181 1549 2051
姚夫人	玉三・三四（名維儀）	1912
姚夫人	玉別・二（顧偶東室）	1962
姚月華	史七・一三三 玉二・一〇	1091 1888
姚仔	履・五	2133
姚仲祥	錄七・一〇三 梅・二〇	1221 2024
姚年	鑑續二・五二	912
姚宋	徵中・四一	1289
姚匡	海・一八	1480
姚宗	錄一・一二	1130
姚沾	越上・二二	1542
姚若翼	讀四・五〇	2084
姚衍舜	史七・一一七 錄六・八五	1075 1203
姚彥山	記九・一一二	116
姚彥卿	鑑五・一三三（附孟玉澗後）	805
姚思元	譜二・二四 鑑二・一七	398 689
姚俊	錄四・四七	1165
姚浙	史三・五一 梅・一八（作淛） 錄七・一〇二	1009 1220 2022
姚珩	鑑續二・五四	914
姚淑	玉三・三五	1913
姚雪心	鑑五・一三〇 竹・四	802 1992
姚敏修	徵中・四二	1290
姚景仙	記九・一一〇	114
姚裕	錄六・八五	1203
姚銓	海補・三八	1500

范暹	鑑六・一六二 錄六・七六 史六・九八	834 1056 1194
范禮	錄二・二三 海・三	1140 1465
范龍樹	記九・一〇七	111
范瓊	誌二・一七 鑑二・一六 譜二・一八 益上・二	163 392 688 1380
范瓌珍	記七・八六	90
范霽	錄八・一一三	1231
俞		
俞山	梅・一七	2021
俞之彥	錄八・一一一	1229
俞兆晟	徵下・六二	1310
俞光蕙	徵續下・一一六 玉三・五六	1364 1934
俞臣	鑑續一・五	865
俞尙禋	錄六・七九	1197
俞俊	鑑續二・五二 徵上・五	912 1253
俞亮	鑑續二・五七	917
俞泰	鑑六・一六五 錄三・三五（無錫人） 史六・一〇一	837 1059 1153
俞泰	鑑續二・四七（武林人）	907
俞珙	鑑四・一〇六 南八・一六七	778
俞殷六	谿三・三二	2184
俞素	錄四・五五	1173
俞恩	錄一・九	1127
俞衷一	鑑續二・一九	879
俞培	徵中・三八	1286
俞景山	錄五・六五	1183
俞時篤	鑑續二・三四	894
俞舜臣	錄一・九	1127
俞聞嘉	越下・五六	1576
俞瀓	鑑四・九四 竹・三	766 1991
俞鵬	錄三・三二 越上・一四	1150 1534

侯	侯雲松	履・一〇	2138
	侯翼	誌三・四三 鑑三・四四（作翌） 譜四・四三（作翌）	189 417 716
	侯懋功	史三・四六 錄四・四七	1004 1165
	侯莫陳廈	記十・一二四 鑑二・三〇	128 702
施	施心傳	徵續上・一〇〇	1348
	施雨咸	讀四・五五 鑑續一・一〇（作施霖）	870
	施長春	友・七	2111
	施政	鑑續二・四一（道士）	901
	施道光	友・七	2111
	施義	鑑四・一一七	789
	施溥	鑑續二・三七	897
	施餘澤	鑑續二・一九	879
	施璘	誌二・三三 鑑二・三七	178 709
韋	韋无忝	記九・一一二 鑑二・二一 譜十三・一四五	116 519 693
	韋无縱	記九・一一二 鑑二・二一	116 693
	韋叔方	鑑補・一四五	817
	韋雪梅	鑑續三・七二	932
	韋道豐	誌二・一三 鑑二・三八	169 710
	韋鶠	記十・一二一 鑑二・二三 譜十三・一四九	125 523
		益下・四〇（以上三書並作偃）	694 1418
	韋鑒	記十・一二〇 鑑二・二三 譜十三・一四九	124 523 694
	韋鑾	記十・一二一 鑑二・二三（附韋鑒後）	125 694
段	段元	錄五・六二	1180
	段去惑	記九・一一三	117
	段吉先	繼七・五八 鑑三・八七	328 759
	段志賢	鑑四・一一三	795
	段衡	史三・五二	1010
茅	茅玉媛	鑑續三・六六	926

洪				柳柳					洪		茅
洪挺菴	洪孝先	洪子範	柳聲	柳儉	柳楷	柳遇	柳堉	茅麟	茅寵	茅鴻儒	茅澤民	茅培	茅汝元
鑑續二・六一（附洪曜後）	錄三・三○	鑑三・八八	鑑續三・七○	記八・九五	錄三・三○　鑑六・一六二　史六・九六	徵中・三九	鑑續二・三○	徵續上・九七	越上・一六	鑑續二・五九	錄二・一○	錄六・八七	鑑四・九六（附艾淑後）
921	1148	760	930	99	834 1054 1148	1287	890	1345	1536	919	1138	1205	768 2009

郁	柯	柯			郎	耶					耶		
郁倩	柯琬	柯九思	郎餘令	郎芝田	郎世寧	耶律襄	耶律題子	耶律浩然	耶律履	耶律倍	洪曜	洪澤	洪都
鑑續二・三三	海・一八	鑑四・一二六　竹・四	鑑四・一二七　記二・二一一	谿三・三二	徵續上・九七　國上・一八（附唐岱等後）	鑑補・一五三	鑑補・一五二	鑑四・一二二	鑑四・一二二	鑑補・一五二	鑑續二・六一	錄一・一三	鑑續二・五二　錄五・六三（附藍瑛後）
893	1480	798 1992	115 699	2184	1345 1814	825	824	794	794	824	921	1131	912 1181

郁	郁喬枝	錄六・八四	1202
	郁勳	海・五	1467
南	南簡	誌三・四五 鑑三・六二	191 734
	南郡大連	鑑補・一四三	815
禹	禹之鼎	鑑續二・五一 徵中・三四	911 1282
計	計禮	錄六・七八	1196
紀	紀眞	誌四・五三 鑑三・六三	199 735
帥	帥念祖	徵續上・一〇〇	1348
查	查士標	徵上・一五 鑑續二・三六	896 1263
	查繼佐	鑑續二・四一	901
封	封膜	記四・五九	63
信	信世昌	鑑五・一二九	801
保	保甸	錄八・一一二	1230
	保時	鑑續二・二六	886
怹	怹穆庵	錄八・一〇三	1221
相	相楷	鑑續二・五二	912
	相禮	錄二・二一	1139
苗	苗龍	越上・五	1525
宣	宣亨	繼六・五三 鑑三・八五	323 757
修	修處士	鑑補・一四四	816
眉	眉山老書生	繼四・二七 鑑三・七四	746

十畫

徐	徐人龍	徵上・一三（附楊芝後）	1261
	徐士元	鑑五・一三八（作徐愷） 錄二・二二（附張文樞後）	810 1140
	徐大珩	鑑續二・六〇（附徐泰後）	920
	徐文珍	錄三・三二	1150
	徐文若	史七・一二七	1085
	徐太虛	鑑五・一四〇	812

徐

徐昭華	越上・六二 玉三・五四	1582 1932
徐禹功	梅・七	2011
徐原父	錄七・一〇二 梅・一五	1220 2019
徐眉	鑑續三・六三（卽顧媚）	923
徐晉	越下・四八	1568
徐甡	海・一四	1476
徐皋	鑑補・一五〇	822
徐崍	海・一〇	1472
徐泰	鑑續二・六〇	920
徐崇矩	誌四・五七 鑑三・五六 譜十七・二一三	203 587 728
徐崇嗣	誌四・五七 鑑三・五五 譜十七・二〇九	203 583 727
徐崇勳	鑑三・五五（附徐熙後）	727
徐景陽	錄八・一〇七	1225
徐道廣	鑑四・一〇八 南八・一七六	780 1780

徐凱之	鑑四・一一二	784
徐傑	錄七・一〇三 梅・一八	1221 2022
徐渭	鑑續一・四 錄六・八二 史三・四二 越上・一二	864 1000 1200 1532
徐堅	履・四	2132
徐揚	國下・五二	1848
徐琰	鑑續二・四六（附徐邦後）	906
徐賁	史一・七 丹・七 錄二・一八	965 1136 1443
徐鼎	徵續下・八六（附郭士璟後）	1334
徐煥然	徵下・五四	1302
徐溶	徵下・五九	1307
徐粲	鑑續三・六三 玉三・四九（粲作燦） 徵下・七二	923 1320 1927
徐燦心	徵上・一〇（附徐柏齡後）	1258
徐新	海・一九	1481
徐誠	海補・三六	1498

馬世榮	南三・五四（附馬公顯後）	1658
馬永忠	鑑四・一〇七 南八・一七〇	779 1774
馬守眞	鑑續三・七一 錄六・九〇 史五・八三 玉五・七二（作馬湘蘭）	931 1041 1208 1950
馬光業	記九・一一三	117
馬如玉	玉五・七三	1951
馬扶羲	徵中・二七（附惲壽平後）	1275
馬宋英	鑑四・九七 梅・五	769 2009
馬伯繩	史七・一三一	1089
馬青丘	錄五・六五	1183
馬和之	南三・四一 鑑四・九五	767 1645
馬昂	徵下・六二	1310
馬岡千	履・一三	2141
馬眉	海・一四	1476
馬相	越下・六〇	1580

馬相舜	徵中・四〇	1288
馬俊	史七・一一九 錄一・四	1077 1122
馬荃	徵續下・一一五 玉三・五一	1363 1929
馬時暘	錄八・一〇八 越上・二〇	1226 1540
馬逵	鑑四・一〇四 南六・一三二	776 1736
馬虛中	鑑五・一三一	803
馬琬	錄二・二八	1146
馬閒卿	鑑續三・七四 錄五・七〇 史五・八一 玉三・二七	934 1039 1188 1905
馬雲卿	鑑四・一二三（附馬天驌後）	795
馬雲漢	鑑四・一二三（附馬天驌後）	795
馬遠	鑑四・一〇四 南七・一三五	776 1739
馬軾	錄三・二九	1147
馬賁	繼七・五七 鑑三・八七	327 759
馬頎	徵上・二一	1269

孫克弘	鑑續一・九 錄六・八二 869 1200 史三・五四 梅・一九（作宏）	1012 2023
孫玘	鑑六・一五八 錄一・七 史六・九八	830 1056 1125
孫知微	誌三・四〇 鑑三・四三 譜四・三七	186 411 715
孫玠	鑑補・一五一	823
孫倘子	記八・九九	103
孫枝	史三・四五 錄五・六六	1003 1184
孫杕	鑑續二・一五 錄六・八七（作孫杕）	875 1205

孫承恩	史三・五三	1011
孫祜	國上・七	1803
孫從吉	錄七・九九	1217
孫從嘉	海補・三八	1500
孫崖	海補・三七	1499
孫遇	誌二・一八	164
孫淵	鑑續二・一五（附孫杕後）	875

孫逸	鑑續二・二一 徵上・一八	881 1266
孫堪	錄六・七九 越上・一二	1197 1532
孫景	友・一六	2120
孫隆	鑑六・一六一 錄六・七六 史一・一六 梅・一七	833 974 1194 2021
孫源湘	谿四・六三	2215
孫道標	鑑續二・二二	882
孫義鋈	谿三・四二	2194

孫銓	履・九 谿三・四三	2137 2195
孫夢卿	誌三・四〇 鑑三・四三 譜四・三七	411 715
孫綠	徵下・五八 海補・三三（作淥）	1306 1495
孫據德	友・五	2109
孫錦	鑑六・一五八 錄一・七（三書並附孫玘後） 史六・九八	830 1056 1125
孫獻	鑑續二・五五	915
孫懷悅	誌三・四四 鑑三・六二（作說）	190 734

姓名	出處	頁碼
高商隱	海補・三六	1498
高培	海・二二	1483
高從遇	誌二・二七　鑑二・三九	173 711
高道興	誌二・二七　益上・九　鑑二・三二	173 703 1387
高遇	鑑續二・二九（附高岑後）　徵上・一一（附龔賢等後）　讀三・四三（作高雨吉）	701 1259 2077
高陽	史七・一二八　錄四・五七	1086 1175
高棅	史一・一三　錄二・二三	971 1141
高翔	徵續上・八九	1337
高鳳翰	徵續上・九四	1342
高嗣昌	鑑四・一〇六　南五・一七	778 1721
高瑞卿	越中・三二	1552
高蔭	徵上・一一	1259
高層雲	鑑續二・一八　徵上・二一（附馮源濟等後）	878 1269
高懷節	誌三・四三　鑑三・六六	189 738
高懷寶	誌四・五六　鑑三・七〇	202 742
高駿升	徵中・四三	1291
高瀫	錄六・八二	1200
高簡	徵中・三六	1284
高燾	繼三・二一　鑑三・七三	291 745
高礎	鑑續二・一九	879
高鑑	錄三・四二	1160
高讓	錄七・九二	1210
高儼	鑑續二・五五	727
高麗	鑑五・一四二	814

袁

姓名	出處	頁碼
袁子初	錄七・一〇一　梅・一五　越上・一五	1219 1535 2019
袁仁厚	誌三・四一　鑑三・六六	187 738
袁孔璋	史七・一二六　錄五・六〇	1084 1178

袁

唐

秦		
秦友諒	鑑四・一一〇	782
秦函	徵中・四三	1291
秦湛	鑑補・一四八	820
秦舜	錄八・一一〇	1228
秦漢	海補・三二	1494
秦澄	海・五	1467
秦儀	履・六	2134
郝		
郝士安	繼六・四九 鑑三・八二	319 754
郝孝隆	繼六・五一 鑑三・八三	321 755
郝章	繼七・五六 鑑三・八六	326 758
郝處	誌三・四二 鑑三・六六	188 738
郝湘娥	鑑續三・六八	928
郝澄	誌三・四五 鑑三・四六 譜七・七三	191 447 718
郝銳	誌四・五四 鑑三・六七	739 200
郜		
郜璉	鑑續二・三五	895
翁		
翁王瑾	海補・三六	1498
翁嵩年	鑑續二・四一 徵下・五四	901 1302
翁孤峯	錄五・七三	1191
翁逸	越上・一七	1537
翁儒安	海・二五	1487
翁壽如	鑑續二・五一（作翁陵） 讀一・一七	911 2051
祝		
祝天祺	越中・三七	1557
祝丘	記九・一一三	117
祝次仲	鑑四・一一七	789
祝次仲女	玉二・一一七	1895
祝芑	海・一八	1480
祝昌	鑑續二・三六 徵下・五八	896 1306
祝新	鑑續二・三九	899

	柴靜儀	玉別・三	1963
荀	荀信	誌四・六四 鑑三・六四	210 736
	荀勗	記五・六五	69
員	員明	記九・一〇九	113
	員眞	鑑四・一一一	783
連	連璧	鑑續三・七四	934
	連鼇	繼四・三一 鑑四・九四	301 766
展	展子虔	記八・九八 鑑二・一三 譜一・六	102 380 685
宮	宮婉蘭	玉三・三四	1912
晏	晏賓	海補・三九	1501
烏	烏斯道	錄二・一九	1137
師	師永錫	鑑四・一一五	787
祖	祖班	記八・九五	99
郗	郗七	繼七・五六 鑑三・八六	326 758
席	席士錡	海補・四〇	1502
浦	浦融	錄四・四七	1165
烈	烈裔	記四・五九	63
秉	秉至誠	繼六・四八 鑑三・八二	318 754
倩	倩扶	徵下・七四 玉五・八一	1322 1959
彩	彩郎中	鑑補・一五一	823
班	班惟志	鑑五・一三四	806
庭	庭	鑑五・一四一（附僧明雪窗後）	813
	十一畫		
張	張乙僧	徵續下・一〇六	1354
	張一鵠	鑑續二・四一	901
	張大風	鑑續二・三七（作張風） 徵上・一八（作張風）讀三・三四	709 1266 2068
	張子元	錄七・一〇二	1220
	張子言	梅・二〇	2024

張如芝	谿四・五八	2210
張孝昌	鑑續二・二四（附張滔後）	884
張孝師	記九・一〇六　鑑二・一四　譜一・一〇	110 384 686
張志和	記十・一二四　鑑二・二五	128 697
張希顏	繼六・五一　鑑三・八四	321
張伯駿	史四・七四	1032
張伯龍	鑑續二・六二	922
張玘	錄一・八	1126
張宏	鑑續二・一五　錄八・一一一　史四・七六　徵上・六	875 1034 1229 1254
張宏儒	錄三・三九　海・二	1157 1464
張延年	海・一三	1475
張廷彥	國上・二四	1820
張季	海・八	1470
張季和	記七・八六	232
張昉	誌三・四四　鑑三・六一（宋人）	190 733
張昉	鑑續二・三九（淸人）	899
張收	益下・三九（附「無畫有名」內）	1417
張玫	誌二・二九　益中・二四　鑑二・四〇	175 712 1402
張明	繼四・二九　鑑三・七五	299 747
張昌嗣	繼四・三一　竹・二　鑑三・七六（作張嗣昌）	301 748 1990
張昌嗣母	鑑三・八〇　玉二・一五	752 1893
張宗古	鑑三・六七	739
張宗蒼	徵續下・一〇四　國下・四〇	1352 1836
張武翼	鑑三・八九	761
張奇	史七・一三〇　徵中・四三	1088 1291
張金	錄五・七二	1190
張孟容	錄一・一四	1132
張沼	鑑續二・五一	911

張

張弢	錄六・八九	1207
張雨	徵續上・九六	1344
張雨森	國上・二三	1819
張沭渠	徵續下・一〇四	1352
張肩	徵續下・一〇六	1354
張坦	鑑續二・三七	897
張則	記六・八二、	86
張南	誌二・二五	171
張南本	誌二・一八 鑑二・一六 譜二・二一 益上・八	164 395 688 1386
張南伯	錄七・一〇三 梅・一六	1221 2020
張南垣	鑑續二・四五	905
張紀	鑑四・一一〇 錄一・一二	782 1130
張咸熙	鑑補・一五一	823
張茂	鑑四・一一五 南五・九六	787 1700
張思義	鑑四・一一一	783
張彥	鑑續一・七	867
張彥曾	谿三・四三	2195
張彥材	錄一・六 海・二	1124 1464
張彥輔	鑑五・一三九	811
張昱	鑑補・一四五	817
張恂	鑑續二・六一 讀三・三七（作稚恭） 徵上・二一（附馮源濟等後）	921 1269 2071
張玲	史六・九七	1055
張珂	海・一六	1478
張珍	錄六・八〇	1198
張秋江	錄六・八八	1206
張某	徵下・六七	1315
張紉茝	徵續下・一〇六	1354
張爲邦	國上・二九	1825

張英	越上・一〇	1530
張若靄	徵續上・一〇〇	1348
張修	鑑續二・二九	889
張城	鑑續二・四三（附曹垣後）	903
張通	記十・一一八 鑑三・八一 繼六・四五	122 315 753
張浹	鑑四・一〇一 南二・三七	773 1641
張涇	鑑三・八四	756
張訓禮	鑑四・一〇五	777
張益	鑑六・一五九 錄六・九三 史一・一二	831 970 1211
張祐	鑑六・一六一 錄七・一〇〇 史六・九五 梅・一七	833 1053 1218 2021
張倫	鑑六・一六六 錄一・三 史六・一一〇	838 1068 1121
張桂	鑑補・一四六	818
張師錫	鑑補・一五〇	822
張納陛	史四・六四	1022

張素芷	鑑續三・七四	934
張素卿	誌二・一九 鑑二・一七 譜二・二三 益上・六	165 397 689 1384
張淨因	玉別・二	1962
張康年	鑑三・八九（附張武翼後）	761
張惟亘	記十・一一八	122
張狆	鑑續一・四 錄一・一三 史四・七六	864 1131
張振岳	越中・二六	1546
張逡	越中・三五	1555
張家駒	谿四・六三	2215
張家駿	谿四・六三	2215
張珪	鑑四・一二四	796
張純修	鑑續二・一七	877
張孫儆	鑑續三・六四 越下・六四	924 1584
張符	譜十三・一五二 鑑二・二三	526 695

張

張喬	玉五・七六	1954
張畫	徵上・二三（附王武後）	1271
張善果	記七・九一（附張僧繇後）	95
張愛兒	記九・一〇九	113
張萱	記九・一一二　譜五・五五 鑑二・一七　錄八・一一〇	116 429 689 1228
張詢	誌二・一八　譜十・一〇五 鑑二・二〇　益下・三七	164 479 692 1415
張經	誌四・六五（宋人）	211
張經	鑑續二・四九（淸人）	909
張戡	誌四・六二 鑑三・六九	208 741
張遜	鑑五・一三四	806
張嗣成	鑑五・一三九	811
張嗣德	鑑五・一三九	811
張靖	鑑六・一五八　史六・九七 錄一・四	830 1055 1122
張愷	鑑續一・七	867

張萬成	鑑補・一四九	821
張路	鑑續一・三（作張平山） 史二・二三　錄一・七	863 981 1125
張滑	鑑續二・二四	884
張瑞	鑑續二・四七	907
張瑞圖	鑑續一・六 史四・七二	886 1030
張煥	史七・一一九 錄四・五一	1077 1169
張鳳儀	錄八・一一〇	1228
張遠	徵上・一六（海鹽人）	1264
張遠	繼四・二九 鑑三・七五（太原榆次人）	299 747
張遠	鑑五・一三六（華亭人）	808
張遠	海・一八（侯官人）	1480
張漣	徵上・二三	1271
張雍敬	徵續下・一〇一	1349
張損之	讀三・四四	2078

張

人名	出處	號數
張僧繇	記七・九〇　鑑二・一二　譜一・五	94 379 684
張維	錄五・五九（字叔維，常熟人）　海・九	1177 1471
張維	鑑續二・三七（字四之，順天人）	897
張維屏	谿四・五七	2209
張緒	鑑六・一六一　史一・一〇（附夏昺後）　錄七・九三　海・二	833 968 1211 1464
張戩	鑑三・八九	761
張圖	誌二・二五　鑑二・三六	171 708
張端	錄三・三一　海・五	1149 1467
張端衡	鑑四・九六	768
張翠峯	鑑四・一〇九	781
張團練	鑑四・一一二	784
張與材	鑑五・一三九	811
張寧	史一・一五　錄三・四二	1160
張爾葆	錄六・八七　越上・二二	1205 1542
張祿	鑑六・一六一　史六・九五（以上二書並附張祐後）　錄七・一〇〇　梅・一七	833 1053 1218 2021
張韶	海・一六（附張珂後）	1478
張翥	海補・四〇	1502
張適	鑑續二・三六	896
張遵禮	記九・一一三　鑑二・二四	117 696
張質	誌二・二五　鑑二・三九	171 711
張德琪	鑑五・一二九　梅・一〇	801 2014
張德新	鑑補・一五一	823
張德輝	錄五・七三	1191
張德驥	越下・五五	1575
張翬	鑑六・一六五　史六・一〇二　錄三・三二　海・三	837 1060 1150 1465
張墨	記五・六五	69
張墨崖	史六・一〇六	1064

陳元復	海補・三三	1495
陳天台	錄八・一一二	1230
陳天定	錄六・八〇	1198
陳太初	錄七・九二	1210
陳允文	錄六・七六 海・二（附陳珪後）	1194 1464
陳丹衷	史四・七九	1037
陳少逸	鑑續二・六二（附陳惟邦後）	922
陳永价	國下・六六	1862
陳用智	誌三・四四 繼六・四七（智作之） 譜十一・一二二 鑑三・四八 （以上二書智並作志）	190 317 495 720
陳左	鑑四・一一九	791
陳可久	鑑四・一〇八 南八・一七一	780 1775
陳立	鑑五・一三七	809
陳立善	梅・一三	2017

陳以誠	錄八・一〇八	1226
陳申	鑑續二・一二七	887
陳仲仁	鑑五・一三一	803
陳自然	繼六・四四 鑑三・八〇	314 752
陳汝言	史一・五 丹・六（作陳惟允） 錄二・一一九	963 1137 1442
陳汝鰲	海補・三四	1496
陳帆	海・一二	1474
陳字	鑑續二・四五 玉別・一 徵上・三（陳洪綬後） 越中・三一	905 1251 1551 1961
陳李	玉別・一	1961
陳君佐	鑑五・一三四	806
陳沂	史二・三四 錄三・四〇	992 1158
陳希尹	錄一・一二	1130
陳岐	鑑續二・五七	917
陳坦	誌三・四六 鑑三・六七	192 739

陳洪綬	鑑續二・一四 錄一・一四 越上・二七 史七・一三〇 徵上・三 讀一・一〇（作章侯）	874 1132 1547 1088 1251 2044
陳彥德	錄三・三一	1149
陳宣	錄五・七二	1190
陳某	海・八	1470
陳皋	繼七・五六 鑑三・八六	326 758
陳容	鑑三・九五	
陳珩	鑑四・九六	768
陳栝	鑑續一・二 丹・六（栝作括） 史三・三九 錄六・八一	862 997 1199 1442
陳珪	錄二・二一 海・二	1139 1464
陳書	徵下・七三 玉三・四九	1321
陳桓	徵續上・九九	1347
陳桐	徵續上・九九	1347
陳峯	海補・三四	1496
陳起	越下・五七	1577
陳勉	錄八・一〇九	1227
陳珠	友・一六	2120
陳庶	記十・一二三 鑑補・一四五（重出） 鑑二・三〇	127 702 817
陳處亨	梅・一三（附陳立善後）	2017
陳常	繼六・五一 鑑三・八四	321 756
陳淳	史三・三九 丹・五 錄六・八〇	997 1198 1441
陳紹英	史七・一三一 鑑續一・八	868 1089
陳惟邦	鑑續二・六二	922
陳惟寅	錄二・一九（附陳汝言後）	1137
陳清波	南八・一七〇	1774
陳國楨	鑑續一・七	867
陳淩雲	鑑續三・七三	933
陳斂	記四・六〇	64

陳祼	鑑續一・七 錄四・四八 史四・六九	867 1027 1166
陳遠	錄一・六	1124
陳虞之	鑑四・九七	769
陳煥	鑑續一・一一 錄四・五四 史四・六九	871 1027 1172
陳粲	錄六・八四	1202
陳漢	鑑六・一六三（附陳俊後）	835
陳煌圖	海・一一	1473
陳廣	鑑四・一一七	789
陳憶	梅・一八	2022
陳僧權	鑑續二・三〇	890
陳毅	記九・一一三	117
陳暹	史二・三〇 錄三・三四	988 1152
陳儀	錄一・一一 海補・三二	1129 1494
陳熙	錄四・四七 海補・三七	1165 1499
陳穀	錄六・八三	1201
陳遵	錄六・八五	1203
陳嘉言	鑑續一・一一 錄六・八七	871 1205
陳勳	史七・一二二	1080
陳撰	徵下・六七	1315
陳璇	錄五・六三（附藍瑛後）	1181
陳曇	記十・一二一 鑑二・二九	125 701
陳靜心	記九・一一〇 鑑二・二七	114 699
陳靜眼	記九・一一〇（附陳靜心後） 鑑二・二七	114 699
陳憲章	鑑六・一六一 越上・二〇 史一・一五 梅・一八（作獻章）	833 973 1540 2022
陳寰	海・四	1466
陳璘	海・二五	1487
陳璣	錄二・二七	1145
陳邁	鑑續一・四（附陳元素後）	864

黃向堅	徵續上・八三　海・一六	1331 1478
黃玉衡	谿四・五七	2209
黃采	鑑六・一六七（附黃蒙後）	839
黃希穀	錄六・八八	1206
黃希憲	錄四・五七	1175
黃谷	徵上・一六（附謝彬等後）	1264
黃伯思	鑑補・一四七	819
黃延浩	誌二・二五　鑑二・三九	171 711
黃居寀	誌三・五六 202　譜十七・一九六 570　鑑三・五五 727　益中・二一 1399	
黃居實	鑑二・三六	708
黃居寶	誌二・二八 174　譜十六・一八四 558　鑑二・三六 708　益中・二一 1399	
黃香石	谿四・五七	2209
黃宗炎	徵續上・八三　越中・二五	1331 1545
黃宗道	鑑三・八七	759

黃玢	徵上・六（附金俊明後）	1254
黃恆	越下・四九	1569
黃易	履・七	2135
黃昌言	錄四・四六	1164
黃炅	錄五・六三	1181
黃尙質	錄四・四八　越上・一六	1166 1535
黃承務	鑑四・一一二	784
黃卷	鑑續二・三〇	890
黃松	鑑續二・五三	913
黃珍	史六・九四　錄六・八五	1052 1203
黃衍相	鑑續二・二三	882
黃益	鑑四・一一一	783
黃宸	錄六・八四	1202
黃庭浩	鑑四・一一七	789

黃

人名	出處	頁
黃泰	谿三・三五	2187
黃純	越下・六一	1581
黃培芳	谿三・三八	2190
黃耕畹	玉別・三	1963
黃彪	史七・一一五	1073
黃惟亮	鑑補・一四六	818
黃逵	海・一五（附黃彪後）	1477
黃翊	錄六・七七	1195
黃崇嘏	玉二・一二	1890
黃野	鑑續二・三六	896
黃筌	誌二・二七 鑑二・三六 譜十六・一七五 益上・一三	173 708 549 1391
黃斌老	繼四・二八 竹・一 鑑三・七五	298 747 1989
黃逸	海・一五（附黃彭後）	1477
黃媛介	史五・八六 徵下・七一 谿四・六一 鑑續三・六三 玉三・四七	735 1044 1319 1925 2213
黃彭	海・一五	1477
黃景星	史七・一一五（附黃彪後）	1073
黃道周	鑑續一・一〇	870
黃筠庵	徵續上・八八	1336
黃鉞	履・一一 谿三・四六	2139 2198
黃廣	鑑四・一一五	787
黃蒙	鑑六・一六七 錄二・二四 史三・四一	839 999 1142
黃與迪	繼四・二八 鑑三・七五	747
黃蓮泉	谿三・三九	2191
黃鼎	徵下・五八 海・二〇	1306 1482
黃經	鑑續二・三八	898
黃裳	友・一五	2119
黃齊	譜十二・一三一 鑑三・五一	505 723
黃震	履・六	2134

黃增	國下・六〇	1856
黃應諶	國上・一 鑑續二・一三	873 1797
黃諫	錄七・一〇五	1223
黃諤	鑑二・二五	697
黃諤	鑑四・一二四	796
黃璧	徵續下・一〇九	1357
黃璨	鑑六・一六二 錄三・三〇（作燦） 史六・九六	834 1054 1148
黃濟叔	讀三・三一	2065
黃彝	繼四・二八 竹・一 鑑三・七五	298 747 1989
黃禮	友・一四	2118
黃鵠	史七・一一八 錄一・一〇	1076 1128
黃簡	鑑續二・五七	917
黃璧	鑑續二・五五	915
黃懷玉	詁四・五三 鑑三・六三	199 735
黃鑰	鑑續二・三〇	890

陸

陸二龍	鑑續二・三五	895
陸九州	錄三・四二	1160
陸士仁	史二・三六 錄四・四六	994 1164
陸之驥	鑑續二・六二	922
陸小史	谿三・三二	2184
陸文	海・四	1466
陸文通	譜四・三九 鑑三・四四	413 716
陸元厚	史六・一〇七	1065
陸氏	鑑續三・六七	927
陸仲明	鑑四・一一一	783
陸巡	越下・五一	1571
陸行直	錄八・一〇七	1225
陸治	鑑續一・二 錄六・八一 史三・四四	862 1002 1199

陸瑾	譜十一・一二五 鑑三・五〇	499 722
陸遵書	國下・五〇	1846
陸履謙	錄五・六一 海・三	1179 1465
陸學欽	谿四・五五	2207
陸整	記七・九二	96
陸闇	錄二・二四	1142
陸鴻	鑑續二・四五	905
陸謙	鑑續二・四七	907
陸顒	錄一・六	1124
陸懷道	鑑四・一一八	790
陸鯤	海補・三六	1498
陸癡	徵中・四八	1296
陸灝	鑑續二・三六 徵中・二九	896 1277

曹

曹不興	記四・六二 譜五・五二 鑑二・一一（譜鑑並作弗興）	66 426 683
曹元廓	記九・一一二 鑑二・二七	116 699
曹仁熙	誌四・六四 鑑三・六四（作仁希）	210 736
曹文炳	錄六・八三	1201
曹氏	譜十六・一九三 鑑三・五四 玉一・三	567 726 1881
曹正國	鑑四・一〇九 南八・一七五	781
曹申甫	鑑四・一二〇	792
曹仲玄	誌二・三一 譜三・三二 鑑二・三二（作仲元）	177 406 704
曹仲達	記八・九七	101
曹仲璞	記八・九七	101
曹仲賢	錄六・七七	1195
曹有光	鑑續二・三九 錄五・五九（附曹振後）	899 1177
曹妙清	鑑續三・七五	935
曹知白	鑑五・一三二	804
曹岳	鑑續二・一七 徵下・五六	877 1304

郭信	鑑三・八八	760
郭桐	谿三・四一	2193
郭純	錄二・二四	1142
郭清文	越中・四二	1562
郭敏	鑑五・一二七	799
郭乾祐	譜十五・一七二 鑑二・三五	546 707
郭乾暉	誌二・二三 鑑二・三五 譜十五・一七〇	169 544 707
郭游卿	繼五・三九 鑑三・七九	309 751
郭將軍	鑑六・一六七（附虞謙後） 史一・一〇（附虞謙後）	839 968
郭道卿	繼五・三九 鑑三・七九	309 751
郭道興	記八・九五	99
郭崐	徵中・四五	1293
郭善明	記八・九五	99
郭煥	鑑補・一五一	823
郭詡	史七・一一七 錄三・三七	1075 1155
郭鼎京	鑑續二・三〇	890
郭塼	鑑續三・六五	925
郭熙	誌三・五四 鑑三・四九 譜十一・一二二	200 496 721
郭頻加	谿三・四〇	2192
郭鞏	鑑續二・三〇 徵上・一六 讀四・五三（作无疆）	890 1264 2087
郭權	誌二・二四 鑑二・三八	170 710
郭鐵子	繼六・五〇 鑑三・八三	320 755
郭巖	錄三・三七（附郭詡後）	1155
許		
許子韶	讀四・四八	2082
許山	海・一三	1475
許天牖	海補・三一	1493
許氏	玉三・二九（吳興人）	1907
許中正	鑑補・一五一	823

許

許靜芬	鑑續三・七二	932
許濤	海補・三四	1496
許龍湫	鑑四・九八	770
許縵	鑑續二・二五	885
許寶	錄四・五四	1172
陶		
陶守立	誌二・三一 鑑二・三七	177 709
陶成	鑑六・一六四 錄三・三一 史三・三七	995 836 1149
陶弘景	記七・八九	93
陶杏秀	越下・五二	1572
陶忠	鑑四・一一六	788
陶祖德	鑑續二・五三 越中・四一	913 1561
陶素來	越上・二〇	1540
陶浚	史三・五〇	1008
陶朗雯	越上・一九	1539

陶訥	越上・一八	1538
陶紹侃	越中・四三	1563
陶復初	鑑五・一三三	805
陶景眞	記七・八六	90
陶鉉	鑑五・一三六	808
陶裔	誌四・五七 鑑三・六五	203 737
陶鼎	履・五	2133
陶詩	鑑續二・五七	917
陶縝	繼七・五七	327
陶績	鑑三・八六	758
陶籃	越中・三三	1553
梁		
梁夫人	鑑續三・六四	924
梁令瓚	鑑補・一四四	816
梁司馬	鑑補・一四五	817

姓	姓名	出處	號碼
	盛堯民	錄四・四七	1165
	盛著	錄二・二〇	1138
	盛懋	鑑五・一三三	805
崔	崔子忠	鑑續二・二七 錄一・一三 史四・七八	887 1036 1131
	崔子忠妻女	玉三・三三	1911
	崔友諒	鑑四・一〇八 南八・一七〇	780 1774
	崔白	誌四・六〇 鑑三・五七 譜十八・二二六	206 600 729
	崔希眞	鑑補・一四五	817
	崔深	梅・一八	2022
	崔陽元	記十・一一八	122
	崔慤	誌四・六〇 鑑三・五七 譜十八・二三〇	206 604 729
	崔瀲	梅・二〇	2024
	崔徽	玉四・六九	1947
	崔聯芳	玉五・八〇	1958
	崔繡天	錄一・五 玉三・四二	1123 1920
	崔鏄	徵下・六四	1312
	崔霞	記九・一一三	117
章	章公瑾	史六・九〇	1048
	章友直	繼四・二八 鑑三・七四	746
	章廷綸	錄四・五〇 徵上・二三（作詔）	1168 1271
	章言在	鑑續二・三六（作章谷） 讀四・六〇	896 2094
	章辰	越下・六二	1582
	章采	鑑續二・三六（附章谷後）	896
	章時顯	鑑續二・五二 越中・四〇	912 1560
	章程	鑑四・一一三	785
	章煎	繼五・四一 玉二・一五 鑑三・八〇	311 752 1893
	章瑾	錄二・二三	1141
	章標	越下・六一	1581

姓	姓名	出處	編號
	康氏	鑑續三・七五（康公海女）	935
	康昕	記五・六七	71
	康泓	鑑續二・二六	886
	康薩陀	記九・一〇七　鑑二・二六（作陁）	111 698
梅	梅行思	誌二・二三　鑑二・三五　譜十五・一六九	169 543 707
	梅庚	鑑續二・二二　徵中・三六（附梅清後）	882 1284
	梅清	鑑續二・二二　徵中・三六（附梅庚後）	882 1284
莫	莫可儔	鑑續二・一九	879
	莫廷暘	錄二・二二（附張文樞後）	1140
	莫是龍	鑑續一・七　錄四・五〇（作雲卿）　史三・四六	867 1004 1168
	莫懋	錄八・一〇七	1225
常	常重胤	誌二・一八　益上・一一　鑑二・一六（附常粲後）	164 688 1389
	常粲	誌二・一七　益上・一一　譜二・一九　鑑二・一六	163 393 688 1389
婁	婁子柔	谿四・五五	2207
	婁光軫	越中・四一	1561
尉	尉遲乙僧	記九・一〇六　鑑二・一四　譜一・十一	110 385 686
	尉遲跋質那	記八・一〇一	105
寇	寇文華	鑑續三・七一	931
	寇君玉	鑑補・一五〇	822
	寇湄	鑑續三・六四　玉五・七八	924 1956
習	習元	錄八・一一一	1229
	習忍	徵下・七四　玉三・五一	1322 1929
麻	麻居禮	誌二・一九　益下・三三　鑑二・二五	165 697 1411
莽	莽鵠立	徵續上・九三	1341
筥	筥重光	徵中・二七（附惲壽平後）	1275
莘	莘開	履・六	2134
巢	巢敬	徵中・四二（附釋性潔後）　又徵下・七〇	1290 1318
符	符道隱	誌四・五四　鑑三・六八	200 740

程嵋	海補・三一	1493
程雲	鑑續二・五五	915
程遜	記九・一一二	116
程勝	錄六・八四 鑑續二・五〇	910 1202
程雅	記九・一一〇 鑑二・二七	114 699
程鳴	徵續上・九二	1340
程福生	栴・二〇	2024
程嘉燧	鑑續一・一〇(作檖) 錄五・五九 海・二三 史四・七一 谿四・五五(作孟陽)讀二・一八(作孟陽)	1484 870 1029 1177 2052 2139 2207
程壽齡	履・一一	2139
程凝	誌二・二四 鑑二・三八	170 710
程邃	徵上・一〇 讀三・三六(作穆倩) 鑑續二・二八	888 1258 2070
程環	錄一・一二	1130
程鵠	鑑續二・一六	876
程懷立	繼六・四六 鑑三・八一	316 753
程瓚	記八・一〇一	105
馮		
馮久照	繼四・三〇 鑑三・七六	300 748
馮大有	鑑四・一〇六	778
馮仙湜	錄五・六三(作馮湜附藍瑛後,疑卽馮仙湜之誤) 徵中・三五 越中・四〇	1181 1283 1560
馮行貞	海・一七	1479
馮君道	鑑五・一三一	803
馮金伯	谿三・三七	2189
馮俞昌	鑑續二・一八	878
馮起震	鑑續一・六 史七・一二九	866 1087
馮清	誌四・六三 鑑三・六四	209 736
馮紹正	記九・一一〇 鑑二・二四(作政)	114 696
馮進成	誌四・六三 鑑三・六五	209 737

馮			
	馮寧	國下・六四	1860
	馮提伽	記八・九七	101
	馮景夏	徵下・六一	1309
	馮越	鑑續二・五八	918
	馮源濟	鑑續二・二〇 徵上・二一	880 1269
	馮夢桂	錄八・一一三	1231
	馮肇杞	越中・三二 讀四・四七（作幼將）	1552 2081
	馮學	海補・三五	1497
	馮靜容	鑑續三・七四	934
	馮檀	越中・四五	1565
	馮覲	譜十二・一三八 鑑三・五二	512 724
	馮曠	繼六・四九 鑑三・八二	319 754
	馮耀	鑑續二・五四	914
傅			
	傅山	鑑續二・五六 徵上・六	916 1254
	傅子英	錄一・九	1127
	傅文用	誌四・五八 鑑三・六五	204 737
	傅任	海補・三九	1501
	傅眉	徵上・六（附傅山後）	1254
	傅清	錄六・八六	1204
	傅道坤	史五・八四 玉三・四四（按傅道坤卽范道坤） 越上・二三	1042 1922
	傅朝佑	史七・一二九	1087
	傅隆坤	史五・八四 玉三・四四（附傅道坤後）（按傅隆坤卽范隆坤）	1042 1922
	傅逸	鑑三・八九	761
	傅德容	玉三・五五	1933
	傅禮	史六・九四 錄六・七八	1196 1052
項			
	項元汴	鑑續一・五 錄四・五一 史三・五一 梅・一九	865 1009 1169 2023
	項氏	海補・四二	1504
	項世達	海補・三七	1499

項玉筍	徵上・四	1252
項承恩	史七・一二四	1082
項珮	玉三・三七	1915
項松	鑑續二・五六（附項悰後）	916
項洙	鑑補・一四五	817
項奎	徵上・四	1252
項容	記十・一二四 鑑二・二〇 譜十・一〇四	128 478 692
項悰	鑑續二・五六	916
項聖謨	鑑續二・五〇 徵上・四 錄四・五五	910 1173 1252
項德新	錄四・五一	1169
彭		
彭元中	錄五・七〇	1188
彭元明	錄五・六九	1187
彭玄中	鑑六・一六五 史六・一〇二	837 1060
彭西園侍兒	玉四・六四	1942
彭皋	鑑四・一〇六	778
彭道士	梅・一四	2018
彭勗	梅・一六	2020
彭堅	誌二・一七 鑑二・一二五 益上・三二（附陳皓後）	163 697 1381
彭舜卿	錄一・八	1126
彭睿	海・一八	1480
彭鯤躍	鑑續二・二〇	880
惲		
惲本初	鑑續二・二一 史四・七五 錄五・六二 讀一・一二（作道生） 徵上・一〇	881 1033 1180 1258 2046
惲冰	徵續・一一六 玉三・五六	1364 1934
惲壽平	鑑續二・二二 徵中・二七	882 1275
惲潔士	谿三・四四	2196
惲懷英	玉三・五七	1935
湯		
湯子昇	譜八・七三 鑑三・四六	447 718

	喬鍾馗	鑑四・一〇七	779
華	華朴中	鑑六・一五九	831
	華岳	鑑五・一三七	809
	華岱	海補・三一	1493
	華胥	徵中・二九	1277
	華冠	履・五	2133
	華嵓	徵續下・一〇二	1350
	華謙	徵中・二九（附華胥後）	1277
	華鯤	鑑續二・五二 徵下・五一（附王原祁後）	912 1299
曾	曾沂	錄一・一二（附曾鯨後）	1130
	曾岳	鑑續二・五二	912
	曾和	錄三・三九	1157
	曾益	鑑續二・四二 越中・二五 錄六・八六	902 1204 1545
	曾達臣	鑑補・一四九	821
	曾瑞卿	鑑五・一三八	810
	曾鯨	鑑續一・九 錄一・一二 史四・七一	869 1029 1130
焦	焦秉貞	徵中・三一 國上・一	1797 1279
	焦善甫	鑑五・一三一	803
	焦錫	鑑四・一〇四 南二・三九	1643 776
	焦寶願	記七・九二	96
費	費而奇	鑑續二・五七	917
	費宗道	繼五・四五 鑑三・八一	315 753
	費道寧	繼六・五二 鑑三・八四	322 756
	費楨	錄七・九六	1214
賀	賀六待詔	鑑補・一五一	823
	賀金昆	徵上・九九	1347
	賀眞	繼六・四八 鑑三・八二	318 754
	賀銓	國下・六五	1861

十三畫

楊		
楊霖	鑑續二・五一	911
楊彝	越上・一九	1539
楊鎮	鑑四・九三	765
楊簡	鑑四・九五	767
楊寵	繼六・五二 鑑三・八四	322 756
楊繼盛	梅・一九	2023
楊繼鵬	史七・一二八	1086
楊體秀	錄七・九四	1212
楊瓚	鑑四・九三 越上・六	765 1526
楊觀光	史四・七三	1031
董		
董太初	錄八・一一〇	1228
董羽	誌四・六三 鑑三・四七 譜九・九四	209 468 719
董旭	徵上・一三（附楊之後）	1261
董好子	記九・一一二	116
董孝初	鑑續二・三七 錄四・五四 史七・一二七	897 1085 1172
董邦達	徵續下・一〇三	1351
董良驌	越下・五九	1579
董伯仁	記八・九九 鑑二・一三（作董展） 譜一・六	103 380 685
董其昌	鑑續一・八 錄四・五一 史四・五九 讀一・三（作文敏）	868 1169 1017 2037
董紀	錄七・九二	1210
董祥	誌四・六一 鑑三・六九	207 741
董荆	越上・一八	1538
董常	鑑補・一五〇 錄一・四	822 1122
董從晦	誌二・三〇 鑑二・四〇（作誨）	176 712
董誥	谿三・四六（作文恭）	2198
董寫	記九・一一〇 鑑二・二六	114 698
董策	錄八・一一二	1230
董琛	鑑四・一一七	789

董源	誌三・三七（作元） 譜十一・一二 鑑三・四七	183 485 719
董嗣成	史三・五五	1013
董維	鑑續二・五八	918
董鴻先	鑑續二・三七（附董孝初後）	897
董賚	誌三・五四 鑑三・六八	200 740
董觀觀	鑑續三・六七	927

葉

葉小鸞	鑑續三・六五 玉三・三一	925 1909
葉大年	鑑續二・四五 錄六・八七	905 1205
葉仁遇	誌三・四五 鑑三・六三	191 735
葉文	鑑續三・六九	929
葉成龍	錄四・五六	1174
葉舟	鑑續二・四三	903
葉君山	鑑續二・二三（作葉有年） 讀四・五〇	883 2084
葉希賢	錄二・二一	1139
葉肖巖	鑑四・一〇七	779
葉芬	錄八・一一三	1231
葉欣	徵上・一一（附龔賢等後） 讀三・四五（作榮木） 鑑續二・二八	888 1259 2079
葉起鳳	錄六・八七	1205
葉森	鑑四・一一三	785
葉陶	徵中・三一	1279
葉進成	誌三・四五 鑑三・六二	191 734
葉煓	越下・五七	1577
葉鼎奇	鑑續二・五七	917
葉漢卿	鑑三・八〇	752
葉榮	鑑續二・二七	887
葉履豐	國下・六五	1861
葉藹	鑑續二・五七	917
葉澄	鑑六・一六七 錄三・三八 史六・一一三	839 1071 1156

	虞仲文	鑑四・一二二 竹・三	1991 794
	虞沅	徵續上・八九 海・一六	1337 1478
	虞昌	徵下・六八（附釋覺徵後）	1316
	虞堅	記七・八七	91
	虞景星	徵續上・九五	1343
	虞堪	錄二・二〇	1138
	虞謙	鑑六・一六七 錄二・二四 史一・一〇	839 968 1142
葛	葛守昌	誌四・六一 鑑三・五七 譜十八・二三三	207 607 729
	葛長庚	鑑四・九八	770
	葛姬	玉五・七一	1949
	葛徵奇	史七・一三一	1089
	葛震父	讀一・四	2038
	葛澣	海・八	1470
萬	萬夫人	鑑續三・六七	927
	萬弘衜	徵中・四七	1295
	萬承紀	履・一一 谿三・四二	2139 2194
	萬國楨	錄六・八六	1204
	萬祚享	鑑續二・一九	879
	萬壽祺	鑑續二・二五 徵上・七（附鄒之麟後） 史四・七九	885 1037 1255
	萬濟	鑑四・一一八	790
	萬鏊	友・一六	2120
雷	雷良弼	谿三・四九	2201
	雷宗道	繼六・四四 鑑三・八一	314 753
	雷殿直	鑑三・八〇	752
	雷鯉	史七・一一七 錄三・三七	1075 1155
	雷瑩	谿三・四〇	2192
靳	靳青	鑑補・一四九	821
	靳東發	繼四・二六 鑑三・七四	296 746

廉	廉孚	鑑四・九三（附廉布後）	765
敬	敬君	記四・五九	63
睢	睢世雄	鑑四・一一七	789
頓	頓喜	玉五・七五	1953
	頓繼芳	鑑續三・七一	931
睞	睞娘	玉三・四五	1923
達	達麟	谿三・四八	2200
愛	愛新覺羅福臨	鑑續二・一三	873

十四畫

趙	趙士安	繼二・八 鑑三・七一	278 743
	趙士表	鑑四・一一四	786
	趙士衎	繼二・八 鑑三・七一	278 743
	趙士暕	繼二・七 鑑三・七一	277 743
	趙士雷	繼二・六 鑑三・五四 譜十六・一九一	565 276 726
	趙士晪	譜十六・一九一 鑑三・五四	565 726
	趙士遵	繼二・八 鑑四・九一	278 763
	趙子厚	鑑四・一一五	787
	趙子深	錄八・一一〇	1228
	趙子雲	鑑四・一〇九	781
	趙子澄	繼二・八 鑑四・九一	278
	趙大亨	鑑四・一〇六	778
	趙才	誌二・二九 益中・二八 鑑二・四〇	175 712 1406
	趙山甫	鑑四・一一八	790
	趙元	鑑五・一三五 錄八・一一〇（作善長）	807 1228
	趙元亨	鑑三・六二	734
	趙元長	鑑三・六一	733
	趙元靖	鑑五・一三九	811
	趙元德	誌二・二八	174

趙

人名	出處	頁
趙天澤	鑑五・一三七　梅・一三	809 2017
趙元儼	誌三・三三（燕恭肅王）　鑑三・四三	179 715
趙文	史六・九一	1049
趙友	錄六・八八	1206
趙夫人	記四・六三　玉一・一（吳王妻）	67 1879
趙化龍	錄八・一一二	1230
趙公祐	誌二・一七　益上・二　鑑二・一五	163 687 1380
趙丹林	鑑六・一六四　史六・九九	836 1057
趙尹	鑑續二・四四	904
趙令松	繼二・六　鑑三・五二　譜十四・一五七	276 531 724
趙令庇	譜二十・二五一　竹・三　鑑三・五九	625 731 1991
趙令晙	鑑補・一四七	819
趙令穰	繼二・五　鑑三・五九　譜二十・二五〇	275 624 731
趙申	徵上・九（附趙澄後）　讀三・四〇（附趙澄後）	1257 2074
趙左	鑑續一・四　史四・六一　錄四・五三　讀一・四（作文度）	864 1171 1019 2038
趙弘	鑑二・四二	714
趙冏	鑑續二・二六	886
趙仲佺	譜十六・一九〇　鑑三・五四	564 726
趙仲容	越上・一七	1537
趙仲侗	譜十六・一九〇　鑑三・五四	564 726
趙同魯	史六・九七　錄三・三六	1055 1154
趙光輔	誌三・四〇　鑑三・六〇	186 732
趙伊	鑑續二・二三（附葉有年後）	883
趙岐	記四・六〇	64
趙伯駒	繼二・八　鑑四・九二	278 764
趙伯驌	鑑四・九二	764
趙克夐	譜九・九三　鑑三・四七	467 719
趙孝穎	譜十六・一八八　鑑三・五三	562 725

趙君壽	鑑四・一一八	790
趙旬	錄五・六八 徵續上・八五	1186 1333
趙廷璧	鑑續二・二三（附葉有年後）	883
趙宗閔	繼四・二五 鑑三・七三	295 745
趙宗漢	繼二・七 鑑三・五三 譜十六・一八八	277 562 725
趙孟淳	鑑四・九二	764
趙孟堅	鑑四・九二 梅・五	764 2009
趙孟頫	鑑五・一二五 梅・九	797 2013
趙孟奎	鑑四・九二	764
趙孟籲	鑑五・一二七	799
趙昌	誌四・五八 鑑三・五六 譜十八・二二七	204 728 591
趙囦	史七・一一八 海・七	1076 1469
趙忠義	誌二・二八 益中・二〇 鑑二・四〇	174 712 1398
趙武端	記九・一〇七	111

趙長元	誌三・四一	187
趙叔盎	繼二・六 鑑三・七〇	276 742
趙叔儺	譜九・九四 鑑三・四七	468 719
趙林	繼六・四九 鑑三・八三	319 755
趙佶	繼一・一 鑑三・四三（宋徽宗）	271 715
趙芾	鑑四・一〇八	780
趙秉文	鑑四・一二二 梅・九	794 2013
趙所	鑑續二・四一	901
趙建	徵上・九（附趙澄後） 讀三・四〇（附趙澄後）	1257 2074
趙宣	鑑三・八八	760
趙彥	鑑四・一〇三	775
趙彥正	鑑補・一五三	825
趙泂	錄八・一一一	1229
趙昺甲	越下・五八	1578

趙		
趙昭	徵續下・一一四（附文俶後） 玉三・五二	1362 1930
趙師宰	鑑四・九一	763
趙師睪	鑑四・一二〇	792
趙桓	鑑補・一四六（宋欽宗）	818
趙原	史一・六 丹・六（作善長） 錄二・一八	964 1136 1442
趙珣	鑑續二・三〇	890
趙淇	鑑五・一二九	801
趙清澗	鑑五・一三八	810
趙從吉	錄七・一〇三	1221
趙雪巖	鑑五・一三〇 梅・一一	802 2015
趙淑貞	錄七・八九 玉三・四二	1207 1920
趙博文	記十・一二三 鑑二・一二 譜十三・一五〇	127 524 694
趙博宣	記十・一二三（附趙博文後）	127
趙喦	誌二・二〇 鑑二・三三（作嵒） 譜六・六四（作嵓	166 438 705
趙雲子	誌三・四〇 鑑三・六六	186 738
趙雲巖	梅・一一	2015
趙廉	鑑補・一四七 錄五・七一	819 1189
趙欽	海・一〇（附王訪後）	1472
趙備	鑑續一・六 錄七・九六	866 1214
趙溫其	誌二・一七 鑑二・一六 譜六・六三 益上・四（作溫奇	163 688 437 1382
趙幹	誌四・六四 鑑三・四九 譜十一・一二五	210 499 721
趙嗣美	鑑續二・二六 徵上・二一（附馮源濟後）	886 1269
趙詢	鑑四・九一（宋景獻太子）	763
趙裔	誌四・六六 鑑三・七〇	212 742
趙葵	梅・五	2009
趙雍	鑑五・一二五	797
趙楷	繼二・五（宋鄆王） 鑑三・四三	275 715
趙維城	誌三・三四（宋嘉王）	180

趙與懃	鑑四・九一	763
趙賓王	鑑四・一一八	790
趙禎	誌三・三三 鑑三・四三（宋仁宗）	179 715
趙鳳	鑑五・一二五（附趙雍後）	797
趙構	鑑四・九一（宋高宗）	763
趙粹貞	越下・六五	1585
趙德玄	鑑二・三一 益上・一〇	703 1388
趙德齊	誌二・一七 鑑二二・一六 譜二・一八 益上・四	163 392 688 1382
趙璋	越下・五六	1576
趙樓臺	繼七・五六 鑑三・八六	326 758
趙澄	徵上・九 讀三・三八（作雪江）	1257 2072
趙轂	錄八・一一三	1231
趙徵	鑑續二・一八	878
趙霖	鑑四・一二三	795
趙曉	徵下・五八	1306
趙穎	譜二十・二四八 鑑三・五九（宋端獻王）	622 731
趙璧	錄五・六二	1180
趙龍	鑑續二・一五	875
趙邈齪	誌四・六三 鑑三・五三 譜十四・一五八	209 532 725
趙麗華	玉五・七三	1951
趙麟	鑑五・一二五（附趙雍後）	797
趙麟素	錄八・一〇八	1226
福		
福隆安	國下・六六	1862
裴		
裴日英	錄六・七六	1194
裴文晛	誌四・六二 鑑三・六四（作睍）	208 736
裴叔泳	鑑四・九七	769
裴寬	譜十三・一四七 鑑二・二二	694 819
裴奭	史六・一〇六 錄七・九五	1054 1213

劉

劉

劉崧	梅・一五	2019
劉巢雲	錄六・七八	1196
劉道士	誌三・四七 鑑三・六七	193 739
劉智敏	記九・一一三	117
劉斌	記六・八一	85
劉餘慶	國下・六五	1861
劉堅	繼六・五一 鑑三・八三	321 755
劉媛	玉三・三八	1916
劉尊師	鑑四・一二〇	792
劉渡	鑑續二・三七	897
劉傳	史六・一一二 錄三・三八	1070 1156
劉源	鑑續二・一三 徵中・三二	873 1280
劉椿	鑑三・八五（附劉益後）	757
劉塞翁	徵續下・一一〇（附朱雲熀後）	1358
劉楨	海補・三八	1500
劉義林	越中・三八	1558
劉瑗	譜十二・一三六 鑑三・五二	510 724
劉瑱	記七・八七 益下・三九 鑑補・一四三	91 815 1417
劉夢松	誌四・五八 鑑三・五九 譜二十・二五二	204 626 731
劉夢良	鑑五・一三七 梅・三	809 2007
劉漢卿	鑑補・一五一	823
劉銓	繼四・三一 鑑三・七六	301 748
劉廣	錄八・一一一	1229
劉廣之	鑑五・一三〇	802
劉鳴玉	越下・四八	1568
劉壽	錄四・五七	1175
劉塾	友・一六	2120
劉履中	繼四・三一 鑑三・七六	301 748

劉褒	記四・六〇	64
劉德淵	鑑五・一二九	801
劉節	史六・一〇一	1059
劉與祖	鑑四・一一七	789
劉璞	記六・八三（附劉胤祖後）	87
劉器之	鑑四・一二三	795
劉融	鑑五・一二六	798
劉憑	錄七・九六	1214
劉整	記十・一二二 鑑二・三〇	126 702
劉龍	記八・九八	102
劉翼	繼六・四九 鑑三・八二	319 754
劉應龍	梅・一九（附劉世儒後）	2023
劉謙	鑑四・一二二	794
劉爵	錄五・六五	1183
劉贇	誌四・五六 鑑三・六八	202 740
劉鵬	錄三・三九 越上・一五	1157 1535
劉耀	鑑五・一三二	804
劉繼相	錄七・一〇二	1220
劉體仁	鑑續二・三九 徵上・二一	899 1269
劉顯	鑑四・一一五（附劉浩後）	787
蔣		
蔣子成	鑑六・一六四 錄一・三（作蔣子誠）史六・一〇八	836 1066 1121
蔣少遊	記八・九五	99
蔣于京	海補・三六	1498
蔣太尉	鑑四・一一三 梅・七	785 2011
蔣氏	鑑五・一四一 玉三・二三（完顏用安）	813 1901
蔣守成	史三・四九	1007
蔣艮	越下・六〇	1308
蔣廷錫	徵下・五七 海・一九	1305 1481

鄭完	史七・一三二	1090
鄭法士	記八・九八　鑑二・一三　譜五・五三	102 427 685
鄭尙子	鑑二・一三（附鄭法士後）	685
鄭法輪	記八・九八　鑑二・一三（附鄭法士後）	102 685
鄭爲章	谿三・四七	2199
鄭重	鑑續一・五　史四・七五	865 1033
鄭思肖	鑑五・一二六	798
鄭春	史六・九四（附傅禮後）	1052
鄭彥初	梅・一六	2020
鄭虔	記九・一一四　鑑二・一七　譜五・五七	118 431 689
鄭唐卿	誌二・一二三　鑑二・三八	169 710
鄭梁	徵上・二一	1269
鄭淮	鑑續二・三〇	890
鄭華原	鑑補・一四五	817
鄭堂	史六・九四（附傅禮後）	1052
鄭善夫	錄六・七八	1196
鄭寓	記十・一二三　鑑二・三〇	127 702
鄭逾	記九・一一五　鑑二・二八	119 700
鄭嵩	鑑續二・五四（天都人）	914
鄭嵩	鑑續二・五八（新安人）	918
鄭審	記十・一二二	126
鄭德文	記八・九九　鑑二・一三（附鄭法士後）	103 685
鄭錫	越下・五九	1579
鄭儔	鑑二・二四	696
鄭禧	鑑五・一三五	807
鄭彝	越上・一一	1531
鄭燮	徵續下・一〇六	1354
鄭顚仙	鑑續一・七	867

潘		
潘志省	錄六・八六	1204
潘林	海補・三七	1499
潘宗紹	錄七・九七	1215
潘桂	鑑五・一三七	809
潘恭壽	履・九	2137
潘細衣	記九・一一三	117
潘鳳	史三・四九	1007
潘澄	鑑續二・三九	899
潘瑢	史七・一二九 錄八・一一一(作濬)	1087 1229
潘瓚	海補・三六	1498
衛		
衛九鼎	鑑五・一三八	810
衛光遠	鑑四・一一九	791
衛松	鑑四・一〇九	781
衛昇	鑑四・一一二	784
衛協	記五・六五 鑑二・一一 譜五・五三	69 427 683
衛萇宏	海補・三九	1501
衛潢	海補・三九	1501
衛靖	錄七・九四	1212
衛賢	誌二・三〇 鑑二・三四 譜八・八三	176 457 706
衛憲	鑑二・三一	703
魯		
魯之茂	鑑四・九六	768
魯孔孫	錄八・九八	1216
魯介	鑑續二・五三	913
魯治	鑑續一・三 錄六・八二 史三・五〇	863 1008 1200
魯宗貴	鑑四・一〇八 南八・一六六	780 1770
魯莊	鑑四・一一八	790
魯得之	鑑續二・四一 徵上・五	901 1253
魯唯	鑑續一・五四	914

樂	樂士宣	譜十九・二四三 鑑三・五八	617 730
儀	儀克中	谿四・六四	2216
閭	閭邱秀才	繼四・三〇 鑑三・七五	300 747
綠	綠華	玉一・六	1884
遲	遲煓	徵下・五五	1303
	遲煓妾	玉四・六八	1946
寫	寫竹妓	玉五・七〇	1948

十六畫

錢	錢士璋	鑑續二・三二、越下・四九	892 1569
	錢大年	徵續下・一〇七	1355
	錢中鈺	國上・八	1804
	錢元昌	徵下・六三	1311
	錢允治	錄四・四五（附錢穀後）	1163
	錢仁夫	海・四	1466
	錢仁熙	鑑補・一四七	819
	錢世莊	錄五・七二 越上・一八	1190 1538
	錢永	錄六・八八	1206
	錢艮	海・二〇	1482
	錢光甫	鑑四・一〇八 南八・一七六	1780 780
	錢序	錄四・四五（附錢穀後）	1163
	錢旭	鑑續一・八	868
	錢杜	谿三・四六	2198
	錢廷煥	錄七・一〇三	1221
	錢希仲	海・二〇	1482
	錢易	鑑補・一四七 越上・七	819 1527
	錢俊	鑑補・一五三	825
	錢秉忠	海補・四〇	1502
	錢其恒	鑑續二・三六 越中・三九	896 1559

錢

鮑	鮑原禮	錄七・一〇五	1223
	鮑詩	徵續下・一一八 玉三・五九	1937 1366
	鮑敬	越上・一〇	1530
	鮑楷	徵續下・一一〇	1358
	鮑嘉	徵中・三八	1286
	鮑濟	徵中・四二	1290
	鮑蘭	徵中・四二	1290
燕	燕文季	繼六・四七	317
	燕貴	誌四・五二 鑑三・六二（作文貴）	198 734
	燕筠	誌二・二二 鑑三・三一 譜三・一二五	168 399 703
	燕肅	誌三・三四 鑑三・五〇 譜十一・一二六	180 500 722
歐	歐陽雪友	鑑四・九八（附歐陽楚翁後） 梅・八	770 2012
	歐陽楚翁	梅・八 鑑四・九八	770 2012
	歐陽亹	誌三・四八 鑑三・七六	194 748
	歐陽觀達	錄一・一一（文中作觀遠）	1129
駱	駱指揮	錄五・七二	1190
	駱度鏞	越中・三六	1556
	駱翔	鑑續二・二九	889
	駱驤	錄二・二〇	1138
霍	霍元鎮	鑑五・一三七	809
	霍適	鑑四・一一五	787
穆	穆僖	徵續上・九七（附唐岱等後）	1345
戰	戰德淳	繼六・五〇 鑑三・八三	320 755

十七畫

謝	謝三賓	錄五・六二	1180
	謝子德	錄五・六一	1179
	謝大昌	鑑補・一五一	823
	謝天游	鑑續二・五七	917

謝夫人	玉二・一六	1894
謝仲	錄五・六七	1185
謝仲美	讀三・四一	2075
謝汝明	鑑六・一六〇 史六・九二（上二書均附謝宇後） 錄二・二七	832 1050 1145
謝宇	鑑六・一六〇 史六・九二 錄二・二七	832 1050 1145
謝成	鑑續二・六一	921
謝佑之	鑑五・一三六	808
謝伯成	海・一	1463
謝昇	鑑四・一〇九 南八・一七六	781 1780
謝承舉	錄三・三八	1156
謝宜休妻	鑑四・一二三 玉二・一九	795 1397
謝約	記七・八七	91
謝庭芝	鑑五・一三三 海・一	805 1463
謝庭循	鑑六・一五八	830
謝時臣	鑑續一・三 錄三・四二 史三・四四	863 1002 1160
謝晉	史六・一〇三 錄三・三三	1061 1151
謝彬	鑑續二・四三 徵上・一六 錄一・一四 越中・三九	903 1132 1264 1559
謝淞洲	徵續上・九八	1346
謝莊	記六・八一	85
謝堂	鑑四・九三	765
謝國章	鑑續二・五一	911
謝惠連	記七・八七 越上・二	91 1522
謝登儁	友・九	2113
謝道齡	史七・一二五 錄六・八六	1083 1204
謝遂	國下・六一	1857
謝稚	記五・七二 鑑二・一二（作雉） 譜五・五三	76 427 684
謝靖孫	鑑續二・六一（附謝成後）	921

謝		
謝楨	鑑續二・二〇（附謝模後）	880
謝赫	記七・八六	90
謝賓舉	史六・九五 錄三・三八	1053 1156
謝蓀	徵上・一一（附龔賢等後）	1259
謝模	鑑續二・二〇	880
謝縉	史六・一〇七	1065
謝環	史一・一四 錄二・二五	972 1143
謝蘭生	谿四・五八	2210
謝巖	記五・七三	77
謝顯	鑑五・一三〇	802
謝靈運	越上・二	1522
韓		
韓方	史六・一一二 錄七・九五	1070 1213
韓公麟	鑑五・一二九	801
韓夫人	玉一・七	1885

韓旭	鑑續一・五	865
韓伯通	記九・一〇九	113
韓求	誌二・二五	171
韓虬	譜四・四五 鑑二・三六	419 708
韓希孟	玉二・一八	1896
韓侂胄	鑑四・九四	766
韓秀實	鑑六・一五八 史六・九七 錄五・七一	830 1055 1189
韓拙	鑑三・六四	736
韓玥	玉三・三〇	1908
韓旻	鑑續二・五三	913
韓咸	越中・三七	1557
韓若拙	繼六・五二 鑑三・八四	322 756
韓祐	鑑四・一〇六 南三・五四	1658 778
韓將軍	鑑四・一二二	794

魏	魏燮	繼四・二六 梅・五 鑑四・九四	296 766 2009
	魏觀察	繼五・四二 鑑三・八〇	312 752
鍾	鍾文秀	誌三・四六 鑑三・六七	192 739
	鍾宗之	記七・八六	90
	鍾師紹	譜六・六四 鑑二・一九	438 691
	鍾欽禮	鑑六・一六六 錄三・三二 史二・二三 越上・一三（作禮	838 1150 981 1533
	鍾期	鑑續二・三六	896
	鍾諤	鑑續二・三三 徵上・二一	893 1269
	鍾隱	誌二・二四 鑑二・三五 譜十六・一七三	170 547 707
龍	龍夫人	玉三・四七	1925
	龍升	鑑補・一五〇	822
	龍門公	鑑四・一二四	796
	龍章	誌三・四六（同卷二人同名實係一人） 鑑三・六四・六六	736 192 738
	龍祥	鑑四・一一八	790
	龍淵	誌三・四六 鑑三・六六（附龍章後）	192 738
濮	濮萬年	記六・八三	87
	濮道興	記六・八三（附濮萬年後）	87
	濮璜	徵中・三八	1286
隱	隱秀君	鑑四・一二四	796
繆	繆元吉	海・七	1469
	繆佚	海・一	1463
檀	檀智敏	記九・一〇七 鑑二・二四	111 696
璩	璩之璞	錄四・五一	1169
糜	糜宗伯	梅・一八	2022
儲	儲大有	鑑四・一一三	785

十八畫

蕭	蕭一芸	友・三	2107
	蕭一暘	友・三	2107

	歸淑芬	玉三・三七	1915
	歸莊	海・二二（附歸昌世後）	1484
	歸湘	海補・四二	1504
	歸瑀	海補・三一	1493
藍	藍孟	鑑續二・四一 錄五・六三	901 1181
	藍洄	鑑續二・五九	919
	藍深	鑑續二・四八 錄五・六三（附藍孟後）	908 1181
	藍瑜	史六・九四	1052
	藍瑛	鑑續二・一四 錄五・六三 史四・七五 徵上・一二	874 1033 1181 1260
	藍濤	鑑續二・四九（附藍深後） 徵上・一二（附藍瑛後）	909 1260
瞿	瞿式耒	海・一〇	1472
	瞿汝臣	海・八	1470
	瞿杲	錄六・七七 海・三	1195 1465
	瞿雯	鑑續三・六七	927
	瞿潛	徵中・四五	1293
	瞿觀至	海・二五	1487
顏	顏直之	鑑四・一二一	793
	顏博文	繼三・一八 鑑三・七二	288 744
	顏輝	鑑五・一三一	803
	顏德謙	譜四・四二	416
豐	豐道生	錄四・四六	1164
	豐興祖	鑑四・一〇七 南八・一七五	779 1779
	豐質	徵下・七四 玉四・八二	1322 1960
聶	聶松	記七・九二	96
簡	簡生	鑑五・一三七	809
闕	闕生	鑑四・九八	770
薩	薩克達氏	玉別・一	1961

十九畫

二十畫

蘇

蘇大年	鑑五・一三四 竹・四	806 1992
蘇氏	鑑四・一一四	786
蘇先	海・八	1470
蘇明遠	錄七・一〇三	1221
蘇致中	鑑六・一六七 錄三・三三 史六・一一二	839 1070 1151
蘇晉卿	鑑補・一五四 南二・三一（附蘇漢臣後）	826 1635
蘇祥	史六・一〇九 錄一・一二	1067 1130
蘇埣	錄八・一〇八	1226
蘇蕙	海補・四三 玉二・九	1887
蘇過	繼三・一六 梅・三 鑑三・七一	286 743 2007
蘇堅	鑑四・一〇八 南五・一〇八	780 1712
蘇焯	鑑四・一〇一 南四・七〇（附蘇漢臣後）	773 1674
蘇復	史六・一〇三 錄三・三三	1061 1151
蘇軾	繼三・一一 竹・三 鑑三・七一	281 743 1991

蘇遯	鑑續二・四二 讀四・六〇（作澤民） 錄一・五	902 1123 2094
蘇漢臣	鑑四・一〇一 南二・三一	773 1635
蘇翠	玉五・六九 梅・九	1947 2013
蘇誼	鑑續二・五六	916
蘇顯祖	南五・一一七	1721
嚴		
嚴沆	鑑續二・二五 徵上・二二（附馮源濟等後）	885 1269
嚴宏	鑑續二・二六（作嚴弘） 海補・四一	886 1503
嚴宏滋	國上・六	1802
嚴延	鑑續二・三七	897
嚴杲	記十・一一八	122
嚴怪	徵中・四八	1296
嚴泓曾	徵中・三四（附嚴繩孫後）	1282
嚴英	徵續上・九七	1345
嚴某	海・一一（附嚴栻後）	1473

嚴		
嚴栻	海・一一	1473
嚴訥	海・七	1469
嚴湛	越中・四〇	1560
嚴鋌	谿三・三六	2188
嚴賓	史六・一〇八 錄三・四一	1066 1159
嚴楷	海補・三一	1493
嚴蕊	玉五・六九	1947
嚴繩孫	徵中・三四	1282
竇		
竇弘果	記九・一〇九	113
竇師綸	記十・一一八	122
蘧		
蘧道愍	記七・八五	89
鐔		
鐔宏	誌四・五九	205

二十一畫

顧		
顧大中	譜七・七三 鑑三・四六	447 718
顧大申	鑑續二・二〇 徵中・二九	880 1277
顧大典	史七・一二〇	1078
顧升	徵上・一三（附楊芝後） 玉別・二（附姚夫人後）	1261 1880
顧文叔	錄五・六四	1182
顧文淵	徵續上・八九 海・一四	1337 1476
顧天植	鑑續二・二〇	880
顧天駿	國下・六五	1861
顧天祿	海補・三三	1495
顧天亶	海補・三八	1500
顧元慶	史四・六一（附顧正誼後）	1019
顧王霖	友・九	2113
顧正之	鑑五・一二八	800
顧正誼	鑑續一・九 錄四・五三 史四・六一	869 1019 1171
顧安	鑑五・一三三	805

顧安仁	越下・五七	1577
顧企	鑑續二・四四	904
顧況	記十・一二二 鑑二・三〇（作况）	126 702
顧言	海・一一	1473
顧見龍	鑑續二・四三 徵中・三八	903 1286
顧囦	史六・九三 海・二	1051 1464
顧知	鑑續二・五〇 徵上・一二 錄五・六六	1260 910 1184
顧卓	徵續下・一〇六（附張棟等後）	1354
顧昉	徵中・二九	1277
顧宗	鑑六・一六二 錄二・二八 史六・九六	834 1054 1146
顧周瀚	海補・三九	1501
顧叔潤	錄五・六四 海・六	1182 1468
顧長任	鑑續三・六八	928
顧星	鑑續二・四四 錄五・六三（附藍瑛後）	904 1181

顧炳	史三・五七	1015
顧亮	鑑四・一〇二 南二・三七	1641 774
顧洪祀	誌三・四二 鑑三・六六	188 738
顧洛	履・一二	2140
顧胤光	鑑續二・二七 錄四・五四	887 1172
顧容堂	谿三・四三	2195
顧厚	海・二三	1485
顧師顏	鑑四・一〇九 南八・一七六	781 1780
顧祖辰	錄八・一〇八	1226
顧逵	鑑五・一三四（一名達）	806
顧寅	錄二・二八	1146
顧培	錄七・九四	1212
顧姬	史七・一三四	1092
顧野王	記八・九五 鑑二・一三 譜二十・二五六	99 630 685

二十二畫

龔	龔立本	海・七	1469
	龔吉	纘七・五六 鑑三・八六	326 758
	龔克和	海補・三七	1499
	龔培雍	鑑續二・三八	898
	龔開	鑑五・一二六 梅・一〇	798 2014
	龔寬	記四・六〇	64
	龔賢	鑑續二・四四 讀二・二九（作半千） 徵上・一一	904 1259 2063
鑑	鑑湖惰民	鑑四・一一五 越上・八（作懶民）	787 1528
二十八畫			
黷	黷黷	纘五・四一 玉四・六一 鑑三・八〇	311 752 1939
僧侶			
	一智	徵下・七〇	1318
	七處	鑑續二・三一	891
	大澍	錄五・六九	1187

	子溫	鑑四・九九	771
	上睿	徵續下・一一三	1361
	山語	鑑續二・三一	703
	天曉	友・一六	2120
	仁	禪・三	1975
	仁濟	鑑四・一〇〇 禪・七 梅・八	772 1979 2012
	日章	鑑六・一六八 錄五・六九 史六・一〇三	840 1061 1187
	元逸	鑑續二・四三	903
	元靄	誌三・四八 禪・六 鑑三・七七	194 749 1978
	允才	鑑五・一四〇 禪・八 梅・十四	812 1980 2018
	月蓬	鑑四・九九 禪・六	771 1978
	太虛	鑑四・一〇〇 禪・七	772 1979
	止中	鑑續二・三七	897
	巨然	誌三・五五 鑑三・五二 201 724 譜十二・一三八 禪・二	512 1974

志堅	鑑補・一五二	824
冶	海補・四一	1503
定	梅・八	2012
岳	海補・四二	1504
明川	鑑補・一五二	824
明中	徵續下・一一三	1361
明雪窗	鑑五・一四一 禪・九	813 1981
昇	錄五・六八	1186
恒	海・二四	1486
法明	記九・一〇七 禪・一 鑑二・三二	111 703 1973
法能	繼五・三七 禪・四 鑑三・七八	307 750 1976
法若眞	鑑續二・二六 徵上・二一（附馮源濟等後）	886 1269
法常	鑑四・九九 禪・六	771 1978
居易	鑑續二・六一	921

居寧	誌四・六一 鑑三・六〇 207 732 譜二十・二五八 禪・二	632 1974
金剛三藏	記九・一一三 禪・一 鑑二・二八	117 700 1973
迦佛佗	記七・九三 禪・一（佗作陀）	97 1973
威公	記七・九二 禪・一	96 1973
性潔	徵下・七〇	1318
珍	記七・八六（附邇道愍後）	90
彥深	鑑補・一五二	824
炤遠	錄五・六九 越下・六六（作照遠）	1187 1586
修範	鑑補・一五二	824
若芬	鑑四・九九 禪・七	771 1979
律	錄六・八九	1207
珂雪	鑑續一・四	864
海雲	鑑五・一四〇 禪・八	812 1980
海濤	友・四	2108

道隱	鑑五・一四〇 禪・八	812 1980
道濟	徵續下・一一二	1360
道顛道人	徵下・七一	1319
普	錄五・六九	1187
普荷	徵續下・一一二	1360
翛然	記九・一一四 禪・一 鑑二・二八	118 700 1973
品	海・二四	1486
琛	海補・四一	1503
欽義	錄五・六九	1187
惠洪	繼五・三五 禪・三 鑑三・七八 梅・八	305 750 1975 2012
惠崇	鑑三・六九	741
惠覺	記七・八五（附姚曇度後） 禪・一	89 1973
智力	鑑續二・六一	921
智平	繼五・三七 禪・四 鑑三・七八	307 750 1976

智永	繼五・三八 禪・五 鑑三・七九	308 751 1977
智叶	鑑四・一一一 禪・八（作葉）	783 1980
智浩	鑑五・一四〇 禪・八	812 1980
智海	鑑五・一四一 禪・九	813 1981
智得	鑑續二・一八	878
智源	繼五・三八 禪・五 鑑三・七九	308 751 1977
智瑰	記九・一一三 禪・一 鑑二・二八	117 700 1973
智蘊	誌二・三二 禪・二 鑑二・四一	178 713 1974
超然	鑑四・九八 禪・六	770 1978
超師	鑑三・八八	760
無可	鑑續二・三四 讀二・二三	894 2057
髡殘	徵下・六九	1317
溫日觀	鑑六・一五八	830
照	海・二四	1486

靜賓	鑑四・九九　禪・七	771 1979
擇仁	誌四・五四　鑑三・六八	200 740
龍	錄五・七三	1191
禪月	益下・三五	1413
豁堂	鑑續二・三一	891
歸義	鑑四・一二四	796
覆千	徵下・七〇	1318
懶庵	履・一四	2142
覺心	繼五・三八　禪・五　鑑三・七九	308 751 1977
覺徵	鑑續二・三九　徵下・六八	899 1316
寶覺	繼五・三五　禪・三　鑑三・七二	305 744 1975
蘊能	誌四・六六　禪・二　鑑二・四二	212 714 1974
鐵舟	履・一四	2142
辯才	越上・五	1525
繼肇	誌四・五五　禪・三　鑑三・六八	201 740 1975
蘿窗	鑑四・九九　禪・七	771 1979
靈壁	徵下・六九	1317